OSTSEEKÜSTE
MECKLENBURG-VORPOMMERN

Kerstin Sucher, Bernd Wurlitzer

Trescher Verlag

1. Auflage 2014

Trescher Verlag
Reinhardtstr. 9
10117 Berlin
www.trescher-verlag.de

ISBN 978-3-89794-273-8

Herausgegeben von Bernd Schwenkros und
Detlev von Oppeln

Reihenentwurf und Gesamtgestaltung:
Bernd Chill
Gestaltung, Satz, Bildbearbeitung:
Martina Gerber
Lektorat: Sabine Zitzmann-Startz
Projektkoordination: Hinnerk Dreppenstedt
Stadtpläne und Karten: Johann Maria Just,
Martin Kapp, Bernd Chill
Druck: Druckhaus Köthen

Das Werk einschließlich seiner Teile ist urheberrechtlich geschützt. Jede Verwertung ist ohne Zustimmung des Verlages unzulässig. Dies gilt insbesondere für den Aushang, Vervielfältigungen, Übersetzungen, Nachahmungen, Mikroverfilmung und die Einspeicherung und Verarbeitung in elektronischen Systemen.

Gedruckt auf chlorfrei gebleichtem Papier

Printed in Germany

Alle Angaben in diesem Reiseführer wurden sorgfältig recherchiert und überprüft. Dennoch können Entwicklungen vor Ort dazu führen, dass einzelne Informationen nicht mehr aktuell sind. Gerne nehmen wir dazu Ihre Hinweise und Anregungen entgegen. Bitte schreiben Sie an **post@trescher-verlag.de**.

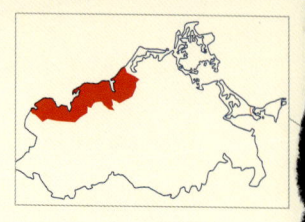

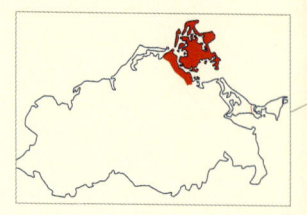

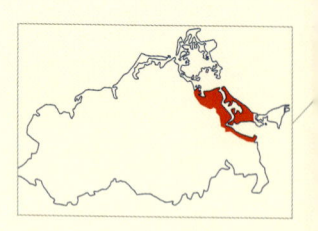

LAND UND LEUTE

WESTLICHE OSTSEEKÜSTE

FISCHLAND-DARSS-ZINGST

STRALSUND, RÜGEN, HIDDENSEE

GREIFSWALD, USEDOM, STETTINER HAFF

REISETIPPS VON A BIS Z

ANHANG

Vorwort	9
Zeichenlegende	10
Unterwegs mit Kindern	11
Das Wichtigste in Kürze	14

LAND UND LEUTE 16

Mecklenburg-Vorpommern im Überblick	18

Geographie 19
Die Ostsee	19

Die Natur 23
Nationalparks	24
Naturparks	25
Biosphärenreservat	26

Wirtschaft und Gesellschaft 27
Industrie	27
Bildung und Wissenschaft	30
Tourismus	31

Geschichte 35
Frühzeit und Mittelalter	35
Von der Reformation bis zur Reichsgründung	38
20. und 21. Jahrhundert	40

Kunst und Kultur 44
Backsteingotik	44
Schlösser, Herrenhäuser, Katen	47
Bäderarchitektur	49
Feste und Traditionen	51
Berühmte Persönlichkeiten	55
Essen und Trinken	59

WESTLICHE OSTSEEKÜSTE 64

Klützer Winkel 66
Klütz	66
Boltenhagen	69
Grevesmühlen	71

Inhalt

Wismar	75
Geschichte	75
Ein Stadtrundgang	76
Schwerin	83
Geschichte	83
Ein Stadtrundgang	83
Zwischen Poel und Rostock	91
Insel Poel	91
Rerik	95
Kühlungsborn	97
Heiligendamm	100
Bad Doberan	102
Rostock	108
Geschichte	108
Ein Stadtrundgang	109
Warnemünde	114
Graal-Müritz	124

FISCHLAND-DARSS-ZINGST 128

Die Eingangstore	130
Ribnitz-Damgarten	130
Barth	134
Auf der Halbinsel	136
Dierhagen	136
Wustrow	137
Ahrenshoop	139
Prerow	140
Darßer Urwald	143
Zingst	147

STRALSUND, RÜGEN, HIDDENSEE 150

Stralsund	152
Geschichte	152
Ein Stadtrundgang	153
Rügen	163
Zentralrügen	163

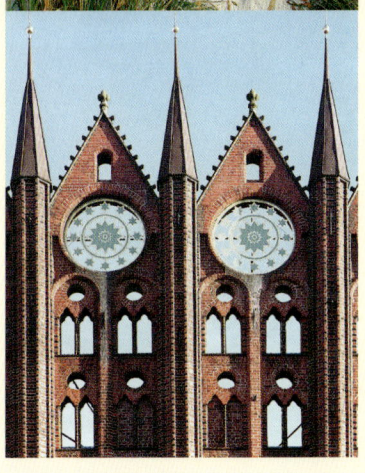

Wittow und Jasmund	171
Granitz und Mönchgut	180
Binz	182
Hiddensee	**191**
Kloster	191
Vitte	194
Neuendorf	195

GREIFSWALD, USEDOM, STETTINER HAFF — 198

Greifswald	**201**
Geschichte	201
Ein Stadtrundgang	202
Die Eingangstore Usedoms	**208**
Wolgast	208
Anklam	210
Usedom	**213**
Der Inselnorden	213
Die Inselmitte	217
Die Kaiserbäder	223
Ein Ausflug nach Polen	230
Das südliche Achterland	235
Ruden	244
Greifswalder Oie	245
Das Südufer des Stettiner Haffs	**248**
Durch die Ueckermünder Heide	248
Ueckermünde	248
Eggesin	250

REISETIPPS VON A BIS Z — 254

Glossar	262
Literaturhinweise	265
Mecklenburg-Vorpommern im Internet	267
Die Autoren	268
Danksagung	268
Orts-, Personen- und Sachregister	269

Inhalt

Bildnachweis 272
Kartenlegende und -register 276

ESSAYS

Bernstein – das Gold des Meeres 22
Eine Schar Gleichgesinnter –
  die Hanse 37
Rezepte 63
Die Schwedenstraße 93
Der ›Molli‹ – Reisen wie anno
  dazumal 107
Rundum wohlfühlen –
  die Wellnessoasen 117
Minilauben mit Seeblick –
  die Strandkörbe 123
Blinkende Lichtsignale –
  die Leuchttürme 144
Klaus Störtebeker –
  ›Robin Hood‹ der Ostsee 165
Der ›Rasende Roland‹ –
  im Oldtimer-Zug über Rügen 186
Vineta – das Atlantis Pommerns 219
Seebrücken an der Ostsee –
  über dem Meer flanieren 227
Visionäre der Hotelbranche 228
Findlinge – die Riesensteine 239

Die berühmte Kreideküste an der Nordspitze Rügens

Vorwort

Kreidefelsen, Sanddornhecken, Heide, Meeresbrandung, vor allem aber die weißen, nahezu unendlich erscheinenden Sandstrände ziehen seit Jahrzehnten die Menschen an die Ostseeküste von Mecklenburg-Vorpommern. Nicht zu vergessen die Hansestädte, deren wuchtige Backstein-Kirchtürme sich als ›Wolkenkratzer des Mittelalters‹ in den Himmel recken. In Seebädern schmücken sich Hotels und Pensionen mit verschnörkelten Türmchen, kunstvollen Loggien und korinthischen Säulen – Bäderarchitektur nennt man diesen phantasievollen Architekturmix. Alleen mit holprigem Katzenkopfpflaster führen in verträumte Dörfer mit rohrgedeckten Häuschen und Kirchen, die unerwartete Kunstschätze bereit halten. Zwei dampflokbetriebene Schmalspurbahnen schnaufen im Linienverkehr noch durch das Land, vom Volksmund mit den liebevollen Namen ›Molli‹ und ›Rasender Roland‹ bedacht. Alles geht ruhig und gelassen vonstatten, die Menschen an der Ostseeküste sind wortkarg, bedächtig, zurückhaltend freundlich. ›Dat geht alles nich so fix‹ lautet ein oft gehörter Satz. Außerhalb der Seebäder wird der Gast den Verdacht nicht los, die Menschen hierzulande scheinen vielerorts die Uhr angehalten zu haben, und er erinnert sich an das berühmte Bonmot, das Reichskanzler Otto Fürst von Bismarck – wohl irrtümlicherweise – zugeschrieben wird, das die Einheimischen aber gar nicht gern hören: »Wenn eines Tages die Welt untergeht, ziehe ich nach Mecklenburg, denn dort geschieht alles fünfzig Jahre später.«

Die Ostseeküste von Mecklenburg-Vorpommern ist ein Land zum Träumen. An das Geländer einer Seebrücke lehnen und dem Rauschen des Meeres lauschen, in einem der Nationalparks die am Himmel schwebenden Fischadler und Kraniche beobachten oder Wege entlang bummeln, die sich kilometerweit durch leuchtend gelbe Rapsfelder ziehen und die roten Mohnblüten am Wegesrand zählen. Die Natur hat es mit diesem Landstrich Deutschlands gut gemeint und man unternimmt viel, diesen Reichtum zu bewahren. Nach der Einheit Deutschlands haben es Mecklenburger und Vorpommern verstanden, vieles von dem Alten zu erhalten und harmonisch mit Neuem zu verbinden. Die Hotellerie an der Ostseeküste gehört heute zur modernsten in Deutschland, immer mehr Restaurants bekommen von den Testern Sterne, Kochlöffel und Hauben verliehen, das Angebot an Events und Open-Air-Veranstaltungen ist beachtlich. Breitgefächert sind auch die Angebote für sportliche Aktivitäten. Radler sind begeistert von dem umfassenden Radwegenetz, Angler von reichen Fängen, Golfer von reizvoll gelegenen Plätzen, Wassersportler von tollen Surfrevieren und Kanutouren, Pferdefreunde vom Urlaub im Sattel. Schon der deutsch-amerikanische Maler Lyonel Feininger wanderte und radelte fast drei Dutzend Sommer mit seinem Skizzenblock durch die Region, noch Jahrzehnte später schwärmte er in den USA: » … ich zehre noch jetzt an den Erlebnissen, die ich dort hatte. Hier gibt es nichts, was damit zu vergleichen wäre.«

Zeichenlegende

- **i** Tourismusbüros, allgemeine Informationen
- **🚌** Busverbindungen
- **🛏** Unterkünfte
- **⛺** Zelt- und Campingplätze
- **🍴** Restaurants, sonstige Einkehrmöglichkeiten
- **☕** Cafés
- **🍸** Bars, Clubs
- **🍷** Weinstuben, Weinverkauf- und verkostung
- **🏛** Museen, Galerien, sonstige Sehenswürdigkeiten
- **🎵** Feste, Festivals
- **🚲** Fahrradverleih, Informationen für Fahrradfahrer
- **🚂** Historische Bahnen, Ausflugsfahrten
- **⛴** Fähren, Dampfer- und Ausflugsfahrten
- **♨** Thermen, Spas und Wellnessbäder
- **🏖** Informationen zu Stränden und Bademöglichkeiten
- **🏄** Surfbrettverleih, Surfschulen
- **🛶** Kanutouren, Kanuverleih
- **🤿** Tauchschulen
- **🐎** Reiterhöfe, Reitschule
- **⛵** Segelbootverleih
- **🎣** Angelfahrten, Angelbegleitung, Bootsvermietung, Beratung, Fischereischeinlehrgänge
- **⛳** Golfplatz
- **🏆** Sportmöglichkeiten allgemein
- **🧭** Informationen für Wanderer
- **🛍** Einkaufsmöglichkeiten

Störtebeker-Festspiele in Ralswiek auf Rügen

Unterwegs mit Kindern

Den Froschkönig gibt es nur im Märchen, den Fischkönig dagegen in Mecklenburg-Vorpommern: Seine Majestät Gustav I. lacht überall dort, wo das Familienland Mecklenburg-Vorpommern geprüfte Ferienqualität bietet. Immer mehr Beherbergungsbetriebe und Restaurants, Orte und Erlebnisanbieter bewerben sich um das Prädikat, das der Tourismusverband Mecklenburg-Vorpommern als Qualitätsinstrument ins Leben gerufen hat. Wer den Anforderungen entspricht, darf mit dem kleinen gekrönten Fisch für ›familienfreundlichen Urlaub‹ werben. In vielen Ferienorten gibt es zudem Kinderprogramme, die von der Betreuung bis zu Kinderfesten reichen.

Wenn es kühl ist oder sich im Sommer die Sonne versteckt, laden **Freizeit- und Erlebnisbäder** ein, so in Wismar (→ S. 82), Graal-Müritz (→ S. 124), Sellin (→ S. 134) und Ahlbeck (→ S. 229). Ideal für Kinder zum Plantschen ist der in zahlreichen Seebädern flach ins Meer abfallende **Strand**, auch erwärmt sich dadurch das Wasser viel schneller als anderswo. Boltenhagen (→ S. 69) im Westen gehört ebenso dazu wie Karlshagen (→ S. 214) auf der Insel Usedom. Der feine weiße Ostseestrand, vielfach als ›Eieruhrensand‹ bezeichnet, ist es aber keinesfalls allein, der das Bundesland für Familien so anziehend macht. Es sind die vielfältigen Erlebnisse, die geboten werden. Selbst wenn es zwei Wochen regnen sollte, wird es nicht langweilig.

Museen

Eine Reise in die Zeit vor mehr als 5000 Jahren wird im **Steinzeitdorf Kussow** (→ S. 72) unternommen. Alle nachgebauten Werkzeuge dürfen in die Hand genommen werden und einige Handwerkstechniken wie Weben und Töpfern darf man selbst probieren. Im **Freilichtmuseum Ukranenland** (→ S. 251) sind Häuser aufgebaut, wie sie in dieser Gegend vor rund 1000 Jahren ausgesehen haben könnten. Das **Freilichtmuseum Schwerin-Mueß** (→ S. 88) zeigt in 17 museal eingerichteten Gebäuden, wie die Menschen vom 17. bis zum 20. Jahrhundert gelebt haben. Das kann man auch im **Freilichtmuseum Klockenhagen** (→ S. 131) erleben. Dieses Museum sammelt Häuser, so wie andere Sticker oder Briefmarken sammeln. Viele der hier zu sehenden Gebäude standen einst in anderen Dörfern Mecklenburg-Vorpommerns, wurden dort abgebaut und ›wanderten‹ nach Klockenhagen, um wieder aufgebaut zu werden. Die Windmühle beispielsweise drehte ihre Flügel bis 1950 in dem Dorf Groß Ernsthof. Die **Erdholländermühle Stove** (→ S. 94) dagegen steht seit 1889 an ein und derselben Stelle, genau dort, wo sie sich heute befindet. Allerdings wird kein Mehl mehr für die Bäcker der Umgebung gemahlen, denn die Mühle ist ebenso Museum wie das Fischerhaus in Göhren auf Rügen, das zu den **Mönchguter Museen Göhren** (→ S. 185) gehört. Ebenfalls Teil des Museums ist der am Südstrand liegende Motorsegler Luise, ein lange Zeit für die flachen Ostseegewässer typisches Schiff. Jüngeren Datums und das bedeutendste Exponat des **Fischerei- und Hafenmuseums Sassnitz** (→ S. 176) ist die ›Havel‹, ein Fischkutter aus DDR-Zeiten. Reizvoll ist ein Besuch des **Landschulmuseums Göldenitz** (→ S. 119) Die Dorfschulen wurden auch gern ›Pantoffelgymnasium‹ genannt, da die meisten Kinder der Tagelöhner und Landarbeiter mit Holzpantinen zum Unterricht kamen. Eine Unterrichtsstunde, wie sie vor 100 Jahren stattfand, ist im **Schulmuseum Middelhagen** (→ S. 187) zu erleben.

Technisches

Wer sich für Technik interessiert, wird in das einstige britische **U-Boot H. M. S. Otus** klettern, das im Hafen von Sassnitz → (S. 176) vertäut liegt. Ein weiteres **U-Boot**, das einst der Sowjetarmee gehörte, kann man in **Peenemünde** (→ S. 214) besichtigen. Das **Technische Landesmuseum in Wismar** (→ S. 80) ist das Technikmuseum Mecklenburg-Vorpommerns schlechthin, die Besucher dürfen hier auch kreativ werden und sich selbst betätigen. Das darf man auch in der **Phänomenta Peenemünde** (→ S. 216), beispielsweise einen Trabant mit einem Arm hochheben oder in einer Seifenblase stehen. Zum Besuchermagnet wurde das **auf dem Kopf stehende Haus** in **Trassenheide** auf Usedom (→ S. 215). Hier hängt alles an der Decke: Toilette, Couch, Tisch und Stühle. Ein weiteres **Kopf-über-Haus** zieht in **Putbus** auf Rügen Besucher an (→ S. 168), nur ein paar Schritte weiter kann man sich im **Spielzeug- und Puppenmuseum** (→ S. 167) in nostalgische Stimmung versetzen. Ein **Spielzeugmuseum** befindet sich auch in **Peenemünde** auf Usedom (→ S. 214).

Tiere und Pflanzen gucken

Das Darwineum im **Rostocker Zoo** (→ S. 114) bietet eine spannende Zeitreise durch 500 Millionen Jahre Menschheitsgeschichte. Mehr als 30 Tierarten, die längst ausgestorbenen Lebewesen ähneln, tummeln sich hier, darunter Orang-Utans und Faultiere. Im **Dinosaurierland Rügen** (→ S. 174) werden 100 originalgetreue Nachbildungen von frühzeitlichen Erdbewohnern gezeigt, die kein Mensch lebend zu Gesicht bekommen hat. Fast wären auch die Wisente ausgestorben, Anfang der 1920er Jahre gab es weltweit nur noch 26 dieser Wildrinder. Im **Wisentgehege Usedom** (→ S. 236) fühlen sich Europas größte Säugetiere wohl, denn sie sorgen regelmäßig für Nachwuchs. Das ist auch der Fall in dem bereits 1976 eingerichteten **Schaureservat für Wisente** in **Misdroy** (→ S. 232) auf der benachbarten polnischen Insel, die von den deutschen Ostseebädern Usedoms mit dem Schiff zu erreichen ist. Zu den geschützten Tieren zählen auch die Robben, die neuerdings vor der Küste von Mecklenburg-Vorpommern wieder auftauchen, aber selten zu beobachten sind. Wer sie sehen möchte: Im **Robben-Forschungszentrum** in **Rostock-Warnemünde** (→ S. 116) darf zugeschaut werden, wie die schnauzbärtigen Meeressäuger mit ihren Betreuern trainieren. Im **Natureum** nahe Prerow (→ S. 143) sind in drei großen Aquarien Meeresbewohner zu erleben. Viel mehr gibt es im **Deutschen Meeresmuseum Stralsund** (→ S. 156) zu sehen, in dem man eine Unterwasserreise durch das Mittelmeer und die Tropen unternimmt. In einem gewaltigen Aquarium lassen sich durch eine 21 Zentimeter dicke Glasscheibe Meeresschildkröten beobachten. Im **Ozeaneum Stralsund** (→ S. 158) lernt man die Lebensräume der nördlichen Meere kennen. Besuchermagnet sind neben Fischen der Nordmeere die Pinguine auf der Dachterrasse. Im **Schmetterlingspark in Klütz** (→ S. 68) und in der **Schmetterlingsfarm Trassenheide** (→ S. 215) flattern unter tropischen Bedingungen Hunderte von bunten Schmetterlingen. Wer die farbenfrohen Falter in Ruhe betrachten möchte, fährt in das **Museum Naturschatzkammer, Edelstein- und Bernsteinzentrum Neuheide** (→ S. 125). Hier sind präparierte Schmetterlinge, Insekten und Vögel ausgestellt, vor allem aber Pilze. Im Gegensatz zu Neuheide geht es im **Vogelpark Marlow** (→ S. 132) lebhaft zu. Adler, Falken, Eulen zeigen ihre Flugkünste, Pinguine tauchen im Wasser, Ziegen, Schafe und Kaninchen dürfen gestreichelt werden. Etwa 300 Tiere leben im **Naturerlebnispark Gristow** (→ S. 206): Emus, Schafe, Ziegen und viele andere.

Vielfältige Erlebnisse

Tausende von großen Steinen hat die letzte Eiszeit in Mecklenburg-Vorpommern hinterlassen, Findlinge nennt man sie. Rund 150 von ihnen wurden im **Gesteinsgarten Neu Pudagla** (→ S. 221) auf Usedom zusammengetragen. In Prora auf Rügen kann man durch die Baumkronen spazieren: Der **Baumwipfelpfad** (→ S. 181) windet sich in vier bis 17 Meter Höhe durch den Wald und führt zu dem 40 Meter hohen Adlerhorst, einem hölzernen Turm, der einen weiten Blick auf die Landschaft ermöglicht. Im dazugehörenden **Naturerbe Zentrum Rügen** (→ S. 182) lässt sich manches Geheimnisvolle der Natur entdecken. Im **Nationalpark-Besucherzentrum Königsstuhl** (→ S. 177) mit dem berühmten Kreidefelsen Königsstuhl bietet eine Zeitreise durch 70 Millionen Jahre Erdgeschichte spannende Erkenntnisse.

Wer es eilig hat, aber viele der Sehenswürdigkeiten in Mecklenburg-Vorpommern kennenlernen möchte, eilt im Sauseschritt durch den **Modell- und Landschaftspark Miniland** in **Göldenitz** (→ S. 119). Im Kleinformat sind hier die bedeutendsten Bauwerke zu sehen, so auch im **Rügen-Park** in **Gingst** (→ S. 166). Zu beliebten Ausflugszielen avancierten **Karls Erlebnis-Dörfer** in Rövershagen bei Rostock und in Zirkow auf Rügen (→ S. 183), in dem sich Familien viele Stunden aufhalten können und es für Kinder immer wieder etwas zu entdecken gibt. Das ganze Jahr dampfen die **Kleinbahnen Molli** (→ S. 107) und **Rasender Roland** (→ S. 186) durch die Landschaft.

Im Vogelpark Marlow

Das Wichtigste in Kürze

Anreise
Die Küstenautobahn A 20 von Lübeck bis zur Grenze Polens, die A 24 von Berlin nach Hamburg, und die davon abzweigenden A 241 nach Wismar und A 19 nach Rostock machen die Anreise unkompliziert. Ungewohnt sind vielfach die Alleen mit ihrem Blätterdach, hier empfiehlt es sich mit Licht zu fahren. Mit der Bahn sind auch Deutschlands größte Inseln Rügen und Usedom zu erreichen, keinen Bahnanschluss haben dagegen die Halbinselkette Fischland-Darß-Zingst sowie Hiddensee. Fernreisebusse liegen im Trend, aus immer mehr deutschen Städten ist eine kostengünstige und bequeme Anreise in die Urlaubsorte an der Küste, nach Rügen und Usedom möglich. Die nächstgelegenen internationalen Flughäfen befinden sich in Berlin und Hamburg, von Bedeutung können für Urlauber im Sommer auch die regionalen Flughäfen Rostock-Laage und Heringsdorf auf Rügen sein.

Auskunft
Zentrale Informationen erteilt der Tourismusverband Mecklenburg-Vorpommern e.V., Platz der Freundschaft 1, 18059 Rostock, Telefon 0381/4030500, www.auf-nach-mv.de.

Informationen im Internet
Alle wichtigen touristischen Informationen sind über www.auf-nach-mv.de zu erfahren, wer mehr vom Land wissen möchte, ist auf der Website www.mecklenburg-vorpommern.eu richtig. Aktuelle Informationen zum Wetter erhält man auf www.mv-wetter.info.

Telefon und Internet
Mecklenburg-Vorpommern besitzt, wie alle anderen östlichen Bundesländer, ein modernes Telefonnetz. Handybesitzer haben jedoch im Bereich der dünnbesiedelten Seenplatte Funklöcher. Drahtloses Surfen im Internet mit WLAN-Hotspots ist an öffentlichen Plätzen noch nicht flächendeckend verbreitet. Aber viele Hotels haben mittlerweile Internetstationen eingerichtet, teilweise steht auch in den Zimmern oder in öffentlichen Räumen kostenfreies W-LAN zur Verfügung

Unterkünfte
Das Angebot reicht von Jugendherberge, Privatzimmern, Ferienwohnungen, schlichten Pensionen bis zu Luxushotels. Im Reiseführer werden bei den praktischen Hinweisen einige Empfehlungen gegeben. Mehr erfährt man auf den Webseiten der einzelnen Orte. Gebucht werden kann oftmals auch über die Tourist-Informationen der jeweiligen Orte, zentral über den Touristischen Buchungsservice Mecklenburg-Vorpommern Montag bis Freitag 8–18 Uhr, Samstag 9–13 Uhr, Telefon 0180/5000223.

Preisniveau
In den Ostseebädern, vor allem wenn man dort in der ersten Reihe wohnen möchte, also in Häusern mit Seeblick, wird man kräftig zur Kasse gebeten. Preisbewusste quartieren sich deshalb im Hinterland ein oder sie nutzen das Angebot des Landestourismusverbandes: Von Ende Oktober bis kurz vor Weihnachten und von Anfang des Jahres bis Ende April kann man in ausgewählten Drei- und Vier-Sterne-Häusern das Doppelzimmer mit Frühstück für 59 oder 69 Euro haben. Welche Hotels sich an der Aktion beteiligen, erfährt man beim Landestourismusverband: Tourismusverband Mecklenburg-Vorpommern e.V., Platz der Freundschaft 1, 18059 Rostock, Tel. 0381/4030500, www.auf-nach-mv.de.

Klima und Reisezeit

Das Meer prägt das Klima an der Ostseeküste. Da sich das Wasser langsamer erwärmt als die Luft und auch langsamer abkühlt, ist es im Frühling etwas kälter als im Binnenland, im Herbst dagegen wärmer. An heißen Sommertagen – 30 Grad sind auch hier durchaus keine Seltenheit – sorgt die leichte Meeresbrise an der Küste für angenehme Abkühlung. Die Inseln Rügen, Hiddensee und Usedom gehören mit durchschnittlich über 1800 Sonnenstunden im Jahr zu den sonnenreichsten Regionen Deutschlands. Dennoch ist es an der Küste meist kühler als im Binnenland. Die Niederschlagsneigung nimmt in Richtung Osten ab. Wenn für die Ostseeküste Regen angekündigt wird, dann scheint auf Usedom nicht selten die Sonne. Auch Rügen hat oft sein ›eigenes‹ Wetter. Unberechenbar ist es auf jeden Fall. Wenn am Morgen dicke Wolken am Himmel entlang ziehen, sollte man nicht gleich missmutig werden, denn oftmals reißt nach wenigen Stunden die Wolkendecke auf.

Hochbetrieb herrscht stets, wenn die einwohnerstärksten Bundesländer Ferien haben. Wer nicht zu den Sonnenanbetern gehört, fährt im Frühjahr oder im Herbst. Auch über Weihnachten und vor allem zu Silvester sind die Hotels gut gebucht. Durch zahlreiche Freizeitangebote, beispielsweise bei Wellness, reisen auch immer mehr Touristen in den Wintermonaten in die Hotels an der Ostseeküste.

Herausragende Sehenswürdigkeiten

Altstadt Wismar 300 denkmalgeschützte Bauwerke drängen sich in der kleinen historischen Altstadt. In dieser Größe und Geschlossenheit ist es die einzig erhalten gebliebene Hansestadt im Ostseeraum. Die UNESCO hat sie deshalb mit der Aufnahme in die Welterbeliste geadelt (→ S. 76).

Schloss Schwerin Das märchenhafte Schloss, oft als ›Neuschwanstein des Nordens‹ bezeichnet, gehört zu den bedeutendsten Baudenkmälern des Historismus in Europa. Die 635 Räume teilen sich das Schlossmuseum und der Landtag von Mecklenburg-Vorpommern (→ S. 83).

Doberaner Münster Die mittelalterliche Ausstattung überwältigt, es ist die reichste aller Zisterzienser-Klosterkirchen europaweit. Nicht nur das Sakramentshaus und der Hauptaltar beeindrucken, sondern auch die vielen pompösen Grabmonumente. Die Klosterkirche war die bevorzugte Grablege der mecklenburgischen Herzöge (→ S. 103).

Alter Strom Warnemünde Es riecht nach Meer und Fisch. In den kleinen Fischerhäuschen mit den vorgebauten Veranden stehen die Türen zu den Restaurants und Boutiquen offen, von Kuttern werden Fischbrötchen verkauft, Fahrgastschiffe starten zu Rundreisen (→ S. 114).

Stralsunds Kirchen Als ›Hochhäuser des Mittelalters‹ recken drei wuchtige Backsteinkirchen ihre Türme in die Höhe. Sie gehören zur UNESCO geschützten Altstadt wie auch die nicht minder beeindruckende filigrane Schauwand des geschichtsträchtigen Rathauses (→ S. 153).

Ozeaneum Stralsund Hinter der Fassade, die an ein vom Wind geblähtes Segel erinnert, unternimmt man eine Unterwasserreise von der Ostsee über die Nordsee und den Atlantik bis zum Polarmeer. Im 2,6 Millionen Liter Wasser fassenden größten Aquarium lassen sich Tausende von Heringen und Makrelen beobachten (→ S. 158).

Kreidefelsen Rügen Die hochhausgroßen Naturgebilde hat Caspar David Friedrich mit seinen Bildern weltberühmt gemacht, sie sind das Markenzeichen des kleinsten deutschen Nationalparks Jasmund. Am besten sieht man sie vom Schiff aus, die Fahrten beginnen in Sassnitz (→ S. 176).

Sandstrände und Steilküste, kleine Seen im Hinterland und sanfte Hügel sowie die schmetternden Trompetenrufe tausender Kraniche. Ferner lebhafte Badeorte, verträumte Dörfer und ehrwürdige Städte, Backsteingotik und Bäderarchitektur, zauberhafte Schlösser und Herrenhäuser, eigenwillig gebaute Villen, eine reiche Kulturgeschichte, Golfplätze und Open-Air-Festivals. Das alles hat die Ostseeküste von Mecklenburg-Vorpommern zu einer Top-Feriendestination in Deutschland gemacht.

LAND UND LEUTE

Warnemünde: Alter Strom und Leuchtturm

Mecklenburg-Vorpommern im Überblick

Das Landeswappen

Lage und Größe: Die Ostseeküste bildet im Norden eine natürliche Grenze. Im Westen grenzt das Bundesland an Schleswig-Holstein (137 Kilometer) und Niedersachsen (79 Kilometer), im Süden an Brandenburg (441 Kilometer) sowie im Osten an Polen (78 Kilometer). Mecklenburg-Vorpommern ist 23 186 Quadratkilometer groß und damit das flächenmäßig sechstgrößte Bundesland, es ist etwa halb so groß wie Niedersachsen.

Bevölkerung: Die vier an die Ostsee grenzenden Landkreise zählen 423 000 Einwohner, das Land insgesamt rund 1,6 Millionen. Durchschnittlich 62 Einwohner leben im Landkreis Vorpommern-Greifswald auf einem Quadratkilometer, im Landesdurchschnitt sind es 69 Einwohner. Damit ist Mecklenburg-Vorpommern das am dünnsten besiedelte Bundesland.

Religion: Der überwiegende Teil der Einwohner ist konfessionslos. Etwa 18 Prozent sind protestantisch und etwa 4 Prozent katholisch.

Natur: An der Ostseeküste gibt es zwei Nationalparks, ein Biosphärenreservat und drei Naturparks. Das Land hat an der Ostsee eine 377 Kilometer lange Außenküste, davon sind 140 Kilometer Steil- und 237 Kilometer Flachküste. Die Bodden- und Haffküste hat eine Länge von 1568 Kilometer und ist damit die längste aller deutschen Bundesländer.

Die größten Städte: Rostock ist mit rund 204 000 Einwohnern die einzige Großstadt an der Ostseeküste. Ihr folgen die Landeshauptstadt Schwerin (95 000 Einwohner), Stralsund (58 000), Greifswald (53 000) und Wismar (45 000).

Verwaltung: Das Bundesland besteht aus sechs Landkreisen und zwei kreisfreien Städten. Seit der Landtagswahl vom 17. September 2006 regiert eine Koalition aus SPD und CDU, die nach der Wahl am 4. September 2011 fortgesetzt wurde.

Wappen: Der Stierkopf steht für Mecklenburg – ihn führten die mecklenburgischen Fürsten seit 1219 im Siegel –, der Greif für Vorpommern. Er war seit 1880 das Wappen der preußischen Provinz Pommern. Die Vierteilung dokumentiert die historischen Gebiete Mecklenburg-Schwerin, Mecklenburg-Strelitz, Vorpommern und die zum Bundesland gehörenden Teile der Uckermark.

Wirtschaft: Dominierende Wirtschaftszweige sind der industrielle Schiffbau, die Landwirtschaft sowie der Tourismus. Mecklenburg-Vorpommern gehört zu den Bundesländern mit der höchsten Arbeitslosigkeit.

Tourismus: Die Ostseeküste zählt jährlich rund 5,7 Millionen Touristen, davon kommen 1,2 Millionen nach Rügen und Hiddensee, 1 Million nach Usedom und 400 000 nach Fischland-Darß Zingst. Im gesamten Bundesland stieg die Zahl der Übernachtungen von 7,6 Millionen im Jahr 1993 auf gegenwärtig 28 Millionen im Jahr an. Deutschlandweit gehört die Ostseeküste von Mecklenburg-Vorpommern zu den gefragtesten Reisezielen.

Geographie

Die Ostseeküstenlandschaft von Mecklenburg-Vorpommern zeigt sich vielgestaltig. Zu ihr gehören feine, weiße Sandstrände ebenso wie Steilufer und ein flaches bis hügeliges Hinterland, in dem sich, beispielsweise auf Usedom, zahlreiche Seen verstecken. Geformt hat dieses Gebiet die letzte Eiszeit. Die Ostsee ist also ein junges Meer, das vor etwa 12 000 Jahren entstand, als die skandinavischen Gletscher abtauten.

Die Ostsee

Endlos scheinender feiner Sandstrand, dazwischen aber auch Steilküsten, Brücken, auf denen man über dem Meer spazieren gehen kann, Promenaden, kreischende Möwen und das Rauschen der Meeresbrandung – die Ostsee hat nichts von ihrer magischen Anziehungskraft eingebüßt. Zehntausende zieht es jedes Jahr an die Ostseeküste von Mecklenburg-Vorpommern. Deren Außenküste misst genau 354 Kilometer, insgesamt hat die durch Bodden, Inseln und Halbinseln reich gegliederte Küste eine Länge von 1712 Kilometern. Die Ostsee hat nur einen geringen Salzgehalt, denn es fließt viel Süßwasser zu. Der Salzgehalt reicht von 0,2 bis 2,5 Prozent. Zum Vergleich: In den Ozeanen werden 3,5 Prozent gemessen. Die Unterschiede zwischen Ebbe und Flut machen nur wenige Zentimeter aus, vom Touristen wird das nicht wahrgenommen.

In der Ostsee schwimmen Dorsch, Hering, Barsch und Flunder, aber auch unzählige Schnecken und Muscheln. Die bekanntesten sind Herzmuschel, Sandklaffmuschel und Miesmuschel. Sie sind im Gegensatz zu ihren Brüdern und Schwestern in den Weltmeeren wesentlich kleiner, was am geringen Salzwassergehalt liegen soll. Muscheln erkennt man daran, dass sie ein Schalenpaar haben, Schnecken dagegen besitzen ein Gehäuse. Die eher selten zu findenden Seesterne gehören wie Muscheln und Schnecken zu den beliebten Mitbringseln der Touristen. Denn die schönsten Souvenirs sind nicht die, die irgendwo gekauft wurden, sondern jene, die man am Strand selbst aufgelesen hat.

Rerik: Ostseebad an der Wismarer Bucht

Dass die Ostsee in jüngster Zeit sauberer geworden ist, beweisen die Kegelrobben. Ende des 19. Jahrhunderts tummelten sich rund 100 000 von ihnen in der gesamten Ostsee, Tausende an der deutschen Küste. Doch seit den 1920er Jahren waren sie fast vollständig verschwunden, Fischer hatten sie als Feinde gejagt, Umweltgifte machten die Weibchen unfruchtbar. Seit wenigen Jahren sind die Kegelrobben zurückgekehrt, 50 bis 60 von ihnen fühlen sich mittlerweile im Greifswalder Bodden wohl. In der gesamten Ostsee sollen es wieder fast 25 000 Stück sein. Von Rügen aus starten Schiffe mit Touristen zu Robben-Beobachtungstouren. Allerdings ist in den Sommermonaten nur wenigen das Glück beschieden, die Tiere mit den schwarzen Kulleraugen zu sehen. Mit Argwohn beobachten dagegen die Fischer die Rückkehr der Kegelrobben, die bis zu 300 Kilogramm schwer werden und am Tag gut und gerne bis zu zehn Kilo Fisch vertilgen. Die Fischer haben die Befürchtung, dass eines Tages Schutzzonen für die Kegelrobben eingerichtet werden und ihnen diese Regionen als Fischfanggebiet verloren gehen.

Jahr für Jahr gibt es Veränderungen an der Ostseeküste, die Natur ist oft gnadenlos: Sturm und Wellen nagen an den Steilufern, starke und anhaltende Regenfälle durchdringen den Boden, weichen ihn auf, und kommt gar noch Frost und lässt das eingedrungene Wasser gefrieren, gibt es Spaltungen und schließlich Abbrüche. In der Nähe von Boltenhagen, bei Ahrenshoop und im nördlichen Teil von Hiddensee passiert das oft. Dabei sind Boden- und Baudenkmale von den Naturgewalten bedroht. Die Tempelburg auf Kap Arkona, von der im Laufe der Jahrhunderte ein Großteil in die Ostsee stürzte und vom Meer verschlungen wurde, ist ein typisches Beispiel dafür. Besonders gefährdet ist auch die Rügener Kreideküste. Internationale Schlagzeilen machte der Abbruch am 24. Februar 2005. Damals stürzten mehr als 50 000 Kubikmeter Gestein 70 Meter in die Tiefe, darunter große Teile der berühmten Wissower Klinken. Wenige Wochen später, am 19. März, brach im nahen Lohme die Steilküste auf 200 Meter ab. Ein Haus entging knapp einer Katastrophe, die Bruchkante war lediglich 2,5 Meter entfernt. Nur mit ferngesteuerten Hydraulikzangen konnte man es abreißen. Im Dezember 2011 ereignete sich am Kap Arkona eine Tragödie. Am 2. Weih-

Die Ostsee: ein beliebtes Wassersportrevier

nachtsfeiertag spazierte eine Mutter mit ihren zwei Kindern unterhalb der alten Nebelsignalstation, als plötzlich ein Teil der Kreideküste abstürzte. Die Mutter wurde schwer, ihre 14-jährige Tochter leicht verletzt, die 10-jährige Tochter verschüttet. Eine vierköpfige Familie kam mit dem Schrecken davon. Die pausenlos tätigen Rettungskräfte konnten das verschüttete Mädchen nicht finden, erst gut einen Monat später wurde Katharinas Leiche geborgen. Wie Tausende jährlich, waren die Gäste auch Weihnachten 2011 an dem am Kap nur fünf bis zehn Meter breiten Strand spazieren gegangen und hatten die Hinweisschilder ›Betreten auf eigene Gefahr‹ ignoriert. Die Einheimischen wissen, wie wild und gefährlich ihre Küste sein kann, die Touristen unterschätzen die Gefahr leider sehr oft.

Hier und dort holt sich das Meer auch Teile des Sandstrandes, doch da wird mit Aufspülungen gegengewirkt – und die Urlauber spüren davon nichts. Alles, was sich die Ostsee nimmt, behält sie nicht für sich, sondern landet es anderswo an. Am besten ist das auf dem Darß zu beobachten, der Jahr für Jahr durch angespülten Sand um rund zehn Zentimeter wächst.

Das Wasser an den Küsten ist sauber, regelmäßig genommene Wasserproben bestätigen das. Doch insgesamt bereitet die Ostsee Sorgen. Mit einer mittleren Tiefe von 55 Metern ist sie ein flaches Meer, der Wasseraustausch mit der Nordsee gering. Deshalb ist die Ostsee gefährdeter als andere Meere. Nur alle 30 bis 35 Jahre erfolgt ein vollständiger Wasseraustausch mit der Nordsee. Bereits 1974 haben sich die Anrainerstaaten zusammengesetzt, um die ökologische Situation der Ostsee zu verbessern, doch die damaligen kommunistischen Staaten an der Südküste konnten aus finanziellen Gründen wenig unternehmen. 1992 hatte sich die Lage verändert, die Umweltminister der Anrainerstaaten beschlossen einmütig das ›Internationale Ostseeaktionsprogramm‹, das zum Ziel hat, bis zum Jahr 2021 das ökologische Gleichgewicht der Ostsee wieder herzustellen. Ein Vorhaben, das sich bis dahin wohl kaum realisieren lassen dürfte. Immer noch bilden massive Nährstoffeinträge das größte Problem. Das Ostseewasser enthält heute achtmal mehr Phosphor und viermal mehr Stickstoff als um 1900. Jährlich kommen etwa 35 000 Tonnen Phosphor hinzu, die zu 90 Prozent aus der Landwirtschaft stammen, und über eine Million Tonnen Stickstoff, die auch zum überwiegenden Teil auf das Konto der Landwirtschaft gehen. Sie lassen Algen blühen und entziehen dem Wasser den Sauerstoff. Eine bedeutende Rolle spielt weiterhin die Ölverschmutzung, denn rund 90 000 Schiffe befahren jedes Jahr die Ostsee. Ein bislang wenig beachtetes Problem geht man gegenwärtig an: Jährlich gelangen bis zu 100 Millionen Toilettenspülungen sowie große Mengen Schmutzwasser von Schiffen in die Ostsee. In Zukunft sollen Abwässer nur noch geklärt ins Meer eingeleitet werden, ungeklärtes Schmutzwasser muss dann im Hafen entsorgt werden. Wir alle können ein klein wenig mithelfen, die Ostsee sauberer zu machen, indem wir keinen Müll am Strand zurück lassen.

Der Klimawandel berührt auch die Ostsee und die angrenzenden Regionen. Der Weltklimarat IPCC beschäftigt sich intensiv damit, die Wissenschaftler geben Empfehlungen an die Politik, wie man mit den bereits unausweichlichen Folgen der Erwärmung umgehen sollte. Die beginnen bei neuen Anforderungen für den Küstenschutz und enden bei der Regionalentwicklung, beispielsweise der Überlegung, neue Infrastruktur und Gewerbegebiete weiter ins Inland zu verlegen.

Bernstein – das Gold des Meeres

Vor allem nach kräftigen Nordweststürmen gehen Einheimische in den frühen Morgenstunden an den Strand, um nach kleinen, hellgelb bis rötlichbraunen Bernsteinbröckchen zu suchen. ›Gold des Meeres‹ wird das erhärtete Harz vorzeitlicher Nadelbäume gern genannt, entstanden ist es vor 40 bis 50 Millionen Jahren. Bernstein ist kein Mineral oder Gestein, wie der Name suggeriert, aber er zählt dennoch zu den Schmucksteinen.

Bereits die alten Römer schätzten den Bernstein, wie uns deren Geschichtsschreiber Plinius überliefert hat: »Er lag lange Zeit unbeachtet unter allem, was das Meer sonst an Land spült, bis man durch unsere Putzsucht auf ihn aufmerksam wurde.« Und bei Tacitus kann man lesen, dass »Bernstein gegenwärtig einen so hohen Preis hat, dass eine aus ihm erzeugte, noch so kleine Figur höher bezahlt wird als ein lebender Mensch.« Seit der Bronzezeit wurde Bernstein über große Entfernungen gehandelt. Aus dem Süden kamen Kupfer, Bronze und Zinn ins nördliche Europa, bezahlt wurde mit Bernstein. Lange Zeit war das gelbe Gestein ein beliebtes Geschenk bei Königen und Fürsten. Zu Weltruhm gelangte das

Bernstein mit Inklusion

Bernsteinzimmer, das Preußenkönig Friedrich I. 1712 dem russischen Zar Peter dem Großen schenkte und das seit Ende des Zweiten Weltkriegs verschollen ist. Russische Spezialisten bauten das Kunstwerk anhand von Fotografien originalgetreu im Katharinenpalast bei St. Petersburg nach.

Im Bernstein eingeschlossene Pflanzenreste oder Insekten – meist sind es Fliegen oder Mücken – werden als Inklusen bezeichnet. Diese Teilchen wurden über Millionen von Jahren hinweg perfekt konserviert und sind für die Wissenschaft von besonderem Interesse. Über das ›Gold des Nordens‹ informieren die Bernsteinmuseen in Ribnitz-Damgarten und Sellin auf Rügen sowie die Schaumanufaktur der Ostsee-Schmuck GmbH in Ribnitz-Damgarten.

Bernstein lässt sich bohren, sägen und schleifen, er brennt mit heller, stark rußender Flamme. Wer sich nicht sicher ist, ob er tatsächlich Bernstein gefunden oder gekauft hat, macht die Reibeprobe: Bernstein lädt sich elektrostatisch auf und zieht kleine Papierschnipsel an. Oder man legt ihn in Leitungswasser – Bernstein sinkt, in einer stark salzhaltigen Lösung dagegen schwimmt er.

Die Natur

Mecklenburg-Vorpommern ist ein von der Natur reich beschenktes Land, dies gilt besonders für die Region der Ostseeküste. Wie Gästebefragungen ergaben, sind für 84 Prozent aller Mecklenburg-Vorpommern-Urlauber Landschaft und Natur das wichtigste Kriterium für die Reiseentscheidung, gute Luft und Klima liegen bei 78 Prozent auf Platz zwei. Kein anderes Bundesland kann in diesen Bereichen solch hohe Werte vorweisen.

Spektakulär ist die Ostseeküstenlandschaft nicht, sie strahlt eher Ruhe und Beschaulichkeit aus. Spektakulär könnte man jedoch manche Bilder nennen, weil sie anderswo kaum noch zu finden sind: Knallgelb wogt im Monat Mai ein riesiges Meer, denn dann stehen Rapsfelder in voller Blüte. Typisch sind auch roter Klatschmohn am Wegesrand, mit Obstbäumen gesäumte Pflasterstraßen, urige Wälder. Der Meerkohl und die Stranddistel gehören an der Küste zu den vom Aussterben bedrohten Pflanzen. Typisch für die Region sind ferner die Möwen, die in Kolonien am Boden brüten, die Storchenfamilie auf dem Wagenrad, der am Himmel kreisende Seeadler und die im Frühjahr und Herbst einfliegenden Kraniche. Um diese Landschaften zu erhalten, wurden große Teile von der letzten DDR-Regierung in ihrer letzten Sitzung am 12. September 1990 unter Schutz gestellt. Zwei der 14 deutschen Nationalparks befinden sich an der Ostseeküste von Mecklenburg-Vorpommern, dazu kommen drei Naturparks und ein Biosphärenreservat sowie unzählige Naturschutzgebiete im Küstenbereich.

In den vergangenen Jahrhunderten, vor allem aber in der jüngsten Zeit, ist die Menschheit allzu verschwenderisch mit der Natur, ihrer Lebensgrundlage, umgegangen. Die wenigsten Großschutzgebiete erfüllen schon heute die an sie gestellten Kriterien, und die Verleihung der Titel ist also in erster Linie als Programm zu verstehen. Die Verwaltungen der Schutzgebiete haben allerdings in den vergangenen Jahren schon viel getan, um Natur und Tourismus in Einklang zu bringen. So legten sie ausgeschilderte Wander- und Radwegenetze an, stellten Bänke, Schutzhütten und Informationstafeln auf. In trittempfindlichen Bereichen – vor allem in Dünen und Mooren – entstanden Bohlenstege.

In der Nähe von Vogelraststätten bieten Aussichtsplattformen die Möglichkeit, scheue Tiere zu beobachten, ohne sie zu stören. Vielfach können die idyllischen Landschaften vom Wasser aus erkundet werden. Fahrgastschiffe verkehren auf den Gewässern, aber auch Kanuten, Ruderer und Segler kommen auf ihre Kosten. Natur zu erleben und sie zu erhalten gehört in den Nationalparks, Biosphärenreservaten und Naturparks zusammen. Der Mensch ist in ihnen Gast der Natur und sollte sich deshalb auch entsprechend benehmen, beispielsweise keine Pflanzen pflücken.

Keine Seltenheit mehr: der Eisvogel

Nationalparks

In den Nationalparks wird die Natur sich weitgehend selbst überlassen und somit ein artenreicher Tier- und Pflanzenbestand gesichert. In der Kernzone greifen die Menschen weder lenkend noch pflegend oder nutzend ein. Nationalparks schützen die Natur, wie sie wirklich ist, und nicht, wie wir sie gern hätten. An der Küste von Mecklenburg-Vorpommern gibt es zwei Nationalparks. Mit nur 30 Quadratkilometer Größe ist der **Nationalpark Jasmund** auf Rügen der kleinste in Deutschland. Neben der Kreidelandschaft und der Küstendynamik behütet er auf dem Plateau 100 Meter über dem Meer vor allem dunkle Wälder – teils trockene, teils feuchte –, klare Bäche und Seen, Moore und Trockenrasen. Verblüffend ist jedoch die große Vielfalt in dem kleinen Park. Allein der dominierende Buchenwald überrascht durch seine abwechslungsreichen Bilder, die vor allem aus den verschiedenen Böden und der wechselnden Wasserversorgung resultieren. Sehenswert ist der Wald auch, weil er seit langem kaum bewirtschaftet wird, stellenweise wohl noch nie. Mindestens seit 50 Jahren fallen Bäume hier nur noch aus Altersschwäche um und bleiben dann liegen. Typisch für die Stubnitzwälder sind auch die vielen glucksenden Quellen. Sie speisen kleine Bäche, die sich oft in wildromantischen Tälern tief in den Untergrund einschneiden und schließlich über die Klippen auf den Strand stürzen.

Der **Nationalpark Vorpommersche Boddenlandschaft** zeigt sich mit Wasser, Wald, Offenlandschaften sowie Küstenlandschaften in einer enormen Ursprünglichkeit. Die Landfläche des Nationalparks hat eine Größe von 118 Quadratkilometern, die Wasserfläche beträgt 687 Quadratkilometer. Er erstreckt sich von Born auf dem Fischland über Hiddensee bis nach West-Rügen. Charakteristisch für das Schutzgebiet sind die Abtragungs- und Anlandungsprozesse des Meeres und die natürliche Waldentwicklung. Die Küstendynamik kann besonders am Weststrand auf dem Darß beobachtet werden. Hier tragen Sturm

Weite Teile der Küste haben den Schutzstatus eines Nationalparks

und Wellen Land ab, das von Meeresströmungen an die Nordspitze des Darßes transportiert wird. In diesem Nationalpark lockt die Natur mit einem ungeheuren Insektenreichtum und anderen Kleintieren zahllose Fisch- und Vogelarten an. Zu den über 100 ständig hier lebenden Vogelarten kommen jedes Jahr im Frühjahr und im Herbst für einige Wochen zahllose Gäste hinzu. Allein bis zu 70 000 Kraniche rasten in der Boddenlandschaft – so viele wie an keinem anderen Ort Europas. Mit ihnen sind mindestens genauso viele Gänse unterwegs, zehntausende Enten, unglaublich große Möwenschwärme, viele Schwäne, Alpenstrandläufer, Goldregenpfeifer und Kiebitze.

Naturparks

Im Gegensatz zu den Nationalparks schützen Naturparks die Natur sowie die Vielfalt der Tier- und Pflanzenwelt in von Menschen genutzten und geprägten Gebieten. Für Naturparks werden besonders schöne Landschaften ausgewählt wie für den **Naturpark Insel Usedom**, der Teile der Insel Usedom sowie den Ruden, Wasserflächen des Stettiner Haffs, das Achterwasser und den Peenestrom sowie Teile des angrenzenden Festlandgürtels umfasst. Seine Größe beträgt etwa 720 Quadratkilometer. Lange Sandstrände wechseln mit mächtigen Steilufern, sanfte Hügelketten umschließen kleinere Wasserflächen und Moore, Salzwiesen folgen auf Strandwall- und Dünenlandschaften. Der Gegensatz zwischen der schnurgeraden, oft steilen Außenküste und der buchtenreichen, flachen Innenküste der Insel schafft einen zusätzlichen Reiz. In der Region zwischen Thurbruch, Schmollensee und Achterwasser fühlen sich Fischotter wohl. Bei Peenemünde haben die Kormorane eine der größten Kolonien des europäischen Kontinents eingerichtet, bei Neppermin gibt es die größte Lachmöwengemeinde Deutschlands, und in drei Kolonien brüten etwa 600 Graureiherpaare.

Der 334 Quadratkilometer große **Naturpark Flusslandschaft Peenetal** schützt das größte zusammenhängende Niedermoorgebiet Mitteleuropas. Die Peene gilt als einer der letzten naturbelassenen Flüsse in Europa. ›Amazonas des Nordens‹ sagt man gern zu dem Fluss, in dessen Bereich 156 Vogel- und 37 Fischarten gezählt wurden. Auf 100 Kilometer schiffbarer Länge beträgt das Gefälle nur etwa einen Meter.

Im Nordosten des Landes, in direkter Nachbarschaft zu Polen, erstreckt sich der 538 Quadratkilometer große **Naturpark am Stettiner Haff**. Die natürlichen unverbauten Abschnitte der Haffküste sowie Haffwiesen, die weiten Wälder der Ueckermünder Heide, die Uecker- und Randow-Niederungen und die Brohmer Berge charakterisieren ihn. Das Land ist sandig und flach, nur die Brohmer Berge kommen immerhin auf 150 Meter – was hierzulande schon reicht, um als Berge bezeichnet zu werden. Der Naturpark gehört zu jenen, in denen Naturliebhaber und gestresste Großstädter auch in der Hochsaison ersehnte Ruhe finden. Die abwechslungsreiche Landschaft mit den unterschiedlichen Lebensräumen führt zu einer vielfältigen Tier- und Pflanzenwelt, reicht von Trockenmagerrasen bis zum Niedermoor. Vor allem der Fischotter fühlt sich hier wohl, denn die Seen sowie die zahlreichen Gräben bieten ihm ausgezeichnete Jagdreviere. Auch der Biber ist heimisch geworden, aufmerksame Naturbesucher bekommen seine Anwesenheit an den Fraßspuren mit und entdecken vielleicht sogar eine Biberburg. Anzutreffen sind ebenfalls alle drei Adlerarten, also auch der größte, der Seeadler, der mit immerhin 15 Brutpaaren vertreten ist. Der Naturpark spielt im Vogelzug eine bedeutende Rolle, er ist im Frühjahr und Herbst ein wichtiges Rastgebiet für Tausende von Gänsen und Kranichen, die ihre Nachtruhe in flachen Gewässern verbringen, beispielsweise im Galenbecker See. Charakteristisch für den Naturpark sind Dünen, auf denen durch menschliche Bewirtschaftung Heideflächen, teilweise mit Wacholder durchsetzt, entstanden sind. Typisch ist jedoch die Heidevegetation mit Kiefern, Birken, Stieleichen, Heidekraut und Heidelbeeren, die das Zuhause von Schwarzstorch, Waldohreule, Specht und Hirsch sind. In den feuchteren Bereichen, an der Haffküste und in den Niederungen der flachen Seen, wachsen überwiegend Schilf und Binsen.

Im Naturpark Usedom

Biosphärenreservat

An der Ostseeküste von Mecklenburg-Vorpommern gibt es das **Biosphärenreservat Südost-Rügen**, es ist eins von etwa 320 solcher Reservate in rund 75 Ländern. Biosphärenreservate sind Schutzgebiete, die zum Forschungsprogramm der UNESCO ›Der Mensch und die Biosphäre‹ gehören. Der Begriff setzt sich aus den Worten Biosphäre (= Lebensraum) und Reservat (lat. reservare, bewahren) zusammen. In den Biosphärenreservaten wird eine von Menschenhand geprägte großflächige, repräsentative Kulturlandschaft geschützt und gepflegt. Die Reservate sollen erlebbar machen, wie der Mensch die Natur nutzen kann, ohne sie zu zerstören. Im Südosten Rügens beispielsweise leben die Menschen seit langer Zeit von der Feld- und Viehwirtschaft, vom Fischfang und seit 100 Jahren zunehmend auch vom Tourismus. Die Natur war ihr einziges Kapital, mit dem sie zu haushalten wussten. So findet man in Deutschland nur noch selten eine so harmonische, vorindustriell geprägte Kulturlandschaft wie die im Südosten Rügens. Um sie zu erhalten, wurde sie zum Biosphärenreservat. Den besten Überblick über das insgesamt 235 Quadratkilometer große Gebiet hat man vom Turm des Jagdschlosses Granitz. Die Region ist vor allem eine Region der Kontraste: Die urigen Buchenwälder der Granitz wechseln mit kurzrasigen Hügeln, mit kargen Salzwiesen, durchfurchten Äckern und vermoorten Niederungen. Steile Küsten mit starker Brandung prägen den Osten, flache Buchten mit seichten Bodden den Westen. Feinsandige Strände folgen auf riesige Gesteinshalden, verträumte Dörfer liegen neben pulsierenden Badeorten. Mit Burgwällen und Hünengräbern haben sich die Vorzeitmenschen in dieser Landschaft verewigt.

Wirtschaft und Gesellschaft

Die Industrie spielt in der nordwestlichsten Ecke Deutschlands seit jeher keine große Rolle. Lediglich Werften besitzen überregionale Bedeutung, ansonsten dominiert die Landwirtschaft, später kam der Tourismus hinzu. Heute fehlt es in der Region an Arbeitsplätzen, die Arbeitslosigkeit gehört zur höchsten in Deutschland. Vor allem im dünnbesiedelten und strukturschwachen Osten des Bundeslandes, im Bereich des Stettiner Haffs, finden die Menschen keine Arbeit, was einen guten Nährboden für die rechtsgerichtete NPD bildet, die dort die meisten Wähler hat und seit 2006 sogar im Schweriner Landtag sitzt. Stärkste Partei im Landtag ist derzeit die SPD, die seit 1994 in wechselnden Bündnissen regiert.

Industrie

Zu DDR-Zeiten arbeiteten viele Menschen im Schiffbau, in der Hafenwirtschaft, in der Fischverarbeitung, der Lebensmittelindustrie und der Landwirtschaft. Vieles, was in dem heutigen Bundesland entstand, war wegen seiner guten Qualität in der Welt begehrt. Der DDR-Schiffsbau, der rund 60 000 Menschen beschäftigte, nahm bis 1989 im Lloyd-Register des Weltschiffbaus den zehnten Platz ein, bei Fischereifahrzeugen lag die DDR sogar auf dem ersten Platz. Die Werften entlang der Ostseeküste von Mecklenburg und Vorpommern haben Tradition. Die heutige Neptun-Werft beispielsweise, einst im Rostocker Stadtzentrum beheimatet und seit dem Jahr 2000 in Warnemünde ansässig, wurde 1850 gegründet, 1851 lief hier der erste eiserne Schraubendampfer Deutschlands vom Stapel, die ›Erbgroßherzog Friedrich Franz‹. Zum DDR-Ende hatte die Werft über 7000 Beschäftigte, heute sind es noch rund 500, insgesamt etwa 1500 Schiffe wurden in der Werft gefertigt.

Die Nordic-Werft Rostock-Warnemünde

Stark entwickelt war zu DDR-Zeiten auch die Landwirtschaft, das Gebiet des heutigen Bundeslandes Mecklenburg-Vorpommern versorgte durch die leistungsfähige Großproduktion etwa fünf Millionen Menschen, also rund 30 Prozent der DDR-Bevölkerung. Betriebe mit 5000 Hektar Land und Mastanlagen für 5000 Rinder oder gar für 10 000 Schweine waren keine Seltenheit. Nach der Einheit gingen die Anbauflächen und der Viehbestand enorm zurück. Von den einst 180 000 Arbeitsplätzen sind etwa 20 000 übriggeblieben. Ähnlich sieht es in anderen Wirtschaftsbereichen aus. Das Ergebnis: Junge Leute verließen massenweise das Land in Richtung Westen. Abwärts ging es auch mit dem Fischfang. 1990 kam das Ende für den VEB Fischkombinat Rostock mit rund 8300 Mitarbeitern, davon waren 4350 fahrendes Personal; etwa 40 Schiffe besaß das Kombinat. Einer von den kleinen Kuttern, die ›Havel‹, kann als Museumsschiff im Sassnitzer Stadthafen besichtigt werden. Gefischt wurde vor den Küsten Südamerikas ebenso wie vor Afrika. Heute fahren nur noch wenige Fischer auf die Ostsee hinaus, volle Netze sind selten geworden, oftmals auch, weil es nicht sein darf: Die EU setzt bei vielen Fischarten immer niedrigere Fangquoten fest, weil der Bestand überfischt ist, was viele Fischer in ihrer Existenz bedroht. »Fischer ist kein schöner Beruf mehr!« hört man immer wieder. Sie nerven die niedrigen Fangquoten und die Formulare, die sie vor und nach jeder Fahrt ausfüllen müssen. Die Wartung des Kutters kostet oft mehr, als übrig bleibt, die Existenz vieler ist gefährdet, immer mehr geben daher diesen Beruf auf.

Der Schiffbau ist noch immer das ›industrielle Herz‹ des Bundeslandes. Nach der Einheit baute man die fünf großen Werften zu modernen, leistungsstarken Schiffbaubetrieben um. Doch bis heute liefern sie immer wieder Schlagzeilen, weil eine Insolvenz die andere jagt und es ständig andere Eigentümer gibt. Zurzeit machen die Werften einen Wandel durch, sie spezialisieren sich, um gegen die internationale Konkurrenz zu bestehen. In sicherem Fahrwasser befinden

Der Seehafen in Rostock

Industrie

sich (gegenwärtig) die Neptunwerft Rostock-Warnemünde und die Peene-Werft Wolgast. Seit April 2014 ist die Volkswerft Stralsund gerettet. Doch zukünftig werden hier keine Schiffe mehr gebaut, sondern wie auf den Nordic Werften in Wismar und Rostock-Warnemünde Anlagen für Windparks auf See. Weitere wichtige wirtschaftliche Zweige des Landes sind die Häfen, die sich zu Drehscheiben im Ostseeraum entwickeln, die Land- und Ernährungsgüterwirtschaft und nicht zuletzt der Tourismus. Zu neuen Arbeitsplätzen verhalf Nestlé dem strukturschwachen Bundesland. Am Stadtrand von Schwerin legte der Schweizer Lebensmittelkonzern im Mai 2013 den Grundstein für seine größte Kaffeekapsel-Fabrik in Europa. Rund 450 Mitarbeiter stellen in dem Werk mit zwölf Produktionslinien pro Jahr zwei Milliarden Kaffeekapseln her. 220 Millionen Euro investierte Nestlé, das Land förderte den Bau, der die größte Investion in der Ernährungswirtschaft seit der Einheit darstellt, mit 22,5 Millionen Euro.

Energiewirtschaft

Die Landespolitiker haben das ehrgeizige Ziel, Mecklenburg-Vorpommern zum Energieland zu machen. Als Tourismusregion möchte das Land im Nordosten Deutschlands einen positiven Beitrag zum Klimawandel leisten. Im Mai 2011 ging Baltic 1 ans Netz, der erste kommerzielle Offshore-Windpark Deutschlands, dessen Grundfläche die Form eines Dreiecks mit einer Größe von rund sieben Quadratkilometern hat. Er entstand etwa 15 Kilometer nördlich der Halbinsel Fischland-Darß-Zingst, die erzeugte Stromleistung reicht für mehr als 50 000 Haushalte. Die erneuerbare Energie gelangt über ein 1,50 Meter unter dem Meeresboden verlegtes und 77 Kilometer langes Kabel, das bei Markgrafenheide in der Nähe von Rostock an Land kommt, unterirdisch zum Umspannwerk Bentwisch. Das Projekt hatte die Umweltschützer auf den Plan gerufen, die Auswirkungen auf den Vogelzug fürchteten und die Feriengemeinden auf dem Darß meinten, der Windpark würde Touristen abschrecken. Doch keine dieser Befürchtungen bestätigte sich. Folgen wird der Windpark Baltic 2 rund 32 Kilometer nördlich der Insel Rügen, er ist viermal so groß wie Baltic 1 und soll sechsmal so viel Strom erzeugen. Aufgestellt werden 80 Windkraftanlagen, die Fertigstellung ist für das Jahr 2014 geplant. Als man mit dem Bau der Fundamente begann, erwies sich der Baugrund schwieriger als gedacht, was zu monatelangen Verzögerungen führte. Insofern ist es fraglich, ob der avisierte Termin der Inbetriebnahme eingehalten werden kann.

Das zweite große Energieprojekt war die Nord-Stream-Pipeline, auch Ostseepipeline genannt, die jährlich bis zu 55 Milliarden Kubikmeter sibirisches Erdgas nach Deutschland transportiert. Die durch die Ostsee verlaufende Trasse erreicht bei Lubmin das Festland, für die beiden Stränge wurden rund 200 000 Kilometer Rohre mit einer Länge von je zwölf Meter und einem Gewicht von etwa zwölf Tonnen verlegt. Die Einweihung erfolgte im November 2011, der Bedeutung entsprechend von der deutschen Bundeskanzlerin und dem russischen Präsidenten.

Nicht mit allem, das die Landesregierung in Schwerin beschließt, sind die Menschen in Mecklenburg und Vorpommern einverstanden. Heftigen, jahrelangen Streit gab es um den Bau eines 1600-Megawatt-Steinkohlekraftwerkes, das ein dänischer Konzern für zwei Milliarden Euro errichten wollte. Umweltschützer, Touristiker und Anwohner protestierten energisch, weil der Standort mitten in einer Tourismusregion lag. Selbst die Politik war sich nicht einig. Ministerpräsident Sellering (SPD) machte aus seiner Ablehnung keinen Hehl, sein damaliger Stellvertreter, der Wirtschafts- und Tourismusminister (CDU), befürwortete den Bau, um neue Arbeitsplätze in der strukturschwachen Region zu schaffen. Am Abend des 11. Dezember 2009 gab es dann Jubel bei Bürgerinitiativen und Touristikern und Entsetzen beim Unternehmerverband Vorpommern: Die gemeinsame Internetseite der Bürgerinitiativen verkündete fast zeitgleich mit den großen Nachrichtenagenturen: ›Das Steinkohlekraftwerk ist gekippt!‹ Der dänische Konzern gab seine umstrittenen Baupläne auf und zog sich aus Mecklenburg-Vorpommern zurück.

Bildung und Wissenschaft

Ein gehöriges Wörtchen redet Mecklenburg-Vorpommern auch bei Wissenschaft und Forschung mit. In Greifswald beispielsweise sind das Max-Planck-Institut für Plasmaphysik, das Alfred-Krupp-Wissenschaftskolleg, das Leibniz-Institut für Plasmaforschung und Technologie, das Biotechnikum und das Technologiezentrum Vorpommerns beheimatet, und auf der kleinen Insel Riems im Südwesten des Greifswalder Boddens befindet sich eines der modernsten Tierseuchenforschungsinstitute Europas. Es ging aus einem der weltweit ältesten Virusforschungsinstituten hervor, gegründet wurde es 1910 auf der Insel Riems im Auftrag der preußischen Regierung zur Erforschung der Maul- und Klauenseuche. In dem Bundesland gibt es zwei bekannte Universitäten, in Rostock und in Greifwald, ferner die Hochschule für Musik und Theater Rostock sowie drei Fachhochschulen in Neubrandenburg, Stralsund und Wismar. In Güstrow befinden

Das Hauptgebäude der Rostocker Universität

sich eine Fachhochschule für öffentliche Verwaltung, Polizei und Rechtspflege sowie die private Hochschule Baltic College. In Schwerin besteht zudem die Hochschule der Bundesagentur für Arbeit. Insgesamt lernen in dem Land rund 37 000 Studenten. An den beiden Universitäten wird nicht nur gelehrt, sondern auch geforscht, in Rostock beispielsweise auf den Gebieten Bioenergie, Mikrosystemtechnik und Sensorik, in Greifswald gehören Plasmaphysik, Biochemie, Pharmakologie und die Geowissenschaften zu den besonderen Lehr- und Forschungsschwerpunkten. Wer die beiden Unis absolviert hat, gilt als fachlich gut gerüstet für das weitere Leben – doch nach Studienabschluss verlassen viele Absolventen Mecklenburg-Vorpommern, weil es an Arbeitsplätzen mangelt, aber auch, weil es noch ein starkes Gehaltsgefälle zu den alten Bundesländern gibt. Das wirkt sich ebenso in der Gastronomie und Hotellerie aus. Wer entsprechende Leistungen vollbringt, kehrt dem Land den Rücken, weil er anderswo bedeutend mehr verdient. Vor allem in der Hochsaison wirkt sich das Fehlen von guten Fachkräften aus. Das Ergebnis: Mängel im Service und Beschwerden von Gästen. Um neue Arbeitsplätze zu schaffen, entstand der Industriestandort Lubmin. Zu DDR-Zeiten wurde das kleine Lubmin überregional durch ein Kernkraftwerk bekannt. 1973 ging der erste Reaktor in Betrieb, vier weitere waren in Bau, 1990 legte man die Anlage still. Rund 10 000 Arbeitnehmer waren zu DDR-Zeiten dort beschäftigt, heute sind an dem einstigen Atomstandort noch etwa 1000 Menschen tätig, die das Kernkraftwerk bis 2015 aufwendig zurückbauen.

Tourismus

Der Tourismus ist für das Land lebensnotwendig, und er boomt seit der Einheit. Der Beitrag zum Volkseinkommen beträgt 8,5 Prozent. Der Deutschland-Durchschnitt beträgt lediglich 3,8 Prozent. Rund 130 000 Beschäftigte arbeiten direkt oder indirekt für touristische Einrichtungen und im Servicebereich. Mecklenburg-Vorpommern hat als einziges Bundesland ein Ministerium, das bereits im Namen zum Ausdruck bringt, welchen Stellenwert der Tourismus besitzt: Ministerium für Wirtschaft, Bau und Tourismus. Die Zahl der Übernachtungen stieg von 7,6 Millionen im Jahr 1993 auf gegenwärtig rund 28 Millionen. Die Ostseeküste von Mecklenburg-Vorpommern verzeichnet besonders zahlreiche Fünf-Sterne- und Vier-Sterne-Hotels. Der Standard gehört zu den besten in Deutschland, denn nahezu alle Hotels und Pensionen wurden nach der Einheit saniert, modernisiert oder neu gebaut. Viele der zahlreichen Schlösser verwandelten sich – dank großzügiger finanzieller Förderung in vergangenen Jahren – in Hotels. Die Schlösser liegen aber meist im weiten Land und haben es teilweise schwer, genügend Gäste zu bekommen, um rentabel arbeiten zu können. Schlosshotel – das hört sich gut an, der Name weckt entsprechende Erwartungen, die aber nicht in jedem Fall erfüllt werden können. Bei den alten Gemäuern sind die Energiekosten hoch, Denkmal- und Brandschutz verursachen ebenfalls überdurchschnittlich hohe Kosten und weil die Gebäude nicht als Hotel erbaut wurden, entsprechen die Grundrisse nicht den Anforderungen, die heutzutage an einen modernen Hotelbetrieb gestellt werden. Beispielsweise dürfen Aufzüge nicht dort errichtet werden, wo sie benötigt werden, sondern dort, wo es der Denkmalschutz gestattet.

Zu wünschen übrig lässt besonders in kleineren und mittleren Einrichtungen der Service. Die Hotellerie und Gastronomie klagen enorm über den Mangel an Fachkräften. Nach dem Abschluss der Lehre reisen – wie es in dieser Branche üblich ist – viele der jungen Leute in die Welt, um sich anderswo weiterzubilden. Doch leider kehrt nur ein geringer Teil in die Heimat zurück, vor allem, weil die Bezahlung hier viel schlechter als in anderen Regionen ist. Von dem jüngst geforderten Mindestlohn möchten die Unternehmer hier nichts wissen. Neuerdings können sogar zahlreiche Ausbildungsplätze nicht mehr besetzt werden. Daran schuld sind die ungünstige demografische Entwicklung, nämlich der Geburteneinbruch nach 1990 in Ostdeutschland und die Abwanderung.

Umfangreich ist das Freizeitangebot geworden, und die Bemühungen sind groß, noch mehr zu schaffen. Weil das Wetter hierzulande nicht so verlässlich ist wie an der Côte d'Azur, gibt es Freizeit- und Erlebnisbäder, die zu ausgelassenem Badevergnügen, sportlichen Aktivitäten und Wellness einladen. Mehr als 400 ausgebaute Häfen, Marinas und Wasserwanderplätze gibt es mittlerweile. Viel Geld hat man auch für den Bau von Radwegen eingesetzt, zahlreiche Radfernwege sowie Rad-Rundtouren erschließen mittlerweile das Land. Das Ergebnis: Etwa ein Drittel der Gäste des Landes kommt zum Radurlaub nach Mecklenburg-Vorpommern, und fast die Hälfte gab bei einer repräsentativen Gästebefragung an, das Fahrrad während des Urlaubs zu nutzen. Damit schwingt sich fast jeder zweite Urlauber mindestens einmal während seiner Ferien aufs Rad.

Heute kommen jedes Jahr rund 5,7 Millionen Touristen an die Ostseeküste von Mecklenburg-Vorpommern, die Tagesbesucher nicht mitgerechnet. Am Warnemünder Kai, einem der größten Kreuzfahrthäfen der Ostseeküste, legen jährlich rund 30 imposante Kreuzfahrtliner über hundertmal an, rund 200 000 Besucher, meist aus dem Ausland, schwärmen von hier zu Tagesausflügen aus. Ansonsten finden nicht viele ausländische Gäste den Weg ins Land, nicht einmal eine Million kommen im Jahr, die meisten aus Schweden, Dänemark und den Niederlanden. Bei den Deutschen gehört Mecklenburg-Vorpommern dagegen zu den gefragtesten Reisezielen.

Geschichte des Badetourismus

Begonnen hat der heute dominierende Tourismus im Jahr 1793, als der mecklenburgische Herzog Friedrich Franz I. in Heiligendamm das erste Seebad Deutschlands gründete. Dazu geraten hatte ihm sein Leibarzt Samuel Gottlieb Vogel mit der Begründung, Baden im Meerwasser helfe bei »sehr vielen Schwachheiten und Kränklichkeiten des Körpers«. Es dauerte nicht lange, bis die russische Zarenfamilie, Admiral Nelson, Rainer Maria Rilke und Graf Moltke neben vielen anderen in Heiligendamm und Bad Doberan lustwandelten. Für die Herren wurden Zelte und für die Damen Badekarren zum Aus- und Ankleiden sowie zum ungestörten Baden aufgestellt. In Boltenhagen rollte man 1803 den ersten Badekarren an den Strand. Deshalb rühmt sich der Ort, das zweitälteste Ostseebad Mecklenburg-Vorpommerns zu sein. Auf Rügen ließ der Fürst zu Putbus 1816 am Strand von Neuendorf Badekarren aufstellen. »Durch einen seewärts niederzulassenden Vorhang‹, so steht es im ›Reisegesellschafter durch Rügen« von 1821, kann »die Badende sich dem Blicke jedes Lauschenden gänzlich ent-

Historischer Badekarren aus der Frühzeit des Badetourismus

ziehen.« Wie die Badekarren aussahen, steht in einem Brief, den der Leiter der Berliner Singakademie, Carl Friedrich Zelter, an Goethe richtete: »Die Badekarren … sind kleine Kabinette, auf Wagen in die See gerollt, zu denen man über Brücken gelangt. Es bleibt hier den Badenden überlassen, das Wasser unter der ausgespannten Markise oder außerhalb im offenen Bereich der See zu genießen«. Mitte des 19. Jahrhunderts entstanden dann feste Badeanstalten, damals noch sorgfältig getrennt für Damen und Herren. Wo das aus Platzgründen nicht möglich war, legte man die Badezeiten so fest, dass sich die Geschlechter nicht begegneten. Männlichen Badegästen war es strikt untersagt, am bretterumfriedeten Damenbad vorbeizugehen. Man wollte niemand in die Versuchung bringen, durch ein Astloch zu schauen. Aber es gab auch das Gegenteil: In Baabe auf Rügen mussten um 1900 zwei Mädchen unverzüglich abreisen, weil sie Herren beim Baden mit dem Fernglas beobachtet hatten. Später richtete man Familienbäder ein, doch die Reglementierungen blieben. Das Ostseebad Binz bestimmte: »Das Baden ist nur in geschlossenen aus undurchsichtigem Stoff hergestellten Badeanzügen gestattet, die vom Hals bis zum Knie reichen… Einzelnen jungen Herren und Damen ist das Baden im Familienbade nicht gestattet. Das Mitbringen von Ferngläsern und photographischen Apparaten ist untersagt.« Nicht selten sollen sich ›einzelne junge Herren‹ bei Einheimischen ein Kind ›geborgt‹ haben, mit dem sich ihnen das Tor des Familienbades öffnete. So erzählt man es sich wenigstens. Das Badeleben ging noch lange Zeit völlig anders als heutzutage vonstatten. So bestimmte die Polizeiordnung von Heringsdorf 1910: »Das Baden in der Ostsee außerhalb der Badeanstalten und der polizeilich zugelassenen Badestellen ist … untersagt. Sonnenbäder am Strande und in den Dünen sind nur in den hierzu bestimmten umfriedeten Räumen zulässig. Zuwiderhandlungen … werden mit Geldstrafe bis zu Mk. 30,-, im Unvermögensfalle mit entsprechender Haft bestraft.« 1940 erließ Kölpinsee folgende Badeordnung: »Die Badezeit währt täglich von 8 bis 13 Uhr und 15 bis 19 Uhr … Jede Familie soll sich in der Regel auf 25 Quadratmeter Strandfläche bescheiden. Burgen gelten nur dann als benutzt, wenn in ihnen ein Strandkorb steht oder die Benutzung anderweitig kenntlich gemacht ist.«

Baabe war auf Rügen der erste Ort, der 1922 das »gemischte Freibaden in der offenen See« erlaubte. Jetzt durfte der Badeanzug öffentlich gezeigt werden, mehr noch, von jetzt an war es sogar gestattet, in den Bademantel gehüllt zum Strand zu spazieren. Doch erst Ende der 1920er-, Anfang der 1930er Jahre entstand allmählich das heute gewohnte Strandbild mit Textilstrand, Hundestrand und tausenden Strandkörben. Vor hundert Jahren war es noch unvorstellbar, dass am kilometerlangen Sandstrand der Schaabe auf Rügen an warmen Sommertagen Tausende splitternackt umherhopsen. Damals hätte das fernglasbestückte Herrschaften angelockt, und schließlich wären patrouillierende Gesetzeshüter angerannt gekommen, um das ›Baden ohne‹ zu ahnden; vor allem nach 1932, als das preußische Innenministerium den sogenannten Zwickelerlass verkündet hatte. Der schrieb exakt vor, welche Kleidung beim Baden zu tragen war. So hatten die Frauen die Vorderseite des Oberkörpers vollständig zu bedecken, und der Rückenausschnitt durfte nicht über das untere Ende der Schulterblätter hinausgehen. Öffentliches Nacktbaden war generell verboten.

Zu DDR-Zeiten blühte von Boltenhagen bis Ahlbeck das FKK-Baden, nach der Einheit gab es damit große Probleme. Es hagelte Proteste der offensichtlich prüderen ›Wessis‹, die Nackten wurden auf kleine Bereiche zurückgedrängt, was die sich nicht gefallen ließen. Doch nach und nach beruhigten sich die Gemüter, heute hat fast jedes Ostseebad seinen markierten FKK-Stand, und an vielen nicht bewirtschafteten Strandabschnitten, wie am Darßer Weststrand, liegen und baden Nackte und Bekleidete friedlich nebeneinander. So auch am FKK-Strand östlich von Ahlbeck auf Usedom. Nachdem man Ende 2007 die Grenzzäune abgebaut hatte, spazierten viele Polen am Strand entlang – und sahen plötzlich Hunderte deutsche FKK-Fans. Die Polen waren entrüstet, ein sittenstrenger polnischer Abgeordneter verlangte im Parlament sogar die Sperrung des 500 Meter langen FKK-Abschnitts, die Zeitungen brachten Schlagzeilen über die Nackedeis in Deutschland. Die lokalen deutschen Touristiker nahmen die Befindlichkeiten der anderen Seite ernst und stellten mehrsprachige Hinweisschilder auf. Die machen ahnungslose Spaziergänger aus dem katholisch geprägten Polen auf die FKK-Zone aufmerksam. Doch siehe da: Viele Polen sollen keinen Bogen um den FKK-Strand schlagen, sondern zum Baden in den deutschen Teil der Insel kommen. So erzählt man sich jedenfalls.

Die Zeiten haben sich auf vielen Gebieten gewaltig verändert. Nur faul am Strand oder am Seeufer zu liegen, ist nicht mehr ›in‹. Immer mehr reisen an, um etwas für ihr Wohlbefinden zu tun, sich mit Wellness verwöhnen zu lassen. Eine repräsentative Gästebefragung des Landestourismusverbandes ergab, dass 17 Prozent aller Gäste einen Wellness-Urlaub machen. Mecklenburg-Vorpommern hat sich zum Ziel gesetzt, Gesundheitsland Nr. 1 in Deutschland zu werden. Schon heute gehört der Gesundheits- und Wellness-Sektor zum modernsten und leistungsfähigsten in Europa. Viele Gäste kommen aber auch, um an der Ostseeküste ihren sportlichen Neigungen nachzugehen, sie wollen aktiv sein und erwarten vielfältige Angebote. Rund 33 Prozent der Gäste im Land möchten sich sportlich betätigen, ergaben Gästeumfragen, der Bundesdurchschnitt liegt bei etwa 16 Prozent. Die Ostseeküste von Mecklenburg-Vorpommern ist Angelrevier, Radler-, Wander-, Golf- und Wassersportregion par excellence. Die Investitionen in diese Bereiche sind groß. So hatte Mecklenburg-Vorpommern zum Beispiel bis zur Einheit nicht einen einzigen Golfplatz. 1992 wurde in Hohen Wieschendorf bei Wismar die erste Anlage eröffnet, heute gibt es allein entlang der Ostseeküste neun. Weitere Investitionen sollen vor allem in Freizeiteinrichtungen erfolgen, um noch mehr Attraktionen für Schlechtwettertage und die kühle Jahreszeit zu schaffen.

Geschichte

Wie archäologische Funde und Bodendenkmäler belegen, war das Gebiet der Ostseeküste des heutigen Bundeslandes bereits in der Ur- und Frühgeschichte besiedelt. Gegründet wurde das Land Mecklenburg-Vorpommern erst nach Ende des Zweiten Weltkriegs, am 9. Juli 1945, von der Sowjetischen Militäradministration in Deutschland. Es entstand aus dem ehemaligen Land Mecklenburg sowie aus Vorpommern, dem westlich von Stettin gelegenen Teil des früheren preußischen Regierungsbezirks Stettin, der Provinz Pommern sowie dem ehemals zu Hannover gehörenden Amt Neuhaus. Bis 1945 gab es also eine getrennte Geschichte, eine von Mecklenburg und eine von Pommern. Zu DDR-Zeiten, 1952, wurde die gesamte Ostseeküste zum Bezirk Rostock, Schwerin war die Bezirksstadt des gleichnamigen Bezirkes. 1990 erfolgte dann die Neugründung – im Wesentlichen so, wie Mecklenburg-Vorpommern bis 1952 bestanden hatte.

Frühzeit und Mittelalter

Von 8000 bis 3000 v. Chr., also in der Mittelsteinzeit, lebten in der Region nomadisierende Jäger, Sammler und Fischer, die sich runde oder ovale Hütten erbauten. In der nachfolgenden Jungsteinzeit wurden sie sesshaft. Von den damaligen Ackerbauern und Viehzüchtern gibt es Tausende von archäologischen Funden wie Steinbeile und Messer aus Feuerstein sowie Reste von Keramikgefäßen. Beeindruckend sind die aus dieser Zeit hinterlassenen Großsteingräber. Einen Einblick in die Lebenswelt dieser Zeit gibt das Freilichtmuseum Steinzeitdorf Kussow im Westen Mecklenburgs. Im 4. bis 6. Jahrhundert n. Chr. verließen die germanischen Stämme in der sogenannten Völkerwanderung das Land, das wenig später slawische Stämmen besiedelten. 995 wird in einer von Otto III. unterzeichneten Urkunde erstmals die bei dem heutigen Dorf Mecklenburg südlich von Wismar liegende Michelenburg erwähnt. 995 gilt auch als das ›Geburtsjahr‹ Mecklenburgs. Nach der Michelenburg (niederdeutsch Mikilenburg), ab dem 16. Jahrhundert hochdeutsch Mecklenburg, benannte man später das gesamte Land. Der Name ›Pommern‹ wird 1046 erstmals in der Chronik ›Annales Altahenses‹ genannt.

Der Sachsenherzog Heinrich der Löwe unternahm ab 1147 seinen ›Wendenkreuzzug‹ und besiegte 1160 den letzten freien Obotritenfürsten Niklot. Sein Sohn Pribislaw trat notgedrungen zum Christentum über, um als Vasall Heinrichs des Löwen das Erbe seines Vaters antreten zu können. Er begründete die Dynastie des bis 1918 regierenden mecklenburgischen Herrscherhauses. Die Klostergründungen begannen 1153 mit dem Bau des Benediktinerklosters in Stolpe westlich von Anklam. 1170 gründete Heinrich der Löwe Schwerin als erste Stadt im heutigen Mecklenburg-Vorpommern. Im Jahr 1200 besaß allein Schwerin das Stadtrecht, 50 Jahre später bereits 23 Städte, darunter Rostock, Wismar und Stralsund. Auf der ›grünen Wiese‹ sind diese Städte jedoch nicht erbaut worden, fast immer wurden bereits bestehende slawische Siedlungsplätze genutzt. Die größeren Städte – Rostock ist dafür ein

Im Steinzeitdorf Kussow wird die Vergangenheit lebendig

typisches Beispiel – entstanden aus dem Zusammenschluss von zwei oder drei benachbarten Gründungen.

Im Jahr 1293 schloss Stralsund mit Lübeck, Wismar, Rostock und Greifswald ein Bündnis, das als Vorläufer der Städtehanse gilt. Der Reichtum, den das Land zur Zeit der Hanse besaß, ist noch heute in den Städten zu bestaunen. Grundlage dafür war der schwungvolle Handel der Menschen in den Hansestädten. Im Mai 1999 machten Archäologen neben der Mole von Timmendorf auf der Insel Poel einen sensationellen Fund. Sie entdeckten die Überreste einer Kogge, eines zweimastigen Segelschiffes, mit dem die Kaufleute der Hanse ihren Fernhandel bis nach Russland, Norwegen und Spanien betrieben. Das hölzerne Schiff ist 22 Meter lang und acht Meter breit, es konnte 200 Tonnen Ladung aufnehmen, das entspricht dem, was 100 vierspännige mittelalterlichen Pferdewagen oder zehn Lastkraftwagen unserer Tage transportieren können. Wissenschaftler haben festgestellt, dass die Kiefern- und Eichenstämme für die Kogge Mitte des 14. Jahrhunderts geschlagen wurden, als die Hanse auf dem Höhepunkt ihrer Macht war. Aus der Küstenregion des heutigen Mecklenburg-Vorpommerns gehörten dem Bund unter anderem Stralsund, Rostock, Wismar, Greifswald und Anklam an.

Das Jahr 1419 spielt eine Rolle, weil man da in Rostock die erste Hochschule Nordeuropas gründete, ›Leuchte des Nordens‹ genannt, der 1456 die zweite Universität an der Ostsee folgt, die im pommerschen Greifswald.

Eine Schar Gleichgesinnter – die Hanse

Nach dem DDR-Ende besannen sich drei Städte in Mecklenburg-Vorpommern – Greifswald, Stralsund, Wismar, Rostock – auf ihre reichen Traditionen und legten sich den Beinamen Hansestadt zu. Das ›H‹ im Autokennzeichen verweist darauf. Die Hanse war im Mittelalter ein mächtiges Städtebündnis, zu dem sich die sogenannten Städte des ›wendischen Quartiers‹ – Wismar, Rostock, Stralsund und Greifswald – unter der Vorherrschaft von Lübeck zusammenschlossen. Man wollte sich ›zu Wasser und zu Lande‹ gegenseitig beistehen. In ihrer größten Blütezeit gehörten dem Bund bis zu 70 Städte aktiv an, und bis zu 130 waren ihr locker verbunden. Welche Städte es waren, ist nicht genau bekannt, weil es kein offizielles Mitgliederverzeichnis gab. Auch über eine geschriebene Verfassung verfügte die Hanse zu keiner Zeit. Sie war ein Bündnis Gleichgesinnter, das mit Handschlag besiegelte Wort galt. Hervorgegangen ist es Mitte des 14. Jahrhunderts aus der Vereinigung niederdeutscher Kaufleute, einem freien Zusammenschluss. Ein Gründungsdatum gibt es nicht, die Vereinigung ist locker entstanden und danach ständig gewachsen. Der erste Hansetag – das höchste Beschlussgremium – fand 1356 statt.

Neben Lübeck war Stralsund die mächtigste Hansestadt, Stralsunder Kaufleute lieferten mit den damals typischen breitbauchigen und 20 bis 30 Meter langen Koggen mit einer Tragfähigkeit von 80 bis 200 Tonnen Waren in alle nord- und westeuropäischen Seestädte. In der St.-Nikolaikirche gibt es dafür einen Beleg: Relieftafeln zeigen an einem Gestühlrest in naiver Darstellung Arbeitsvorgänge sowie Pelze, Honig und Wachs als damalige Hauptexportgüter Osteuropas und deren Verkauf in Riga an einen hanseatischen Kaufmann, erkennbar an der Rigaer Backsteinkirche.

Zwischen 1356 und 1370 fanden in der Stadt am Strelasund mehr Hansetage als in Lübeck statt. Im Stralsunder Rathaus traf man sich auch im Jahr 1370. Bürgermeister und Ratsherren aus 23 Städten verhandelten damals drei Wochen lang mit dem dänischen Reichsrat, um den Seekrieg zwischen der skandinavischen Großmacht Dänemark und den Hansestädten zu beenden. Als ›Stralsunder Friede‹ ging dieses Ereignis in die europäische Geschichte ein, das der siegreichen Hanse die Schlüsselstellung auf dem Seeweg zwischen Ost- und Nordsee und die Kontrolle über den Sund garantierte.

Im 16. Jahrhundert verlor die Hanse an Bedeutung. Die Welt hatte sich verändert, die Territorialherrschaften waren erstarkt, die Handelsrouten hatten sich nach der Entdeckung Amerikas in den atlantischen Raum verlagert. Den Todesstoß versetzte der Hanse der Dreißigjährige Krieg. 1669 fand der letzte Hansetag statt; daran nahm von den mecklenburgischen und vorpommerschen Hansestädten nur noch Rostock teil.

Modell einer Hansekogge

Von der Reformation bis zur Reichsgründung

Im Jahr 1534 wurde der protestantische Glauben in Pommern als Landesreligion
Im Jahr 1534 wurde der protestantische Glauben in Pommern als Landesreligion eingeführt, 1549 begründete man eine lutherische Landeskirche in Mecklenburg; die Kirchenhoheit erhielten die Herzöge. Der Dreißigjährige Krieg tobte auch entlang der Ostseeküste. 1628 wurden die Herzöge Mecklenburg-Schwerin und Mecklenburg-Güstrow vom Kaiser wegen ihrer Zusammenarbeit mit dem dänischen König abgesetzt, Heerführer Albrecht von Wallenstein übernahm die Macht. Am 4. Juli 1630 landete Gustav II. Adolf von Schweden in aller Stille mit seinem Heer in Peenemünde auf Usedom und griff in den Krieg ein, 1631 setzte er die mecklenburgischen Herzöge wieder in Amt und Würden ein. 1648, am Ende des Dreißigjährigen Krieges, erhielt Schweden Wismar mit der Insel Poel sowie Vorpommern mit Stralsund, Rügen und Usedom zugesprochen.

Im Jahr 1621 hatte man das Land in die beiden Herzogtümer Mecklenburg-Schwerin und Mecklenburg-Güstrow aufgeteilt, doch nachdem 1695 die männliche Linie des Herzogtums von Mecklenburg-Güstrow 1695 erloschen war, begannen wieder Erbstreitigkeiten. 1701 teilte man mit dem Hamburger Vergleich das Land neu auf. Neben Mecklenburg-Schwerin, wozu die Ostseeküste bis zum Fischland gehörte, entstand das Land Mecklenburg-Strelitz.

Nach Ende des Nordischen Krieges, 1720, wurde Vorpommern geteilt. Der nordwestliche Teil verblieb bei Schweden, der südliche Teil sowie die Insel Usedom fielen an Brandenburg-Preußen. Die Lage der Bauern auf dem Land war unerträglich, wie etwa in der Forderung der ›Ausschusses mecklenburgischer Stände‹ von 1774 zum Ausdruck kam: »Der Untertan darf nicht schreiben noch rechnen lernen«. Das war die Zeit des sogenannten Bauernlegens. Damit bezeichnet man die Enteignung und das Einziehen wüst liegender Bauernhöfe

Mecklenburg-Vorpommern nach 1648

durch Grundherren, um sie als Gutsland selbst zu bewirtschaften. Die Großgrundbesitzer vergrößerten dadurch ihren Besitz auf Kosten der bedrängten Bauern. 1806 hob Schwedens König Gustav IV. Adolf in Schwedisch-Pommern die Leibeigenschaft auf und führte die schwedische Verfassung ein. In den beiden Mecklenburgs wurde aber erst 1820 die Leibeigenschaft offiziell aufgehoben.

Aus der Zeit der Befreiungskriege sollen zwei Namen genannt werden: Major Ferdinand von Schill, der 1809 mit einem Husarenregiment in Stralsund einzog und hier im Straßenkampf fiel. Eine Gedenkplatte erinnert in der Schillstraße an die Todesstelle, sein Rumpf ist auf dem Stralsunder Knieperfriedhof beigesetzt, sein abgetrennter Kopf in Braunschweig. Zu Ruhm gelangte ebenfalls der in Rostock geborene Gebhard Leberecht von Blücher. An den Oberkommandierenden des Schlesischen Heeres, den ›General Vorwärts‹, erinnert in Rostock ein noch zu seinen Lebzeiten errichtetes Denkmal. Auf dem Wiener Kongress 1815 wurde Preußen die Region Nordvorpommern zugesprochen, beide mecklenburgischen Länder wurden zu Großherzogtümern erhoben.

Im Revolutionsjahr 1848 erhoben sich auch im Norden vielerorts unzufriedene Landarbeiter und Bauern gegen den Adel. Großherzog Friedrich Franz II. erkannte die Zeichen der Zeit: Er verkündete die Pressefreiheit, und ein außerordentlicher Landtag im Schweriner Dom beschloss eine neue Landesverfassung, die auch das Versammlungs- und Vereinsrecht garantierte. Doch bereits ein Jahr später wurde die für diese Zeit fortschrittliche Verfassung wieder abgeschafft. Der Adel hatte seine Macht wieder gefestigt, und der Dichter Fritz Reuter schrieb in seiner ›Urgeschichte Mecklenburgs‹ lakonisch: »Paragraph 1: Allens bliwvt bin'ollen. Paragraph 2: Nix ward ännert.«

Vor allem in der zweiten Hälfte des 19. Jahrhunderts versuchten viele Menschen der wirtschaftlichen Not zu entkommen und wanderten vor allem in die USA sowie nach Russland, Australien, Brasilien und Argentinien aus. Die Auswanderungswelle ebbte Ende des 19. Jahrhunderts ab, als es vor allem in den USA kein kostengünstiges Land mehr gab und die sich in Deutschland entwickelnde Industrie reichlich Arbeitsplätze bot.

Großherzog Friedrich Franz II. von Mecklenburg-Schwerin zog 1857 mit seiner Familie in das weitgehend neu erbaute Schweriner Schloss ein, heute eines der bedeutendsten Bauwerke des Historismus in Europa. 1871 traten die beiden Großherzogtümer Mecklenburgs als Teilstaaten dem neugegründeten Deutschen Reich bei.

An den immer wieder zu Protesten herausfordernden Verfassungen änderte sich nichts. Mecklenburg war das einzige Territorium im Deutschen Reich ohne moderne Verfassung. Das soll Reichskanzler Otto von Bismarck zu seiner berühmt gewordenen Bemerkung veranlasst haben, wenn eines Tages die Welt untergehe, ziehe er nach Mecklenburg, da dort alles 50 Jahre später geschähe. Man geht heute übrigens heute davon aus, dass sich Bismarck so nie geäußert hat. Die Chronik dieser Jahre verzeichnet ein bedeutendes Datum: 1903 gelangen Wismar und die Insel Poel wieder zu Mecklenburg. Beide waren 100 Jahr zuvor an Schweden verpfändet worden, das aber auf sein Einlösungsrecht verzichtete.

20. und 21. Jahrhundert

Die Großherzogtümer Mecklenburg-Schwerin und Mecklenburg-Strelitz wurden 1919 Freistaaten innerhalb der Weimarer Republik, sie vereinten sich 1934 zum Land Mecklenburg. Den Parolen der Nationalsozialisten glaubten die Mecklenburger schon sehr früh, bereits 1932 wählte man in der Mehrheit die NSDAP. 1936 begannen die Nationalsozialisten in Peenemünde auf Usedom mit dem Aufbau der seinerzeit modernsten Raketenforschungsanlage der Welt, in der sie eine der grausamsten Waffen des Zweiten Weltkrieges entwickelten.

Ab 1942 erlitten Wismar, Rostock und Stralsund durch alliierte Bombenangriffe verheerende Zerstörungen, allein in Stralsund wurde ein Drittel der Wohnungen zerstört oder beschädigt. Beim Wiederaufbau zu DDR-Zeiten wurden die alten Stadtgrundrisse zum Teil verändert, möglichst rasch wollte man Wohnungen für viele Menschen schaffen. Im April 1945 begann die Evakuierung des Konzentrationslagers Sachsenhausen; rund 25 000 Häftlinge wurden auf einen Todesmarsch in Richtung Norden getrieben, mehr als 6000 fanden den Tod. Wer nicht mehr laufen konnte, wurde einfach erschossen. Weitere entgingen diesem Schicksal, weil die britisch-amerikanischen Truppen den Todesmarsch in Raben Steinfeld vor Schwerin stoppten. Bis zum 5. Mai besetzten die Truppen der 2. Belorussischen Front unter Marschall Rokossowski Mecklenburg-Vorpommern, der Zweite Weltkrieg war nun auch in Mecklenburg und Vorpommern zu Ende. Deutschland erhielt andere Grenzen, so wie es die Alliierten auf der Potsdamer Konferenz beschlossen hatten. Vorpommern kam zu Mecklenburg, die Odermündung mit Stettin und Swinemünde zu Polen. Ab September 1945 wurde im Rahmen der von den Sowjets inszenierten Bodenreform der Großgrundbesitz über 100 Hektar sowie das Land von Kriegsverbrechern und Kriegsschuldigen entschädigungslos enteignet. Die Gutsbesitzer hatten meist innerhalb weniger Stunden ihren Besitz zu verlassen, im Gepäck durfte nur das sein, was sie selbst tragen konnten. Das enteignete Land wurde an landarme Bauern und Vertriebe-

Die Verwaltungsgliederung seit der Kreisreform 2011

ne aus dem Osten verteilt, in die Herrenhäuser und Schlösser zogen Gemeindeverwaltung oder Dorfkonsum, oder sie wurden zu Krankenhäusern und Lehrlingswohnheimen. Manches Schloss ließen die kommunistischen Herrscher als Relikt aus alten Zeiten auch beseitigen, so wurde beispielsweise das Schloss in Putbus auf Rügen gesprengt und abgetragen.

Am 20. Oktober 1946 fanden die ersten und bis 1990 einzigen freien Wahlen in Mecklenburg-Vorpommern statt. 1947, nach der formalen Auflösung des Landes Preußen durch den Alliierten Kontrollrat, verschwand auch Vorpommern aus dem Namen des Landes. Man wollte keine Assoziationen zu dem jetzt zu Polen gehörenden Pommern aufkommen lassen. Die unmittelbare Nachkriegszeit waren auch die Jahre der Reparationsleistungen. Als erstes wurden Sach- und Kunstwerke in Milliardenhöhe in das östliche Siegerland verschleppt, oft hatten die Menschen Radios, Fotoapparate und Uhren abzuliefern, danach begann die Demontage von Bahngleisen und zahlreichen Fabrikausrüstungen.

Im Jahr 1949 erfolgte die Gründung der Deutschen Demokratischen Republik (DDR). 1952 wurde das Bundesland Mecklenburg aufgelöst, die gesamte Ostseeküste einschließlich der Inseln Rügen und Usedom bildeten den Bezirk Rostock. Diese verwaltungstechnische Maßnahme interessierte die wenigsten, dafür aber die im selben Jahr erfolgten innerdeutschen Grenzmaßnahmen. Die DDR-Führung legte ein dreifach gestaffeltes Sperrgebiet fest: 10-Meter-Kontrollstreifen, 500 Meter Schutzstreifen, fünf Kilometer Sperrgebiet. Das durften nur die Bewohner betreten, andere hatten, wenn sie einen besonderen Grund angeben konnten, einen Antrag auf Einreise zu stellen. Zu den Grenzmaßnahmen gehörten die Zwangsaussiedlungen im Februar 1952 entlang der gesamten innerdeutschen Grenze. Wer den DDR-Behörden suspekt erschien, beispielsweise über die Grenze Kontakt zu Familienangehörigen westlich der Elbe aufrechthielt oder sich negativ über das Regime äußerte, wurde aus der fünf Kilometer breiten Sperrzone ausgesiedelt. Ebenfalls 1952 begann die Gründung der ersten landwirtschaftlichen Produktionsgenossenschaften (LPG). Anfangs schlossen sich zahlreiche Bauern noch freiwillig zusammen, um erfolgreicher produzieren zu können. In den Jahren danach zwang man sie, den Genossenschaften beizutreten. 1960 konnte man an die Führung in Berlin melden: Auch der Bezirk Rostock, also die Region entlang der Ostseeküste, ist vollgenossenschaftlich.

Im Februar 1953 kamen Vertreter der Staatsmacht in Polizeiuniform und in Zivil in die meisten Hotels und verlangten die Inhaber zu sprechen. Die ›Aktion Rose‹, so hieß der geheime Coup, hatte begonnen. Der Staat wollte sich an der Ostseeküste in den Besitz der Hotels und Pensionen bringen. Verhöre begannen, Hausdurchsuchungen fanden statt, Unterlagen wurden beschlagnahmt. Die Besitzer wurden inhaftiert, ins Gefängnis gesperrt. Wer freikam, flüchtete in den Westen, andere wurden unter fadenscheinigen Begründungen angeklagt, ihr Besitz enteignet. Nach dem Bau der Mauer in Berlin 1961 wurde auch die Ostsee besonders gesichert, um jeden Fluchtversuch über das Wasser zu vereiteln. Grenztruppen wurden von Boltenhagen bis Ahlbeck stationiert, die Nationale Volksarmee nutzte Peenemünde als Marine- und Luftwaffenstützpunkt. Ausflugsverkehr mit Schiffen auf der Ostsee fand nun nicht mehr statt, der Verleih von Ruder- und Paddelbooten wurde eingestellt. Häuser, die die Beobachtung der Grenzsoldaten beeinträchtigten oder dem Verlegen von Bodenminen im Wege waren, wurden geräumt und abgerissen. Bewaffnete Schnellboote der Grenztruppen lagen seitdem auf der Ostsee bereit, um sogenannte ›Angriffe gegen die sozialistische Staatsgrenze‹ abzuwehren. So wurden die Versuche von Menschen bezeichnet, die über die scharf bewachte Grenze in den Westen flüchten wollten. Die Statistik verzeichnet von 1961, dem Jahr des Mauerbaus in Berlin, bis 1989, dem Jahr der revolutionären Veränderungen, 4272 Fluchtversuche über die Ostsee, von denen nur 591 erfolgreich waren. Nach jüngsten Ermittlungen ertranken rund 190 Personen bei dem Versuch, diese Grenze zu überwinden. Im Dezember 1981 reiste Bundeskanzler Helmut Schmidt zu einem offiziellen Besuch in die DDR. Auf seinen Wunsch fuhr er mit Partei- und Staatschef Erich Honecker in die Barlach-Stadt Güstrow. Hier wurden beide durch Stasi-Mitarbeiter von den Bewohnern völlig abgeschirmt. Am 23. Oktober 1989 fand in Schwerin die erste und größte Demonstration gegen die SED-Diktatur auf dem Gebiet des heutigen Mecklenburg-Vorpommerns statt, an der etwa 40 000 Menschen teilnahmen. Die Grenze öffnete sich auch in hier am späten Abend des 9. November, und Tausende strömten in Richtung Westen.

Die DDR verabschiedete sich 1990 aus der Geschichte und trat der Bundesrepublik Deutschland bei, das Land Mecklenburg-Vorpommern entstand wieder aus der Vereinigung des historischen Landes Mecklenburg – es umfasst etwa zwei Drittel der Landesfläche – mit dem westlich der Oder-Neiße-Linie bei Deutschland verbliebenen Teil der ehemals preußischen Provinz Pommern. Dazu kommen kleine Teile der Prignitz und der Uckermark, beide ehemals brandenburgisch. Der Bindestrich verbindet seit 1990 die Mecklenburger und die Vorpommern, doch letztere befürchteten, von dem größeren Mecklenburg untergebuttert zu werden. Als es um die Wahl der Landeshauptstadt ging, setzte sich das mecklenburgische Schwerin

Seit einigen Jahren ist die Grenze zwischen Polen und Deutschland offen

gegen das mecklenburgische Rostock durch, Vorpommern hatte keine Chance. Es gab zunächst 31 Landkreise, die im Zug der Gebietsreform 1994 auf 12 Landkreise und sechs kreisfreie Städte reduziert wurden. Seit September 2011 hat das Bundesland sechs Landkreise, von denen vier an die Ostseeküste grenzen sowie die beiden kreisfreien Städte Schwerin und Rostock. Der Landtag bestimmte das Schweriner Schloss als Domizil, damit hat er den wohl schönsten Parlamentssitz in Deutschland. Erster Ministerpräsident Mecklenburg-Vorpommerns war Alfred Gomolka (CDU), der 1992 zurücktrat, ihm folgte bis 1998 Dr. Berndt Seite (CDU). Im Ergebnis der Landtagswahl 1998 entstand die bundesweit erste Koalition von SPD und PDS (heute Die Linke) auf Landesebene mit Dr. Harald Ringstorff (SPD) als Ministerpräsident. Die Wahl 2002 bestätigte das bestehende Regierungsbündnis, SPD und PDS regierten gemeinsam weiter, Ringstorff (SPD) blieb Ministerpräsident. Die Landtagswahl 2006 führte zu einem Schock: Die rechte NPD zog mit 7,3 Prozent Wählerstimmen in den Landtag ein, sie hatte nur einen Sitz weniger als die FDP. SPD und CDU bildeten eine große Koalition. Ringstorff trat seine dritte Amtszeit als Ministerpräsident an. Nach zehn Jahren im Amt reichte er 2008 seinen Rücktritt ein, der Landtag wählte Erwin Sellering (SPD) am 6. Oktober zu dessen Nachfolger, der auch nach den Wahlen 2011 die Regierung leitet. Die NPD erreichte bei diesen Wahlen 6,0 Prozent, Bündnis 90/Die Grünen zogen mit 8,7 Prozent Stimmen erstmals in den Landtag ein, die FDP dagegen kam auf nur 2,0 Prozent und ist somit nicht mehr im Landtag vertreten. Mit 51,5 Prozent war die Wahlbeteiligung die niedrigste aller Wahlen seit der Einheit Deutschlands.

Einzug in die Landeschronik haben auch folgende überregionale Ereignisse gefunden: 2002 wurden die Altstädte von Stralsund und Wismar von der UNESCO in die Liste des Weltkulturerbes aufgenommen, 2007 trafen sich in Heiligendamm die Staats- bzw. Regierungschefs der führenden Industrieländer der Welt zum G-8-Gipfel, und ebenfalls 2007 konnte man erstmals seit 1945 wieder am Strand entlang ungehindert bis nach Swinemünde (Świnoujście) laufen, denn Polen war in das Schengen-Gebiet aufgenommen worden und die Grenzanlagen verschwanden. 2009 richtete Schwerin die Bundesgartenschau aus, und seit dem Jahr 2011 stehen die Buchenwälder des Nationalparks Jasmund auf der Weltnaturerbeliste.

Im Jahr 2013 eröffneten als neue touristische Highlights an der Ostseeküste das aus einem Baumwipfelpfad und einer Erlebnisausstellung bestehende ›Natur Erbe Zentrum Rügen‹ in Prora sowie das Kunstmuseum in Ahrenshoop. 2014 wird die Kultusministerkonferenz darüber entscheiden, ob das Schweriner Schloss und das Doberaner Münster als UNESCO-Welterbekandidaten ins Rennen geschickt werden.

Kunst und Kultur

Backsteingotik, Schlösser und Herrenhäuser sowie die Bäderarchitektur sind charakteristisch für die Region der Ostseeküste von Mecklenburg-Vorpommern. Jeder dieser Begriffe kennzeichnet jeweils eine Epoche: die Backsteingotik die Zeit der Hanse, die Schlösser und Herrenhäuser die der Landjunker nach dem Dreißigjährigen Krieg, und die Bäderarchitektur verkörpert den Aufschwung der Seebäder Ende des 19., Anfang des 20. Jahrhunderts. Die Denkmalliste des Bundeslandes verzeichnet rund 25 000 Bauwerke, darunter befinden sich zahlreiche Dorf- und Stadtkirchen sowie Schlösser und Herrenhäuser im Bereich der Ostseeküste. Dieser unvergleichliche Schatz an Kulturdenkmälern stellt das am dünnsten besiedelte Bundesland vor eine gewaltige Kulturaufgabe. Nicht wenige der Bauten werden öffentlich genutzt, als Museum, Ausstellungs- oder Veranstaltungsort. Überhaupt ist das kulturelle Leben an der Ostseeküste erstaunlich vielgestaltig.

Backsteingotik

Das Ziegelrot des Backsteins, das die altehrwürdigen Städte in der Küstenregion schmückt, beeindruckt den Gast meist als erstes. Vor allem in den einstigen Hansestädten sind prachtvolle Stadttore, Kirchen, Türme, Rat- und Bürgerhäuser zu bewundern, vielfach meint man, durch Freilichtmuseen der Architektur zu schlendern. Der Wechsel von glasierten und unglasierten Ziegeln in Rotbraun, Ocker, Grün oder Schwarz mit weißen Fugen macht den Reiz der Oberfläche aus. Nirgendwo anders finden sich so viele und schöne Bauwerke aus gebranntem Ton wie im Ostseeraum und besonders an der Küste Mecklenburg-Vorpommerns.

Im norddeutschen Tiefland gibt es, von den zahlreichen Findlingen der Eiszeit abgesehen, kaum Natursteinvorkommen. Um die großen Bauvorhaben der Kolonisation realisieren zu können, übernahm man in der Mitte des 12. Jahrhunderts vermutlich aus Oberitalien die Backsteinherstellung. Seinen Siegeszug begann der Backstein, der kleine rote, gebrannte Ziegel, Anfang des 13. Jahrhunderts. In fleißiger Handarbeit knetete man den Lehm, formte ihn, danach wurde er gebrannt, um ihn witterungsbeständig zu machen. Bald vervollkommnete man die Technik, indem man hölzerne Formkästen baute, mit denen gleichmäßig große Steine entstanden. Wollte man Schmucksteine für Friesbänder herstellen, stempelte man mit einem Modell Motive in die noch weiche Masse. Das Feldsteinmauerwerk geriet jedoch nicht völlig in Vergessenheit, vor allem bei Dorfkirchen und Stadtmauern fanden Feldsteine weiterhin Verwendung. Mit Granitfindlingen konnten jedoch keine komplizierten Bauformen ausgeführt werden.

In der zweiten Hälfte des 13. Jahrhunderts bildete sich für die norddeutsche Küstenlandschaft ein eigenständiger Baustil heraus, den man nach dem Baumaterial und den architektonischen Formen als ›norddeutsche Backsteingotik‹ bezeichnet. Zu ihren großartigsten Bauwerken, zu den gotischen Giganten, gehören die Nikolaikirche in Wismar mit ihrem 33 Meter hohen Mittelschiff sowie die kreuzförmige Klosterkirche in Bad Doberan, unter der Bezeichnung Münster berühmt geworden. In der Rostocker Altstadt bildet die Marienkirche den Mittelpunkt eines aus Kirchen, Giebelhäusern, Toren, Speichern und dem ehemaligen Kloster

Gotisches Haus ›Alter Schwede‹ am Wismarer Marktplatz

zum Heiligen Kreuz bestehenden Ensembles. In Stralsund ist es die Nikolaikirche, die mit ihren gewaltigen Ausmaßen beeindruckt. In die Reihe der großartigen Bauten deutscher Backsteingotik gehört auch der Schweriner Dom. Unübertroffen in ihrer Pracht bleibt jedoch die Schauwand des Stralsunder Rathauses mit ihren Türmchen und Giebeln. In fast jeder Stadt entlang der Küste von Mecklenburg-Vorpommern sind steinerne Zeugen mittelalterlichen Kunstsinns zu entdecken.

Die repräsentative Architektur entstand als Ausdruck des Reichtums und des gewachsenen Selbstbewusstseins des Bürgertums gegenüber den herrschenden Fürsten. Beeindruckend sind ebenfalls die reich gegliederten Schaugiebel von Bürgerhäusern. Ab Mitte des 14. Jahrhunderts war der Reichtum der Städte nicht nur an den Kirchen, sondern auch an den Häusern der Bürger abzulesen. Beispielsweise ließ sich am Stralsunder Markt Bürgermeister Bertram Wulflam nachweisbar vor 1358 sein Wohnhaus erbauen, das sehr der gegenüberliegenden Schaufassade des Rathauses ähnelt. Bis dahin hatte man nur öffentliche Großbauten und Kirchen aus dem teuren Backstein errichtet, die Wohnhäuser waren aus Holz in Fachwerkbauweise mit Rohrdach. In dem einstigen Wohnspeicherhaus von Bürgermeister Wulflam mit einem prächtigen Staffelgiebel befindet sich heute eine Gaststätte. Wenige Jahre später als in Stralsund, im Jahr 1380, entstand am Markt in Wismar das heute älteste Bürgerhaus, der mit einem beeindruckenden gotischen Maßwerkgiebel und Wimpergen geschmückte ›Alte Schwede‹. Das Haus errichtete man nur eingeschossig, aber der mächtig aufragende Staffelgiebel erreicht mit seiner mittleren Achse die Höhe von fünf Geschossen. Das alte Kaufmannshaus kam durch die 1878 eröffnete und bis heute bestehende Gaststätte ›Alter Schwede‹ zu seinem Namen.

Besonders eindrucksvoll gestalten sich die Meisterwerke der Backsteingotik in den historischen Altstädten Stralsunds und Wismars, die die UNESCO in ihre Welterbeliste aufgenommen hat. Neben den jeweils drei Kirchen halten beide Städte schön anzuschauende Bauten bereit wie das am Marienkirchhof in Wismar gelegene Archidiakonat. Das Gebäude mit seiner herben Schönheit und schlichten Eleganz bietet Backsteingotik in höchster Vollendung, es ist ein gutes Beispiel für die einfallsreichen Möglichkeiten, die der Backstein bot. Durch den wechselseitigen Einsatz von glasierten und unglasierten Backsteinen sowie der häufigen Verwendung von Formsteinen wurden die nördliche Giebelseite und die westliche Traufenfront zu Kunstwerken.

Der Backstein war aber vorwiegend auf die großen und wohlhabenden Städte beschränkt, in kleineren Orten dominierten ein- und zweigeschossige Fachwerkhäuser, die später oftmals verputzt wurden, und das niederdeutsche Hallenhaus, das Wohnung, Stall und Scheune zugleich war. Auf dem Land wohnten die Fischer und Landarbeiter in schlichten Katen. Deren Baumaterial war nicht so haltbar wie der Backstein, so dass von diesen armseligen Hütten nur wenige die Zeit überdauert haben.

In den Kunstepochen nach der Gotik verlor der Backstein seine Wertschätzung. Man mochte den roten Stein nicht mehr, konnte zwar notgedrungen nicht auf ihn verzichten, versuchte aber, ihn hinter Putz- oder Natursteineinfassaden zu verbergen. Die meisterhaft aus Backstein gemauerte Schaufassade des Stralsunder Rathauses versteckte man ebenfalls hinter Putz. Erst im Historismus kam der

Backstein wieder zu Ehren, und so wurde am Rathaus in Stralsund der mühevoll aufgebrachte Putz wieder abgeschlagen. In dieser Zeit entstanden aber auch neue beeindruckende Bauten, so die Paulskirche in Schwerin und der Schinkel-Leuchtturm auf Rügen. In jüngster Zeit gehen die mittelalterlichen Backsteinbauten mit moderner Architektur gelungene Verbindungen ein, die strengen Denkmalpfleger kommen um Zugeständnisse nicht umhin, wenn leer stehende Gebäude nicht weiter verkommen sollen. Beredte Beispiele dafür bilden die Kirche des ehemaligen Katharinenklosters in Stralsund, in die nach dem Einbau einer Stabgerüstkonstruktion das Deutsche Meeresmuseum einziehen konnte, und das einstige Katharinenstift in Rostock, das nach aufwendiger Sanierung die Hochschule für Musik und Theater aufnahm.

Schlösser, Herrenhäuser, Katen

Schlösser, die an Märchen erinnern, künden in Schwerin, Ralswiek und Granitz vom alten Glanz und von Reichtum. Insgesamt gibt es in dem Bundesland rund 2000 Guts- und Herrenhäuser, von denen 1078 unter Denkmalschutz stehen. Etwa 300 der Häuser werden touristisch genutzt, als Hotel oder Museum. Kluge Menschen haben ausgerechnet: Auf 770 Einwohner von Mecklenburg-Vorpommern und auf je zehn Quadratkilometer kommt statistisch gesehen ein Schloss oder Herrenhaus. Von diesen Kleinoden sind etwa 1200 von Garten- und Parkanlagen umgeben, von denen 650 unter Denkmalschutz stehen. Mecklenburg und Vorpommern waren Länder der Kontraste: auf der einen Seite die armseligen Hütten der Landarbeiter und Fischer, auf der anderen die Schlösser und Herrenhäuser der Großgrundbesitzer.

Schloss Ralswiek auf Rügen wurde zu einem Hotel

Kunst und Kultur

Die große Stunde der Landjunker hatte nach dem Dreißigjährigen Krieg begonnen, sie verleibten sich die wüst gewordenen Dörfer ein und vereinnahmten brachliegendes Bauernland; die besitzlosen Bauern hatten für sie zu schuften. Seinen Reichtum wollte der Landadel auch sichtbar machen, und so ließ er sich Herrenhäuser errichten, die oftmals die herzoglichen Bauten an Prunk übertrafen. Schlossartige Herrenhäuser entstanden vor allem in der Zeit um 1900, die Bauherren waren vielfach bürgerlicher Herkunft und besaßen neben großem Grundbesitz auch industrielle Anlagen. Beispielsweise erwarb der aus dem thüringischen Aschersleben stammende Unternehmer und Politiker Hugo Sholto Graf Douglas – 1888 hatte man ihn in den Grafenstand erhoben – 1891 das Gut in Ralswiek auf Rügen und ließ sich das prachtvolle Herrenhaus in Anlehnung an die französische Schlossbaukunst des 16. Jahrhunderts errichten. Herrenhäuser, so kann man wohl sagen, sind die Fabrikantenvillen der Landwirtschaft. Wegen ihrer Größe und Pracht werden sie von den Einheimischen meist als Schloss bezeichnet, vor allem von den Touristikern, denn es macht mehr her, mit einem Schloss anstatt mit einem Herrenhaus zu werben. Die Bezeichnung Schloss steht aber kunsthistorisch nur den landesherrschaftlichen Residenzen zu, also denen der Großherzöge und Herzöge zu Mecklenburg-Schwerin, Mecklenburg-Strelitz sowie den ehemaligen Pommernherzögen aus dem Greifengeschlecht. Aber selbst die Kunsthistoriker sehen das in diesem Land nicht so eng, denn auch sie sprechen von Schloss Putbus und Schloss Granitz, die beide dem regionalen Fürsten gehörten, und von Schloss Bothmer, das sich ein Graf erbauen ließ.

Typische Steinkate

Die Tagelöhner der Güter wohnten in Katen, schlichten, einfachen Häusern, wie eines im Alt Schweriner Freilichtmuseum erhalten ist. Meistens wurden die Häuser in Fachwerkbauweise errichtet, die Zwischenräume füllte man mit einem Stroh-Lehm-Gemisch. Ein Schornstein war selten vorhanden, der Rauch entwich durch Fenster und Türen, der Fußboden bestand aus gestampftem Lehm oder war mit Ziegelsteinen ausgelegt. Für ihre Landarbeiter, also den festen Stamm der Gutsarbeiter, ließen die Besitzer ab der zweiten Hälfte des 19. Jahrhunderts Unterkünfte erbauen, in denen diese meist mietfrei wohnten, solange sie dem Gut treu blieben. Solche Reihenhäuser sind heute noch in etlichen Dörfern im Bereich der Ostseeküste zu sehen. Die Wohnung einer Landarbeiterfamilie bestand aus der Küche, der Wohnstube sowie zwei Schlafkammern für Eltern und Kinder. Eine Treppe führte auf den Boden, den man als Lager und Räucherkammer nutzte.

Die Besitzer kleiner ländlicher Anwesen bezeichnete man in Mecklenburg und Pommern als Büdner, abgeleitet von ›Bude‹. Zur Büdnerei gehörten ein Haus, jedoch nur wenig Land und in der Regel eine Kuh, einige Ziegen und Schweine; Pferde durfte ein Büdner nicht besitzen. Das Futter lagerte auf dem Dachboden. Mensch und Tier wohnten bis weit ins 18. Jahrhundert unter einem Dach zusammen. Die sozialen Missstände geißelte oft Mecklenburgs ›Nationaldichter‹ Fritz Reuter, so in seinem ›Manuskript eines Romans‹ (1847–1850): »Ja, Mecklenburg, du bist in sozialer Beziehung das Land der Extreme. Du hast Güter, auf denen man darauf studieren muß, die Erträge eines Tages in einem Jahre aufzufressen, und du hast Büdnereien, auf denen man darauf studieren muß, die Erträge nicht in einem Tage aufzufressen.«

Die DDR-Mächtigen hatten mit Schlössern und Herrenhäusern aus politischen Gründen nicht viel im Sinn, denn sie stellten für sie Relikte einer vergangenen Zeit dar. In den ersten Nachkriegsjahren zogen vor allem Vertriebene in die Schlösser und Herrenhäuser, später dann wurde ein Teil von ihnen als Gemeindeverwaltung, Kulturzentrum oder Schule genutzt. Viele der prachtvollen Bauten verkamen oder wurden gar abgerissen. Etliche fanden nach der Einheit keine Käufer, blieben leer und wurden ruinös, so dass sie wohl unwiederbringlich verlorengehen.

Bäderarchitektur

Typisch für die Badeorte an der Küste sind die zahlreichen Villen und Pensionen im Stil der Bäderarchitektur, wie sie anderswo in Deutschland spätestens in den 1970er Jahren Bettenburgen aus Glas und Beton weichen mussten. An der Ostseeküste von Mecklenburg und Vorpommern haben sie die NS-Zeit und die DDR überstanden, wenn auch meist in einem desolaten Zustand. Nach der Einheit Deutschland wurden sie nicht abgerissen, sondern schmuck hergerichtet. Sie verbinden heute nostalgischen Glanz mit modernstem Komfort und geben den Ostseebädern von Boltenhagen im Westen bis Ahlbeck im Osten ein eigenes unverwechselbares Gesicht.

Ab Mitte des 19. Jahrhunderts verwandelten sich die Fischerdörfer an der Küste in Ferienorte, kleine ein- oder zweistöckige Hotels und Pensionen schossen wie Pilze hinter den Dünen empor. Die Gäste kamen aus allen Teilen Deutschlands, aus Österreich ebenso wie aus der Schweiz. Sie wollten sich an der Ostseeküste wohlfühlen, sie brachten ihre Architekten mit und ließen sich von ihnen ihre Häuser erbauen. Die Geschmäcker und das Geschick waren unterschiedlich, die Phantasie der Bauherren und Baukünstler schien grenzenlos zu sein. Die Häuser erhielten griechische und italienische Stilelemente, vorgebaute Holzveranden, verschnörkelte Türmchen, gotische Burgzinnen, römische Säulen und barocke Putten. Oder man setzte sogar ein Schweizer Haus in den Badeort, wie die Villa Hanni in Göhren. Wer es sich leisten konnte, baute sogar im schlossähnlichen Stil, das Hotel ›Ahlbecker Hof‹ in Ahlbeck auf Usedom, das erste Haus am Platz, ist ein Beispiel dafür. Verbunden mit dem einstigen ›Junkerschen Hotel‹ ist es heute das wohl beeindruckendste Zeugnis der Bäderarchitektur in diesem Seebad. In Kühlungsborn sind es die repräsentative ›Villa Baltic‹ an der Ostseeallee

Ein schönes Beispiel für die Bäderarchitektur in Göhren auf Rügen

sowie das ›Haus am Meer‹ mit den über Eck gestellten Loggien und Balkonen. Oftmals errichtete man die Häuser schlicht und einfach mit relativ flachem Dach und baute nachträglich die Loggien wie ein Gerüst davor, aus Kostengründen entstanden sie meist aus Holz. Verspielte Ornamente und Rosetten kamen noch als Schmuck dazu. Kein Haus gleicht dem anderen. Wilhelminische Bäderarchitektur wird heute zu diesem Sammelsurium von Stilelementen gesagt, weil die Bauten vor allem zu Zeiten Kaiser Wilhelms II. entstanden sind, also Ende des 19., Anfang des 20. Jahrhunderts. Zum Architekturzirkus der Bäderarchitektur gehört auch, wie der große Romancier Theodor Fontane vor mehr als 100 Jahren schrieb, »dass man an die Fronten der Häuser einen Glaskasten anklebt, der, unter den verschiedensten Namen auftauchend, als Balkon, Veranda, Pavillon, doch immer Glaskasten bleibt... Diese gläsernen An- und Vorbauten sind wirklich ein Schatz.« Typisch sind diese von Fontane erwähnten ›Glaskästen‹ für Warnemünde. Dort, Am Strom, weist sie fast jedes der Giebelhäuschen auf. Als sich der Ort Ende des 19. Jahrhunderts zu einem der beliebtesten Seebäder Deutschlands entwickelte, fehlte es an Übernachtungsmöglichkeiten. Man erweiterte auf preiswerte Art und Weise, indem man die Glaskästen anbaute. Besonders schöne Beispiele für die Vielfalt der Bäderarchitektur, dem grenzenlosen Architektur-Mischmasch, finden sich in Kühlungsborn, in Binz auf Rügen und in Heringsdorf, Ahlbeck und Bansin auf Usedom. Das Ostseeband Binz sowie die drei Kaiserbäder auf Usedom machen auf ihren Schatz jedes Jahr im September mit der ›Woche der Bäderarchitektur‹ besonders aufmerksam.

Feste und Traditionen

An der Ostseeküste ist immer etwas los, und wer sich langweilt, ist selbst schuld. Es gibt Dorf-, Strand-, Fischer- und Neptunfeste, manches Fest geht auf eine lange Tradition zurück, andere sind jüngeren Datums, haben aber oftmals bereits überregionale Bedeutung erlangt wie die Störtebeker-Festspiele auf Rügen und die Hanse-Sail in Rostock. Besonders vielgestaltig ist das Konzertleben. Vier große Musikfestivals finden statt, weshalb vielfach vom Musikland Mecklenburg-Vorpommern gesprochen wird.

Musikfeste

Im Mai veranstaltet Greifswald unter dem Namen ›Nordischer Klang‹ das größte Festival nordischer Kultur außerhalb Skandinaviens. Jedes Jahr ist ein anderes Land Schirmherr des Festivals, bei dem die Veranstaltungsorte vom großen Saal des Theaters Vorpommern bis zum Marktplatz reichen. Am zweiten Juni-Wochenende ist für Jung und Alt bis in die Nacht abwechslungsreicher Jazz auf dem Bahnhof des Ostseebades Heringsdorf auf Usedom zu hören. Weitergejazzt wird traditionell im Juli zum Eldenaer Jazz Evening in Greifswald.

Von Juni bis September laden die Festspiele Mecklenburg-Vorpommern zu Konzerten ein, die in historischen Gebäuden wie alten Dorfkirchen, prachtvollen Guts- und Herrenhäusern oder schmucken Schlössern stattfinden, oft auch unter freiem Himmel in Parkanlagen. Die Festspiele haben große Stars und herausragende junge Musiker im Programm. Tragende künstlerische Säule der Festspiele ist die ›Internationale Kammermusikreihe Junge Elite‹. Sie bietet in jährlich rund 30 Kammer- und Orchesterkonzerten musikalischem Spitzennachwuchs aus der ganzen Welt die Gelegenheit, sein Können vorzustellen. Im Juni steht im Veranstaltungsprogramm die seit 1946 durchgeführte Greifswalder Bachwoche, in der

Ein Highlight im Kulturkalender: die Schlossfestspiele in Schwerin

Der ›Niege Ümgang‹ eröffnet die Warnemünder Woche

in den drei Greifswalder Backsteinkirchen Werke von Johann Sebastian Bach und seinen Zeitgenossen erklingen. Mit einem facettenreichen Programm wartet im September das Usedomer Musikfestival auf, das seine geographische Heimat zum Programm macht: Im Mittelpunkt des klassischen Festivals steht die Musik des Ostseeraums. Schwerin veranstaltet in den Sommermonaten auf einem der schönsten Plätze im Norden Deutschlands, dem Schlossplatz, die Schlossfestspiele. Das Schloss und das Staatliche Museum mit seiner imposanten Freitreppe bilden die Kulisse für die grandiosen Opernaufführungen wie Aida, Nabucco und Turandot. Zu den Ostseefestspielen des Theaters Vorpommern gehören Aufführungen auf einer Freilichtbühne am Museumshafen Greifswald.

Historische Feste

Die Störtebeker-Festspiele in Ralswiek auf Rügen erzählen jedes Jahr im Sommer eine andere – fiktive – Geschichte aus dem Leben des Piraten Klaus Störtebeker, einer der schillerndsten Figuren des Mittelalters. 120 Mitwirkende, 30 Pferde, vier Koggen und ein riesiges Feuerwerk am Schluss lassen die Aufführungen zum Erlebnis werden. Die Freilichtbühne am Großen Jasmunder Bodden gehört mit 9087 Plätzen zu den ganz großen in Europa. Die Vineta-Festspiele lassen auf der Ostseebühne in Zinnowitz auf Usedom von Juni bis September die sagenhafte, reiche Stadt Vineta auftauchen, die eine furchtbare Sturmflut vor mehr als 1000 Jahren in die Meerestiefe gerissen haben soll. Die Theatershow mit viel Feuer, Wasser, Tanz, Musik und Licht zieht jährlich Tausende in ihren Bann. Barth in Vorpommern veranstaltet im August Vineta-Festtage. In Ribnitz-Damgarten wirbeln im Juli Hunderte von Tänzern zum Internationalen Folkloretanzfest über die Bühnen.

Die Wallensteintage in Stralsund erinnern an den 24. Juli 1638, als der berühmte Feldherr des Dreißigjährigen Krieges unverrichteter Dinge die Belagerung Stralsunds aufgab. Zu dem großen Volksfest gehören ein mittelalterlicher Markt und ein Historienspektakel mit Söldnern und Kanonieren, Händlern, Musikanten und Gauklern. In Wismar gedenkt man Mitte August des Endes der 155-jährigen Zugehörigkeit zu Schweden. Zum Schwedenfest gehört neben einem historischen Heerlager und einem bunten Programm auf dem Marktplatz die Schwedenkopfregatta am Alten Hafen.

Sportveranstaltungen

Die Sundischen Tage im Juni in Stralsund bieten vielfältige Veranstaltungen, die dem Wasser verbunden sind. Fester Bestandteil wurde die Stralsunder Segelwoche mit mehreren Wettkämpfen. Ein Härtetest für jeden Schwimmer ist das Sundschwimmen Anfang Juni. Das bedeutendste deutsche Langstreckenschwimmen führt von Altefähr auf Rügen 2,3 Kilometer über den Strelasund nach Stralsund. 1825 überquerten erstmals Schwimmer den Strelasund, seit 1928 wird der sportliche Wettstreit jährlich durchgeführt. Wegen des großen Interesses wurde die Teilnehmerzahl auf 1000 StarterInnen begrenzt, die aus allen Teilen Deutschlands anreisen. Etwa 50 Boote begleiten die Schwimmer und sorgen für deren Sicherheit. Für die 2,3 Kilometer benötigen die schnellsten Sundüberquerer nur etwa 25 Minuten. Auf Rügen findet Ende August das Vilm-Schwimmen statt. Hier treffen sich keine Leistungssportler, es ist eine Veranstaltung für Jedermann. Nicht die Zeit, sondern die Teilnahme und die Bewältigung der 2,5 Kilometer langen Strecke von der Insel Vilm zum Lauterbacher Hafen zählen. Die Tour d´Allee im Oktober auf Rügen ist eine Radsternwanderung mit prominenten Radsportlern.

Anfang Juni zieht die Ueckermünder Haff-Sail viele Besucher an. Einer der Höhepunkte ist das Drachenbootfestival. Zur Warnemünder Woche im Juli gehört eine Segelregatta, die zum bedeutendsten Segelsportereignis des Bundeslandes wurde. Etwa 2000 Segler aus rund 30 Nationen treffen sich in Warnemünde zu hochrangigen Segel- und Surfwettbewerben in 25 verschiedenen Bootsklassen auf dem Wasser. Bestandteil des kulturellen Rahmenprogramms ist der ›Niege Ümgang‹. Der Umzug geht auf das 17. Jahrhundert zurück, als nach der Wahl des Bürgerältesten-Kollegiums ein feierlicher Umzug durch Warnemünde erfolgte. Seit 1977 findet der ›Ümgang‹ wieder statt, und mit dabei sind historische Figuren des Ortes, zahlreiche Episoden aus der Warnemünder Geschich-

Zeesboot-Regatta

Kunst und Kultur

Mode-Ereignis auf Usedom: der ›Baltic Fashion Award‹

te werden präsentiert. Rostock lädt jedes Jahr im August zur Hanse Sail, einem der weltgrößten Windjammer-Treffen. Die imposanten Schiffe aus aller Herren Länder, meist sind es fast 200 Windjammer, Traditionssegler und Museumsschiffe, ziehen jährlich bis zu eine Million Besucher an. Die Hanse Sail gilt mittlerweile als die größte Party nicht nur an der Ostseeküste, sondern im gesamten Bundesland Mecklenburg-Vorpommerns, denn es wird reichlich Unterhaltung geboten. Zu einem der größten Volksfeste seiner Art in Europa gehört das Schweriner Drachenbootfestival Mitte August. Mehr als 100 Teams wetteifern um den ›Großen Preis von Schwerin‹.

Zeesbootregatten finden in der warmen Jahreszeit auf dem Saaler- und dem Bodstedter Bodden statt. Die nostalgischen, etwa 20 Meter langen Kähne mit ihren braunen Segeln dienten einst in den flachen Haff- und Boddengewässern dem Fischfang, heute werden die mit viel Liebe erhaltenen Boote für Ausflugsfahrten und zu den Zeesbootregatten genutzt. Auf Usedom ist der Usedom-Marathon das größte sportliche Ereignis. Jährlich am ersten Samstag im September wird im polnischen Swinemünde gestartet und parallel zum Ostseestrand über die Promenade der Kaiserbäder bis nach Zinnowitz und von dort weiter nach Wolgast gelaufen. Wer das Ziel erreicht, hat 42,195 km zurückgelegt.

Sonstige Feste und Festivals

Die Show Usedom Baltic Fashion Award in Heringsdorf gilt als die große Oper der Mode. Jährlich im Frühling zeigen hier rund ein Dutzend Designer und Modehäuser ihre aktuellen Kollektionen. Das Heringsdorfer Kleinkunstfestival zu Pfingsten bietet Straßendarbietungen vielfältiger Art. Gaudi bereitet das Tonnenabschlagen, das in der Sommersaison in fast allen Orten der Halbinselkette Fischland-Darß-Zingst stattfindet. Die Tradition des Tonnenabschlagens soll auf die mittelalterlichen Reiterspiele zurückgehen, an denen die Knechte nicht teilnehmen durften und die deshalb eigene Vergnügungen entwickelten. Vielfach wird allerdings behauptet, die Tradition gehe auf die schwedische Besatzungszeit zurück. Als die letzte Tonne Fisch für die Steuer abgeliefert war, hätten die Fischer aus Freude darüber geschmückte Heringsfässer zerschlagen, und daraus habe sich das Fest des Tonnenabschlagens entwickelt: Zwei Pfähle werden aufgestellt und eine mit Grün umwundene Tonne in die Mitte gehängt. Die Teilnehmer jagen hoch zu Ross hindurch und versuchen im Galopp die Tonne zu zertrümmern. Wer das letzte Stück abschlägt, wird Tonnenkönig. Im Spätsommer und Herbst sorgen die Drachenfeste an der Ostseeküste für Farbenpracht am Strand.

Im Dezember stimmen die Weihnachtsmärkte mit Lichterglanz und Tannengrün auf das Weihnachtsfest ein. Der in der Schweriner Altstadt mit einer 20 Meter hohen Tanne, die 10 000 Lichter schmücken, hat länger als in allen anderen Orten entlang der Ostseeküste von Mecklenburg-Vorpommern geöffnet, nämlich bis zum 30. Dezember. Größter Weihnachtsmarkt im Norden Deutschlands ist mit einer Gesamtlänge von etwa 3,5 Kilometern der in der Hansestadt Rostock. Er taucht die Innenstadt in einen vorweihnachtlichen Lichterglanz. Traditionell beginnt der schönste Markt des Jahres mit der Ankunft des Weihnachtsmannes im Stadthafen, auch in Wismar kommt der Weihnachtsmann mit dem Schiff im Hafen an. In Greifswald und vielen anderen Städten finden ebenfalls Weihnachtsmärkte statt.

Berühmte Persönlichkeiten

Manche Menschen aus Mecklenburg und Vorpommern gelangten zu Ruhm, weil sie Herausragendes geschaffen haben und so mithalfen, die nordöstlichste Ecke Deutschlands weithin bekannt zu machen. Einige wurden hier geboren, andere ließen sich in dieser Region nieder, wo sie – umgeben von Wald und Seen – ungestört wirken konnten. Etliche der Wohn- und Wirkungsstätten dieser Persönlichkeiten aus Kunst und Technik sind heute Museen. Einige dieser Persönlichkeiten werden hier in der Reihenfolge ihres Geburtsjahres vorgestellt.

Ernst Moritz Arndt – umstrittener Demokrat

Den Namen Ernst Moritz Arndt (1769–1860) tragen die Universität in Greifswald und auf Rügen das Museum in Garz sowie der Aussichtsturm in Bergen. Der in dem kleinen Groß Schoritz auf Rügen geborene Arndt kannte das Leben der einfachen Menschen, war er doch der Sohn eines zum Gutspächter aufgestiegenen ehemaligen Leibeigenen. In Stralsund besuchte Arndt das Gymnasium, danach studierte er an den Universitäten in Greifswald und Jena Theologie und Geschichte. Leidenschaftlich setzte er sich für die Bauernbefreiung ein, so in seinem 1803 erschienenen Werk ›Versuch einer Geschichte der Leibeigenschaft in Pommern und Rügen‹, in dem er anprangerte, dass »die Bauern und andere auf dem Gute wohnenden unterthänigen Leute nicht mit Geldstrafen belegt werden dürfen, sondern es meist auf ihren Rücken losgeht.« 1806 verlor Arndt seine Professur an der Universität Greifswald, weil er offen gegen die napoleonische Fremdherrschaft auftrat; König Wilhelm IV. setzte ihn 1840 wieder ein. Als Abge-

Ernst Moritz Arndt

ordneter der Frankfurter Nationalversammlung bekannte sich Arndt 1848 zur deutschen Einheit. Wegen antisemitischer und rassistischer Äußerungen ist der Namenspatron der Greifswalder Universität aber auch umstritten. Einen Antrag auf Ablegung des Namens hat der Senat der Hochschule Mitte März 2010 jedoch mehrheitlich abgelehnt.

▸ Ernst-Moritz-Arndt-Museum, Garz (Rügen), → S. 169.

Caspar David Friedrich – Meister der Frühromantik

Caspar David Friedrich (1774–1840) kam in Greifswald als sechstes von zehn Kindern zur Welt. Er zählt zu den bedeutendsten Malern und Zeichnern der deutschen Frühromantik, vor allem Natur- und Landschaftsdarstellungen galt seine Liebe. Für Rügen präsentiert er sich noch heute als hervorragender Werbeträger, denn sein 1819 entstandenes Gemälde ›Kreidelandschaft‹ hat die Insel weithin bekannt gemacht. Die ersten 20 Jahre verbrachte der Künstler in seiner Geburtsstadt, bevor er zum Studium nach Kopenhagen ging. Danach lebte er in Dresden, wo er außerordentlicher Professor an der Kunstakademie wurde. Friedrich fertigte Skizzen in der Natur an, die später daraus entstandenen Bilder entsprachen nicht immer einem realen Vorbild. Das führte lange Zeit zu Verwirrungen, beispielsweise bei seinen Kreidefelsen von Rügen, die viele fälschlicherweise als die Wissower Klinken ansahen. Caspar David Friedrich war einer der ersten Künstler, die nicht als Auftragsmaler eines reichen Gönners tätig waren, sondern der sich auf dem freien Markt bewegte und vom Verkauf seiner Werke leben musste. Seine Bilder befinden sich in solchen renommierten Kunstmuseen wie der Eremitage in St. Petersburg, der Nationalgalerie Oslo, der Galerie Neue Meister, der Hamburger Kunsthalle und im Pommerschen Landesmuseum seiner Geburtsstadt Greifswald.

▸ Caspar-David-Friedrich-Zentrum, Greifswald, → S. 204.

Heinrich Schliemann – Entdecker von Troja

Der Altertumsforscher Heinrich Schliemann (1822–1890), weltberühmt geworden als Entdecker von Troja und Ausgräber von Mykene, kam im mecklenburgischen Neubukow zur Welt. Aufgewachsen ist er jedoch in Ankershagen nicht weit von Waren (Müritz), weil sein Vater dort die Pfarrstelle übernommen hatte. Als Kaufmann wirkte Schliemann in Amsterdam und in Russland, autodidaktisch eignete er sich zwölf Sprachen an. Die Liebe zur Archäologie führte ihn nach Griechenland. Bereits in Ankershagen soll der aufgeweckte Schliemann, als er eine Abbildung des brennenden Troja sah, zu seinem Vater gesagt haben: »Dieses Troja werde ich ausgraben!« So zumin-

Heinrich Schliemann

Otto Lilienthal

dest ist es in der Autobiographie zu lesen, in der Schliemann von seinen Kinderjahren in Ankershagen schwärmte. Das Dorf liebte Schliemann so sehr, dass er in späteren Jahren unter ›geboren‹ meist nicht Neubukow, sondern Ankershagen eintrug. Im November 1890, nach einer Ohrenoperation in Halle/Saale, schrieb er traurig: »Wer weiß, wann und ob ich noch mal später nach dieser Gegend komme.« Es sollte nicht der Fall sein, rund vier Wochen später starb Schliemann, schon zu Lebzeiten weltweit anerkannt und bewundert, in Neapel.

▸ Heinrich-Schliemann-Gedenkstätte, Neubukow,→ S. 94.

Otto Lilienthal – Flugpionier

Der erste Mensch, der sich mit einem Fluggerät vom Erdboden löste, war der in Anklam geborene Otto Lilienthal (1848–1896). Als er mit seiner Idee, wie ein Vogel fliegen zu wollen, an die Öffentlichkeit trat, wurde er als ›Spinner‹ oder gar ›Verrückter‹ verspottet. Sein Lebenstraum war, »frei wie der Vogel über lachende Gefilde, schattige Wälder und spiegelnde Seen dahinzugleiten und die Landschaft so voll und ganz zu genießen, wie es sonst nur der Vogel vermag.« Otto Lilienthal entwickelte mit seinem ›Segelapparat‹ das erste flugfähige Gleitflugzeug und damit das erste Flugzeug der Welt. »Kunstflug bedeutet willkürliches Fliegen eines Menschen mittels eines an seinem Körper befestigten Flugapparates, dessen Gebrauch persönliche Geschicklichkeit voraussetzt.« Das stellte Otto Lilienthal vor über hundert Jahren fest. 1891 gelangen ihm erste Sprünge von 15 Metern, als größte Weite erreichte er 350 Meter. Im August 1896 verunglückte er bei einem seiner Routineflüge in den Rhinower Bergen in Brandenburg tödlich, die Ursache war eine Wetterkapriole.

▸ Otto-Lilienthal-Museum, Anklam, → S. 211.

Gerhart Hauptmann – Dichter mit Nobelpreis

Eng mit Hiddensee ist der Name Gerhart Hauptmann (1862–1946) verbunden. Im Juli 1885 kam der Dichter das erste Mal auf die Insel, 1899 schrieb er an den Theaterleiter und Regisseur Otto Brahm, die Insel sei eines der »lieblichsten Eilande« und »nur stille, stille, dass es nicht etwa ein Weltbad werde.« Auf Hiddensee fand Hauptmann die Ruhe, die er für seine Arbeit benötigte, hier traf er sich im produktiven Gedankenaustausch mit Freunden. Von 1926 bis 1943 lebte und arbeitete der Autor von ›Die Weber‹, ›Rose Bernd‹ und ›Die Ratten‹ in den Sommermonaten im Haus Seedorn in Kloster, das heute Gedenkstätte für den Literatur-Nobelpreisträger von 1912 ist. »Kaum ein Tag verging«, notierte Inselpastor und Hauptmann-Freund Arnold Gustavs, »an dem nicht des Abends

Gäste bei Hauptmann versammelt waren. Dann wurde in dem kleinen intimen Raum vor dem Arbeitszimmer, in dem auch gegessen wurde, bei einem guten Glase Wein geplaudert… Ein köstlicher Genuss war es jedes Mal, wenn Hauptmann aus seinem Leben oder über das Entstehen seiner Werke erzählte, oder gar in seiner dramatischen Vortragskunst aus irgendeinem noch unveröffentlichten Manuskript vorlas.« Seinem Wunsch entsprechend wurde Hauptmann auf Hiddensee beigesetzt – vor Sonnenaufgang, so wie er es verfügte.

▶ Gerhart-Hauptmann-Museum, Kloster (Hiddensee), → S. 192.

Gerhart Hauptmann

Wernher von Braun – Wegbereiter der Raumfahrt

Auf Usedom wirkte ein großer Wissenschaftler der Weltraumforschung, der jedoch auch Tod und Verderben mit zu verantworten hat: Wernher von Braun (1912–1977). Unter seiner Leitung wurde in Peenemünde die erste moderne Großrakete der Welt, von der NS-Propaganda als ›Vergeltungswaffe 2‹ (V2) bezeichnet, entwickelt und erprobt. Von Braun, aus altem pommerschen Adelsgeschlecht stammend, avancierte bereits 1937 als Zivilist zum Technischen Leiter der Heeresversuchsanstalt in Peenemünde. Am 1. Dezember 1938, drei Wochen nach der berüchtigten Reichsprogromnacht, trat er der NSDAP bei, 1940 wurde er sogar Mitglied der SS. Vor allem in London und Antwerpen richteten die unter Brauns Leitung entwickelten Raketen große Schäden an, Tausende Menschen kamen ums Leben. Von Braun ist aber auch mitverantwortlich für die Tausende von Zwangsarbeitern, die in Peenemünde und später in den Stollen des Konzentrationslagers Mittelbau-Dora bei Nordhausen in der Raketenfertigung schuften mussten und ums Leben kamen. Im Mai 1945 stellte sich der Wissenschaftler der US-Armee, die Amerikaner nahmen ihn und 126 seiner engeren Mitarbeiter gerne auf. Braun hat wesentlichen Anteil am amerikanischen Raumfahrtprogramm. So wurden die Trägerraketen, die 1969 das Raumschiff mit den Astronauten Armstrong und Aldrin auf den Mond brachte, unter seiner Leitung entwi-

Wernher von Braun

ckelt. Auch die modernen Cruise Missiles wären ohne seine Arbeit nicht denkbar. Brauns Traum, selbst einmal auf den Mond zu fliegen, blieb unerfüllt. Aber ein Krater dort trägt seinen Namen.
▸ Historisch-Technisches-Museum, Peenemünde (Usedom), → S. 213.

Uwe Johnson – der große Heimatlose

Eng mit Mecklenburg-Vorpommern verbunden ist das Leben von Uwe Johnson (1934–1984). Er wurde im pommerschen Kammin geboren, das seit dem Ende des Zweiten Weltkrieges zu Polen gehört. In Anklam verlebte er nach der Flucht aus Kammin seine frühe Kindheit, in Güstrow legte er das Abitur ab, in Rostock und Leipzig studierte er Germanistik. Er mochte das mecklenburgische Land wie eigentlich auch die DDR, die er 1959 in Richtung Westen verließ und über die er rückblickend 1982 äußerte: »Ich wäre ganz gerne in der DDR geblieben, die mir damals erschien wie ein Land, in dem sich etwas verändern wird.« Im Westen erntete Johnson das, was ihm in der DDR versagt geblieben war: Erfolg. Sein erstes Werk ›Ingrid Babendererde‹ wurde von vier DDR-Verlagen abgelehnt. Das DDR-Kulturministerium, dem alle geplanten Veröffentlichungen zur Genehmigung vorzulegen waren, wies das Manuskript mit dem Urteil »typischer Fall von Westkrankheit« und »Autor braucht eine Gehirnwäsche« ab. Im Westen begann der literarische Erfolg mit ›Mutmaßungen über Jakob‹ (1959), ›Eine Reise weg wohin‹ (1960) und ›Das dritte Buch über Achim‹ (1961), dem ›Zwei Ansichten‹ (1965) und das fast 2000 Seiten umfassende, vierbändige Werk ›Jahrestage. Aus dem Leben von Gesine Cresspahl‹ (1970–1983) folgten. Wenige Monate vor seinem 50. Geburtstag starb Uwe Johnson einsam in Sheerness in England, wo er seit 1974 gelebt hatte. Persönliche Probleme und eine gesundheitliche Krise mit einer »Beschädigung der Herzkranzgefäße«, wie er seinen Herzinfarkt nannte, dazu starker Alkohol- und Nikotingenuss führten zu seinem frühen Tod. Erst drei Wochen später fand man ihn in seinem Arbeitszimmer. Die DDR wurde ihm nicht zur Heimat, aber auch West-Berlin, New York und zuletzt England nicht. Wieland Förster hat eine Johnson-Büste geschaffen, die in Güstrow vor dem Uwe-Johnson-Gymnasium steht.
▸ Literaturhaus ›Uwe Johnson‹, Klütz, → S. 66.

Essen und Trinken

Deftige Hausmannskost ohne viel Schnickschnack – diesen Ruf genießt die Küche Mecklenburg-Vorpommerns. Das Urteil trifft heute aber nur noch sehr bedingt zu. Wer an der Ostseeküste nicht nur essen, sondern speisen möchte, findet mittlerweile viele Restaurants, die sich einen guten Namen gemacht haben und denen Gourmetführer die berühmten Sterne oder Kochlöffel verliehen haben. Vorbei ist die Tristesse der DDR-Küche; die Gastronomen haben fleißig in Großmutters Kochbüchern gekramt, viele längst vergessene Rezepte hervorgeholt und interpretieren sie modern.

Manches, das Einheimische mögen, ist für Gäste sicher gewöhnungsbedürftig. Denn Rosinen im Grünkohl, Backpflaumen im Gänsebraten oder Honig am Rippenbraten sind nun wahrlich nicht allgemein üblich. Aber hierzulande mag man die süßsaure Geschmacksrichtung. In einigen Regionen erinnert etliches an die schwedische Küche, denn große Landesteile gehörten fast 200 Jahre lang zu Schweden. Anregungen für die heimische Küche brachten die über die Weltmeere schippernden Seeleute mit und später dann die Feriengäste, die aus allen Regionen Deutschlands an die Ostseeküste gereist kamen. Mittlerweile hat fast jeder Ferienort auch sein Chinarestaurant, Pizza und Pasta bekommt man ebenfalls überall. Nur Bratwurst-, Currywurst- und Döner-Kebap-Buden sind weniger vorhanden als in anderen Teilen Deutschlands, vermutlich haben sie gegen die frischen leckeren Fischbrötchen nur geringe Chancen.

In dem Land konnten sich Köstlichkeiten einst nur wenige leisten, auf den Tisch der Fischer und Landarbeiter kam, was in den Ställen fett gefüttert wurde, in den umliegenden Gewässern schwamm und vor der Tür der rohrgedeckten Häuschen wuchs: Kartoffeln, Kohl, Rüben, Schwein, Geflügel und Fisch. Von den Tüften, wie hierzulande die Kartoffeln genannt werden, wollte man lange Zeit nichts wissen, weshalb Preußenkönig Friedrich der Große im 18. Jahrhunderts ihren Anbau befahl. Heute ist sie zur beliebtesten Speisenbeilage geworden. Auf Usedom zeigen die Köche jährlich im Herbst zu den Tüftentagen, wie lecker sich die kleinen Knollen zubereiten lassen. Ähnlich steht es mit dem Kohl, der in der Vergangenheit in vielen Familien auf Rügen im Winter den Speiseplan bestimmte. Denn Kohleintopf ließ sich mehrere Tage aufwärmen. Heute ist er kein ›Arme-Leute-Essen‹ mehr. Kohl, der auf Rügen prächtig gedeiht, wird im Herbst sogar in Gourmetrestaurants angeboten, wenn es auf Deutschlands größter Insel heißt: ›Rügen im Kohlfieber‹.

Wer an die Ostseeküste oder an einen der vielen Seen reist, möchte Fisch essen. Fisch war und ist der gastronomische Spitzenreiter. Die großen Fischereiflotten, die es zu DDR-Zeiten gab, existieren nicht mehr. Doch immer noch fahren täglich Fischer hinaus aufs Meer oder die Seen und kommen am Morgen mit mehr oder weniger gefüllten Netzen an Land. Aus der Ostsee werden Hering, Dorsch, Flunder, Aal und Lachs geholt, aus den Binnenseen vor allem Barsch, Zander, Karpfen und Hecht. In den Monaten März und April dreht sich alles um den Hering, das ›Silber des Meeres‹. Der Hering war bis ins 19. Jahrhunderts Volksnahrungsmittel, Hering haben die armen Leute gegessen. Heute gilt Hering als Delikatesse, auf Usedom und Rügen wird jährlich im April zu den Heringswochen geladen. Hat der Hering gelaicht und ist weitergezogen, kommt der Hornfisch aus den portugiesisch-spanischen Küstengewässern zum Laichen in die Region. Der bis zu einem Meter große Fisch, auch Hornhecht oder Maiaal genannt, ist an der langgezogenen, zylinderartigen Form mit dem spitz zulaufenden Maul zu erkennen. Er zeichnet sich durch schmackhaftes Fleisch aus, typisch für ihn sind grüne Gräten.

Die Ostseeküste ist auch die Wiege des bekannten und beliebten Bismarckherings, der bis auf den heutigen Tag nach historischem Rezept entsteht. 1871 erhielt Reichskanzler Otto von Bismarck ein hölzernes Fässchen mit marinierten Ostseeheringen, hergestellt in der Stralsunder Fischkonservenfabrik des Kaufmanns Johann Wiechmann in der Fährstraße 21. Der Reichskanzler bedankte sich mit einem handgeschriebenen Brief. Kaufmann Wiechmann kam daraufhin die Idee, den Kanzler zu bitten, dessen Namen für die leckeren Heringe verwenden zu dürfen. Bismarck war einverstanden, doch dieses Schreiben ging bei einem

Bombenangriff 1944 verloren. Die alten Rezepte jedoch hat Fischhändler Rasmus ausfindig gemacht und stellt nach diesen in der Heilgeiststraße 10 den Bismarckhering wie vor mehr als 100 Jahren her.

Im Oktober dreht sich zur Rostocker Dorschwoche alles um den Dorsch. Täglich haben Gäste die Möglichkeit, mit Kuttern auf Dorschfang zu gehen. Wer nicht selbst angeln möchte, besucht die vielen Restaurants und lässt sich dort die verschiedensten Dorschgerichte schmecken. Auf Usedom serviert man seit einiger Zeit den Schnäpel, einen Fisch aus der Familie der Forellenfische, den es in den 1920er- und 1930er Jahren unter dem Namen Steinlachs gab. Im November und Dezember kommt der Schnäpel zum Laichen von der offenen See in die brackigen Gewässer von Achterwasser, Peenestrom und Stettiner Haff, im Frühjahr wandert er wieder zurück. Wegen der schlechten Wasserqualität der Ostsee war sein Bestand enorm zurückgegangen. Jungfische werden bei Waren (Müritz) aufgezogen und in der Ostsee ausgesetzt, seit 1999 darf der Ostseeschnäpel wieder gefangen werden. Der bis zu 70 Zentimeter große Fisch eignet sich bestens zum Braten, Dünsten und Räuchern. Sein Fleisch ist fest, mager und wohlschmeckend, er hat relativ wenige Gräten.

In fast allen Kochbüchern und Reiseführern wird als typisches Küstengericht Labskaus genannt, doch in den Gaststätten steht es nur noch selten auf der Karte. Zum ersten Mal wird Labskaus 1878 im seemännischen Wörterbuch von Berm-Pohl als ›Brei von Kartoffeln und Salzfleisch‹ erwähnt. Die Labskaus-Rezepte sind unterschiedlich, stets gehören aber ein Püree aus Kartoffeln und durch den Fleischwolf zerkleinertes Pökelfleisch dazu, manchmal noch Heringsfilet, Gurken und rote Rüben. In jedem Fall kommt obenauf ein Setzei.

Die Fischer bieten ihre Produkte frisch an. Was zu haben ist, schreiben sie auf Kreidetafeln. Bereits am frühen Morgen weisen die qualmenden Räuchertonnen den Weg zu den Fischerhütten. Die Methode des Räucherns hat sich seit Jahr-

Ostseefisch: fangfrisch auf den Teller

Der Sanddorn fühlt sich an der Küste wohl

hunderten kaum verändert: Die Fische, Aal oder Hering beispielsweise, werden auf Stangen gespießt und in die Tonne gehängt, wenn es darin so richtig qualmt. Die Kunst des Räucherns wird von Generation zu Generation weitergegeben. Man muss den richtigen Zeitpunkt im Gespür haben, zu dem der Fisch goldgelb ist und sich die Haut leicht lösen lässt. Erle und Birke geben den Fischen vor allem die gute Farbe, Buche und Eiche den gewünschten Geschmack. Aber wie viel Holz davon zu nehmen und wann das entsprechende nachzulegen ist, bleibt des Fischers Geheimnis.

Die Wälder sind wildreich, und so werden in vielen Restaurants Wildgerichte angeboten. Hirsch und Reh, aber auch Schwarzwild bereitet man vorzüglich zu. Die eingesetzten Kräuter stammen nicht selten aus dem eigenen Garten und die für die Geschmacksverfeinerung verwendeten Pilze und Beeren aus dem nahen Wald. Wer als Dessert etwas typisch Regionales naschen möchte, sollte zu der aus Beeren und Obstsaft hergestellten Rode Grütt (Rote Grütze) greifen, die mit Vanillesoße serviert wird.

In der kalten Jahreszeit wird ein guter Wirt seinen Gästen einen Grog zum Aufwärmen empfehlen, dessen Rezept hier seit Urgroßvaters Zeiten lautet: Rum muss, Wasser kann. Auf zwei Stück Zucker wird so viel Rum oder Weinbrand gegossen, bis das Glas zur Hälfte voll ist, dann wird mit siedend heißem Wasser aufgefüllt. Apropos Trinken: Was mögen die Einheimischen an alkoholischen Getränken noch? Ein frisch gezapftes Rostocker oder Lübzer Pils! Denn Fisch, der besonders viel gegessen wird, will bekanntlich schwimmen. Wein ist festlichen Anlässen vorbehalten. Und wer zu viel und zu deftig gegessen hat, dem hilft bestimmt ein Köm, ein klarer Kümmelschnaps. Gesundheitsbewusste greifen zu einem Sanddornlikör oder zu einem Sanddornsaft. Die Früchte des dornenreichen Strauches haben mehr Vitamin C als eine Zitrone, weshalb der Sanddorn oft auch als ›Zitrone des Nordens‹ bezeichnet wird.

Rezepte

Labskaus

750 g gepökeltes Rindfleisch in Wasser mit Gewürzen (Lorbeerblatt, Pfefferkörner, Nelke) ca. 1,5 Stunden kochen, nach einer Stunde klein geschnittenes Wurzelgemüse zugeben. 1 kg Kartoffeln schälen und ohne Salz weich kochen. 2 Zwiebeln in Butter glasig schwitzen. Fleisch und Gemüse aus der Brühe nehmen und kleinschneiden. Mit den Kartoffeln, 4 Matjesfilets, 2 Gewürzgurken und 400 g vorgekochte rote Bete durch den Fleischwolf drehen. Brühe dazugeben, bis ein weicher Brei entsteht. 4 Spiegeleier zubereiten. Den Labskaus auf dem Teller anrichten, obenauf jeweils ein Spiegelei geben und mit Gewürzgurke garnieren.

Mecklenburger Rippenbraten

2 kg leicht gepökelte Schmorrippe abspülen, trockentupfen und mit Salz und Pfeffer würzen. 3 Äpfel schälen und würfeln, 250 g Backpflaumen einweichen, ausdrücken und kleinschneiden. Mit den Äpfeln, 1–2 Esslöffel Zucker, Zitronensaft und abgeriebener Schale von einer Zitrone, 125 g Semmelmehl, Salz und weißem Pfeffer vermengen, den Braten mit der Masse füllen und zunähen. In Butterschmalz anbraten, Brühe aufgießen und im vorgeheizten Backofen bei 200–220 Grad ca. 90 Minuten schmoren lassen. Weitere 30 Minuten ohne Deckel braten lassen, dabei immer wieder mit Brühe begießen. Aus dem Bratenfond mit Stärkemehl eine Soße binden. Den Braten in Scheiben geschnitten mit Kartoffelklößen und grünem Salat servieren.

Stralsunder Fischtopf

500 g Fischfilets von verschiedenen Seefischen säubern, mit Zitronensaft säuern, ziehen lassen. 2 Bund Suppengrün putzen, würfeln. 2 Zwiebeln hacken, in Öl anschwitzen, Suppengrün und Lorbeerblatt hinzufügen, 1 l Fischbrühe angießen und aufkochen lassen. 150 g kleine Nudeln einstreuen, ca. 10–12 Minuten köcheln lassen. 100 g frische Pfifferlinge putzen, säubern und zusammen mit dem Fisch der Suppe hinzufügen. Nochmals 5–8 Minuten ziehen lassen, kräftig würzen und mit frischem Dill verfeinern.

Aal in Dillsahne

Ca. 1 kg Aal abziehen, waschen und trockentupfen. In Stücke schneiden, mit Salz und Pfeffer würzen. ¼ l Wasser und 1/8 l Weißwein mit einer Zwiebel, ½ Lorbeerblatt und Zitronenschale aufkochen. Die Aalstücke in dem Sud ca. 15 Minuten gar ziehen lassen. Herausnehmen und warm stellen. 50 g Butter sowie ein halbes Bund kleingehackten Dill in die Brühe rühren, mit Eigelb legieren und zum Schluss mit Zitronensaft und Sahne abrunden. Die Sauce über die Dillstücke geben und mit Salzkartoffeln und Gurkensalat reichen.

Frisch geräucherter Fisch

Von Boltenhagen im Westen bis östlich von Rostock reicht die westliche Ostseeküste des Bundeslandes, konkret: die des Mecklenburger Landesteiles. Traumstrände und Steilküsten, lebhafte und stille Ferienorte sowie Städte mit gewaltigen Backsteinkirchen als stumme Zeugen einstiger Hansemacht gehen ein vielschichtiges Miteinander ein. Aber auch Golfplätze, Radwege, Marinas und viel Kultur hat dieser Landstrich zu bieten – ein wahres Urlaubsparadies.

Am Strand von Warnemünde während der Hanse Sail

WESTLICHE OSTSEEKÜSTE

Klützer Winkel

Das Land in der nordwestlichen Ecke Mecklenburg-Vorpommerns ist flach; weite Felder, die am Horizont mit dem Himmel zusammenstoßen, begleiten den Gast. Die Wälder wurden schon vor Jahrhunderten gerodet, der fruchtbare Boden ist Ackerland. Radler fühlen sich in dieser Region besonders wohl, denn das platte Land ohne nennenswerte Erhebung verlangt kaum Anstrengungen. ›Speckwinkel‹ lautet der Spitzname der nordwestlichsten Ecke Mecklenburg-Vorpommerns, weil sie zu den fruchtbarsten Gegenden des Bundeslandes gehört. Als Grenzen dieser etwa 150 Quadratkilometer großen hügeligen Region gelten die Wohlenberger Wiek im Osten, der Dassower See im Westen und im Süden eine gedachte Linie vom Südzipfel des Dassower Sees bis zur Südspitze der Wohlenberger Wiek. Die Grenzen braucht sich aber niemand einzuprägen; man sollte es wie die Einheimischen halten: Wenn man den Turm der Klützer Kirche sieht, befindet man sich noch im Klützer Winkel. Namensgeber für die Region ist das Landstädtchen Klütz.

Klütz

In Klütz findet man noch das aus Literatur und Filmen bekannte Kleinstadtidyll. Beschaulich geht es am Tage zu, und nach 18 Uhr, wenn die wenigen Geschäfte schließen, meint man, die Bürgersteige werden hochgeklappt. Der historische Ortskern von Klütz (3100 Einwohner) blieb über Jahrhunderte weitgehend erhalten, neu gestaltet zeigt sich der Marktplatz. Alles überragt die dreischiffige backsteinerne **Hallenkirche** (13./14. Jahrhundert) mit einer reich verzierten Spätrenaissancekanzel. Ein alter Getreidespeicher wurde zum **Literaturhaus Uwe Johnson** umgebaut: Hier informiert eine Dauerausstellung über den Schriftsteller, es wird aber auch zu Lesungen, Diskussionen und Workshops eingeladen. Die **Galerie-Holländerwindmühle** (1902–1904) am Stadtrand, deren Flügel sich bis 1972 drehten, ist heute ein Restaurant. Von hier eröffnet sich ein weiter Blick in die Landschaft.

■ Schloss Bothmer

Mecklenburgs größter barocker **Schlosskomplex** mit rot leuchtenden Backsteinfassaden beeindruckt. Als Vorbild diente das klassizistische Blenheim Castle beim englischen Woodstock (Oxfordshire), doch lehnte sich der Architekt Johann Friedrich Künnecke auch an das Buckingham House in London an, den Vorgängerbau des heutigen Buckingham Palace. Beide Gebäude hatte der Bauherr Hans Caspar von Bothmer kennengelernt, als er als Gesandter des Hauses Hannover in London tätig war. Dort wohnte er übrigens bis zu seinem Tod 1732 im Haus Downing Street 10, das seit 1735 Amtssitz des britischen Premierministers ist. Den imposanten, fast 200 Meter langen Backsteinkomplex am südlichen Ortseingang von Klütz ließ sich Reichsgraf von Bothmer um 1730 errichten. Um einen nach Süden hin offenen Ehrenhof gruppieren sich mehrere Backsteinbauten. Das zweigeschossige Hauptgebäude (Corps de logis) ist durch eingeschossige Galerien mit den beiden zweigeschossigen Kavaliershäusern verbunden, an sich die ehemaligen Dienerhäuser mit den beiden pavillonartigen Kopfbauten anschließen. Von der historischen Ausstattung mit einer verschwenderischen Fülle an Stuckdecken, Kaminen und Delfter Kacheln hat sich viel in den Räumen des Hauptgebäudes erhalten. Nach der Einheit hatte man Schloss Bothmer ver-

Schlosspark Bothmer: als Konzertort beliebt

kauft, doch der vermeintliche Investor konnte keine seiner Versprechungen einlösen, die Anlage döste vor sich hin. Das Schloss befindet sich seit 2008 im Besitz des Landes Mecklenburg-Vorpommern und wird gegenwärtig saniert. Die Schlösserverwaltung strebt an, es bis zum Jahr 2015 der Öffentlichkeit als Museum zugänglich zu machen.

Die etwa 270 Meter lange, aus Hofzumfelde kommende und auf den Ehrenhof zuführende **Festonallee** aus geschnittenen holländischen Linden gilt als besonderes Juwel der Gartenkunst und ist in Deutschland einmalig. Der Weg, den beiderseits Bäume mit gestutzten Köpfen und gespaltenen Stämmen, die kandelaberartig gestaltet und

Klützer Winkel und Wismarer Bucht

girlandenförmig miteinander verbunden sind, säumen, bildete früher die Hauptzufahrt zum Schloss, das ein Wassergraben nach niederländischem Vorbild umgibt. Den **Barockpark** überformte man im 19. Jahrhundert im Stil eines englischen Landschaftsgartens und stattete ihn mit botanischen Raritäten aus, die zum Teil heute noch erhalten sind. Auf der sieben Hektar großen Insel dominiert die Nord-Süd-Achse, die freie Blicke auf die Hügelkette Arpshagen und das ehemalige Vorwerk Hofzumfelde zulässt. Wieder freigelegt wurde der Nierenteich. Beeindruckend sind die alten Lindenalleen an der westlichen und südlichen Außenseite des Wassergrabens sowie an den Längsseiten der sieben Hektar großen Schlossinsel.

In Boltenhagen

■ Schmetterlingspark
Rund 600 Schmetterlinge in etwa 100 Arten flattern in dem tropischen Garten oder sitzen auf Blättern und Blüten. Ein farbenprächtiges Schauspiel bietet sich dem Auge. Der gigantische Atlas-Seidenspinner, der zweitgrößte Schmetterling der Welt, präsentiert sich mit einer Flügelspanne von bis zu 30 Zentimeter. Da die Schmetterlinge den Menschen nicht als Feind betrachten, gibt es in der tropischen Oase keinerlei Berührungsängste.

■ Kaffeebrenner
Seit 2014 zuckelt der ›Kaffeebrenner‹ wieder durch die Landschaft. 1905 wurde die 16 Kilometer lange Bahnstrecke zwischen Klütz und Grevesmühlen eingeweiht, 1995 stillgelegt. Als Touristenattraktion ist ein fünf Kilometer langes Teilstück, Klütz – Reppenhagen, wieder entstanden, allerdings nur als Schmalspurstrecke. Auf der fahren Museumsbahnen im Stundentakt. Woher der landläufige Name ›Kaffeebrenner‹ kommt, blieb bis heute ungeklärt. Am wahrscheinlichsten ist, dass die Bahnstrecke ihren Namen der Mälzerei und Malzkaffee-Brennerei in Grevesmühlen zu verdanken hat.

■ Kalkhorst
Mit einem berühmten Mecklenburger ist Kalkhorst verbunden: Heinrich Schliemann, der Entdecker von Troja und Ausgräber von Mykene. Im Januar 1832 kam er als Zehnjähriger in das zehn Kilometer westlich von Klütz gelegene Dorf,

Der Schliemann-Pavillon in Kalkhorst

um zwei Jahre bei seinem Onkel in dem im neogotischen Stil erbauten Pfarrhaus (1858–1869) zu wohnen. Im Garten steht noch der sogenannte achteckige **Schliemann-Pavillon**. Die **Backsteinkirche** (14. Jahrhundert) besitzt für ein Dorf eine ungewöhnliche Größe. Interessant sind im Inneren spätgotische **Wand- und Gewölbemalereien** sowie die reiche barocke Ausstattung mit dem dominanten **Holzaltar** (1708).

Etwas abseits vom Dorf, zu erreichen auf der Straße in Richtung Rankendorf (nach dem Kalkhorster Ortsausgangsschild links abbiegen), liegt in einem großen englischen Landschaftspark das neogotische prachtvolle **Herrenhaus** (1853–1874). Den Backsteinbau nutzte man nach dem Zweiten Weltkrieg als Lungenheilanstalt und später als psychiatrische Einrichtung, seit 1999 befindet er sich wieder in Privatbesitz, wird als Wohn- und Geschäftshaus genutzt und ein Teil als Hotel garni. 1945/46 wohnte die Schriftstellerin Christa Wolf einige Monate in dem Herrenhaus, ihre Eindrücke hat sie in dem Roman ›Kindheitsmuster‹ verarbeitet.

Boltenhagen

Boltenhagen kann sich rühmen, nach Heiligendamm und Travemünde das drittälteste Ostseebad zu sein. Der Tourismus bestimmt den Ort völlig, fast alle der 2500 Einwohner leben davon. Mehr als 10 000 Gästebetten hat das Ostseebad mit einem **Wald- und Wiesenstreifen** zwischen Strand- und Mittelpromenade. Die meisten villenartigen Hotels und Pensionen – kein Dachfirst darf höher als die Bäume der Umgebung sein – hat man zwischen 1900 und 1930 erbaut, die 290 Meter lange **Seebrücke** stammt von 1991. Einige rohrgedeckte **niederdeutsche Hallenhäuser** haben in Alt-Boltenhagen die Zeit überdauert, in einem von ihnen aus dem 17. Jahrhundert, Dünenstraße 13a, wohnte ab 1855 in den Sommermonaten mehrmals Mecklenburgs ›Nationaldichter‹ Fritz Reuter. Die neogotische **Kirche** (1872/73) hockt auf einer Anhöhe. Ein davor aufgestellter **Findling** zeigt an, wie hoch das Wasser bei der Sturmflut in der Nacht vom 12. zum 13. November 1872 gestiegen war, als die Einwohner mit ihrem Vieh hierher flüchteten.

Im Ortsteil Tarnewitz entstand auf einem jahrzehntelang vom Militär genutzten Gebiet die Weiße Wiek, eine Ferienanlage mit neuen Hotels und der Marina Boltenhagen. Das Seebad hat einen feinen, breiten und flach ins Meer abfallenden Strand, weshalb vor allem Familien mit Kindern Boltenhagen mögen. Ein völlig anderes Bild bietet die rund 30 Meter hohe, westlich gelegene **Steilküste** bei Redewisch, aus der bei Sturm und Regen immer wieder Teile herausbrechen, die auf den Strand fallen und vom Meer davongetragen werden.

Klützer Winkel und Boltenhagen

PLZ: 23948 (Klütz), 23946 (Boltenhagen), 23923 (Niendorf).
Vorwahl: 038825 (Boltenhagen, Klütz).
Stadtinformation Klütz, Im Thurow 14, Klütz, Tel. 22295, www.kluetzer-winkel.info.
Kurverwaltung/Tourist-Information Ostseebad Boltenhagen, Ostseeallee 4, Ostseebad Boltenhagen, Telefon 3600, www.boltenhagen.de.

Seehotel Großherzog Mecklenburg, Ostseeallee 1, Boltenhagen, Tel. 500, www.seehotel-boltenhagen.de, 150 Zi., DZ/F ab 122 €. Angenehmes Vier-Sterne-Haus, Schwimmbad und Wellness-Bereich unter dem Dach.
Gutshaus Stellshagen, Lindenstraße 1, Stellshagen, Tel. 44100, www.gutshaus-stellshagen.de, 49 Zi., DZ/F ab 110 €. Ruhe und Entspannung im Bio- und Ge-

sundheitshotel in idyllischer Naturlage unweit von Klütz.
Dorfhotel Boltenhagen, Mecklenburger Allee 1, Boltenhagen, Tel. 3840, www.dorfhotel.com, 191 App., ab 90 €. Komfortable Appartements von 43 bis 65 m² mit Meerblick, familienfreundliche Angebote.
Hotelanlage Tarnewitzer Hof, Dorfstraße 15, Boltenhagen OT Tarnewitz, Tel. 29841, www.tarnewitzer-hof.de, 16 Zi., ab 55 €. Ruhige Wohnlage, neben den Appartements auch Ferienhäuser und Wohnungen (ab 50 €).
Feriendorf Landhaus Wohlenberg, An der Chaussee 5, Wohlenberg, Tel. 410, www.feriendorf-ostsee.de, DZ/F ab 55 €, Fewo ab 57 €. Familienfreundliche Ferienanlage an der Wohlenberger Wiek, 100 m vom Strand entfernt.
Ostseehotel Klützer Winkel, Kalkhorster Straße 5, Hohen Schönberg, Tel. 038827/8870, www.ostseehotel.eu, 24 Zi., DZ/F ab 60 €. Zur Hotelanlage umgebauter großer Bauernhof.

Regenbogencamp Boltenhagen, Ostseeallee 54, Ostseebad Boltenhagen, Tel. 42222, www.regenbogen-camp.de, ganzjährig. Neben 380 Stellplätzen auch Ferienhäuser und die Wellness-Landschaft ›Paradies‹.
Campingplatz Niendorf, Strandstraße 20, Hohenkirchen OT Niendorf, Tel. 038428/60222, www.seeblick-niendorf.de, April – Mitte Okt. Nur 50 m bis zum Strand in der Bohlendorfer Wieck zwischen Boltenhagen und Wismar, neben 120 Stellplätzen auch 22 Ferienwohnungen.

Klützer Mühle, An der Mühle 35, Klütz, Tel. 22102, www.kluetzer-muehle.de, März – Okt tgl., Nov. – Feb. nur Wochenende, Hauptgerichte 12 – 17 €. Regionale Küche auf vier Etagen in einer Holländerwindmühle von 1904.
Fischrestaurant Blinkfür, Ostseeallee 64, Boltenhagen, Tel. 22114, www.blinkfuer-boltenhagen.de, März – Okt. tgl., Nov. – Feb. Fr – So, Jan. geschl., Hauptgerichte 12 – 17 €. Der rot-weiße Leuchtturm weist den Weg, Fischspezialitäten in gepflegter Atmosphäre.

Café Landhaus Sophienhof, Wismarsche Str. 34, Klütz, Tel. 267080, www.landhaus-sophienhof.de, tgl. Nettes Café in einem Fachwerkhaus mit wunderschönem Naturgarten, in dem historische Pflanzen gedeihen. Frischer Kuchen, Torten, Eis und kleiner Mittagstisch; auch 5 Zimmer (ab 69 €).

Schloss und Park Bothmer, Am Park, Klütz, www.mv-schloesser.de. Schloss soll 2015 öffnen, Park tgl. April – Sept. 10 – 20, März/Okt. 10 – 18, Nov.–Febr. 10 – 16 Uhr, Parkführungen April – Okt. tgl. 10.30, 14 und 15.30 Uhr, Anmeldung Tel. 379934.
Literaturhaus Uwe Johnson, Im Thurow 14, Klütz, Tel. 22387, www.literaturhaus-uwe-johnson.de, April – Okt. Di – So 10 – 17, Nov. – März Do – So 10 – 16 Uhr.
Schmetterlingsgarten, An der Festwiese 2, Klütz, Telefon 263987, www.schmetterlingsgarten.de, April – Okt. tgl. 9.30 – 17.30 Uhr.

Historische Eisenbahn Westmecklenburg ›Kaffeebrenner‹, Bahnhofstr. 1, Lüdersdorf, Tel. 038821/60506, www.kaffeebrenner.de.

Töpfermarkt, Ostern in Boltenhagen.
Mecklenburger Markt, Pfingsten in Boltenhagen, Präsentation einheimischer Produkte.
Boltenhagener Seefest, Anfang Aug., mit großem Feuerwerk.

Infos zum Radeln in Nordwestmecklenburg unter www.nordwestmecklenburg.de.

Reiter- und Fahrhof Andrea Gabriel, Ostseeallee 40c, Boltenhagen, Tel. 0173/9902301, www.boltenhagen-reiterhof.de. Reitunterricht, Geländeritte, Kutsch- und Kremserfahrten, Pferdedepension.
Landgut Oberhof, Am Gutshof 5, Oberhof, Tel. 0171/9693617, www.oberhofer-pferde.de. Reitstunden, Ausritte, Kutschfahrten.

Ostsee-Therme, Ostseeallee 106, Boltenhagen, Tel. 493, www.ostsee-therme-boltenhagen.de, tgl. 10–21 Uhr. Badevergnügen im angewärmten und aufbereiteten Meerwasser, verschiedene Saunen, Massagen und medizinische Wannenbäder.

Mehrmals tgl. Ausflugsfahrten von der Seebrücke in Boltenhagen.

Wassersportschule Wohlenberger Wiek, Robert Knopf, Gramkow, Tel. 0170/4446454, www.surfknopf.de. Windsurfen, Kitesurfen, Segeln mit Katamaran, Jolle und Optimist, Bootsverleih.

Tauchschule Nord, Dieter Kalfack, im Sommer Tauchbasis im Regenbogencamp, Ostseeallee 45, Boltenhagen sowie am Strand Weiße Wiek in Tarnewitz, im Winter Sabower Höhe 1, Schönberg, Tel. 0171/4868148, www.tauchschule-nord.de. Tauchkurse und Begleitungen, auch Wracktauchen.

Golfclub Hohen Wieschendorf, Am Golfplatz 1, Hohen Wieschendorf, www.howido-ostsee.de. 18-Loch-Anlage auf 18 ha Fläche auf einer Halbinsel in der Wismarbucht gelegen, mit Übungsplatz und traumhaftem Meerblick.

Bauernmarkt Redewisch, Dorfstr. 23c, Boltenhagen/OT Redewisch, Tel. 37498, www.bauernmarkt-redewisch.de, tgl. Sommer 10–19, Winter 10–18 Uhr. Markt für regionale Produkte, Mecklenburger Spezialitäten, Korbwaren, maritime Mitbringsel, Sanddornartikel, hausgebackener Kuchen im kleinen Café.

Grevesmühlen

Grevesmühlen (11 000 Einwohner), von einer reizvollen Grünlandschaft umgeben, gehört zu den ältesten Städten Nordwestmecklenburgs. Bereits 1226 wird es als Stadt genannt. Der Name leitet sich von Gnevesmulne ab, was ›Mühle des Gnev‹ bedeutet. In den vergangenen Jahrhunderten prägten Windmühlen das Ortsbild, um 1880 gab es noch fünf. Die Zeit überdauert hat nur eine von ihnen, die **Wiechmannsche Windmühle** (1878) auf dem Mühlenberg am Nordrand der Stadt. Der 1911 erbaute **Wasserturm** diente bis 1967 der Wasserversorgung der Stadt.

Das **Museum** am Kirchplatz 5, das in der 1855 fertiggestellten einstigen Stadtschule untergebracht ist, informiert nicht nur über die Stadtgeschichte, sondern auch über den Luxusdampfer ›Cap Arkona‹, das Flaggschiff der Hamburg-Südamerika-Linie. Am 3. Mai 1945, kurz vor Ende des Zweiten Weltkrieges, wurde das Schiff durch britische Flugzeuge versenkt, die meisten der an Bord befindlichen rund 4600 KZ-Häftlinge konnten sich nicht retten. An die Toten, die beim Untergang der ›Cap Arkona‹ sowie der Schiffe ›Thielbeck‹ und ›Athen‹ in der Lübecker Bucht ums Leben kamen, erinnert eine **Gedenkstätte** auf dem Tannenberg. Aus der Zeit, als Grevesmühlen durch Handel zu Wohlstand gekommen war, ist kaum noch etwas zu sehen. Fast alle heutigen Bauwerke sind nach dem großen Stadtbrand von 1659 entstanden. Stehengeblieben aber war am Markt die backsteinerne mächtige **Nikolaikirche** (13./14. Jahrhundert), deren einheitliche Innenraum-Ausmalung auf den Umbau 1870–1872 zurückgeht. Die Kalksteintaufe stammt aus der Erbauungszeit des Gotteshauses.

■ Kussow

Vor etwa 3000 Jahren entstanden im heutigen Mecklenburg-Vorpommern die ersten Siedlungen. Wie sahen die Häuser aus? Wie haben Mann, Frau und Kind gewohnt? Wie und was wurde gegessen, welche Haustiere gab es? Welche Werkzeuge nutzten unsere Vorfahren? Antwort auf diese Fragen erhält man im vier Kilometer von Grevesmühlen entfernten **Steinzeitdorf Kussow**, das in Zusammenarbeit mit der Universität Hamburg entstand. Bei archäologischen Grabungen waren nur Grundrisse erkennbar, also war viel Phantasie erforderlich, das museale Steinzeitdorf mit den runden und ovalen Hütten nachzuempfinden. In den Häusern wird gezeigt, wie unsere Ur-Ur-Vorfahren einst lebten und arbeiteten; so ist die typische Keramik der Jungsteinzeit Norddeutschlands zu sehen, der Trichterbecher. Auf Grund von Pollenanalysen konnte die damalige Pflanzenwelt bestimmt werden. So stellte man fest, dass unsere Vorfahren Gerste, Weizen und Rispenhirse angebaut haben. Diese und andere Kulturpflanzen sind im **Pflanzgarten** zu riechen und zu schmecken.

■ Schönberg

In Schönberg (4500 Einwohner), das erst 1822 Stadtrecht bekam, beeindruckt die stattliche **Laurentiuskirche**, deren älteste Teile aus dem 14. Jahrhundert stammen. Das Altargemälde mit der Halbfigur des kreuztragenden Christus hat 1847 die Großherzogin Marie zu Mecklenburg-Strelitz gemalt. Eine prachtvolle Arbeit ist die Bronzetaufe, die laut Inschrift 1357 gefertigt wurde. In der Nähe der

▲ *Klassizistische Schönheit: Schloss Lütgenhof in Dassow*

Dassow

Dassow (4000 Einwohner), die nordwestlichste Stadt Mecklenburg-Vorpommerns, döste mehr als vier Jahrzehnte vor sich hin, denn sie lag im sogenannten DDR-Grenzgebiet und durfte von Auswärtigen nur mit Sondergenehmigung betreten werden. Typisch für Dassow sind die **zweigeschossigen Häuser** aus dem 18. und 19. Jahrhundert. Überragt werden sie von der **Backsteinkirche**, deren Ursprung bis ins 13. Jahrhundert zurückgeht. Sie weist eine barocke Ausstattung aus dem 17. Jahrhundert auf. Der Westturm entstand im 16. Jahrhundert.

Etwas abseits, in einem Park mit jahrhundertealten Bäumen, liegt das ab 1839 erbaute imposante **Schloss Lütgenhof**. 1890 erweiterte man das klassizistische Herrenhaus um Nordflügel und Wintergarten, aus dieser Zeit stammen auch die Stuckverzierungen. Das Bauwerk wurde nach bewegten Jahren zu DDR-Zeiten als Landwirtschaftsschule

Windmühle in Grevesmühlen

Kirche ist das Volkskundemuseum an fünf schmiedeeisernen Herbergsschildern an der Fassade zu erkennen. Es besitzt eine der bedeutendsten ethnographischen Sammlungen Mecklenburg-Vorpommerns. Zum Museum gehört der Denkmalhof Bechelsdorfer Schulzenhaus in der Johann-Boye-Straße am westlichen Stadtrand. Die beiden Gebäude wurden um 1525 in dem damals vor Schönberg liegenden Dorf Bechelsdorf errichtet. Das Schulzenhaus – Schulze war die Bezeichnung für den Bürgermeister – ist ein niederdeutsches Hallenhaus ohne Schornstein. Im Denkmalhof werden die Lebens- und Arbeitsbedingungen in der zweiten Hälfte des 19. Jahrhundert gezeigt.

Bekannt ist Schönberg auch durch den Schönberger Musiksommer. Das Musikfestival, das es bereits seit 1987 gibt, spannt den Bogen von Klassik bis Jazz und hat in der St.-Laurentius-Kirche einen Veranstaltungsort mit einer hervorragenden Akustik.

Windmühle in Klütz

und Kaserne für die DDR-Grenztruppen aufwendig restauriert und modernisiert und öffnete 1999 als Hotel der oberen Preiskategorie.

Cheryl sowie Taja und Bavati sind die Stars unter den 14 Tigern im **Erlebnis- und Tigerpark Dassow**. Neben ihnen gibt es nur noch rund 25 weitere dieser ›Golden Tabbys‹ genannten Großkatzen. Ihr Fell hat eine auffällig gelbe bis goldene Färbung, wodurch sie in freier Wildbahn nicht überleben könnten; deshalb befinden sich alle Tiere in menschlicher Obhut. Die Tigershow, bei der alle Übungen kommentiert werden, bildet ein besonderes Erlebnis für die Besucher. In der Anlage leben auch Löwen, Esel, Lamas, Dromedare und Seelöwen.

Grevesmühlen und Umgebung

Vorwahl: 03881 (Grevesmühlen).
Stadtinformation Grevesmühlen, Am Kirchplatz 5, 23936 Grevesmühlen, Tel. 723222, www.grevesmuehlen.info.
Amt Schönberger Land, Am Markt 15, 23923 Schönberg, Tel. 038828/3300, www.schoenberger-land.de; www.stadt-dassow.de.

Ringhotel Am See, Klützer Straße 17a, Grevesmühlen, Tel. 7270, www.ringhotel-am-see.de, 28 Zi., DZ/F 80–90 €. Am Ortsausgang von Grevesmühlen gelegen, angenehme Zimmer teilweise mit Balkon und Blick in die Natur.
Hotel Schloss Wedendorf, Schlossstraße 7, Wedendorf, Tel. 038872/6770, www.schloss-wedendorf.de, 40 Zi., DZ/F ab 105 €. Idylle pur: luxuriöse Zimmer größtenteils mit Blick auf den Wedendorfer See.
Hotel Alter Gutshof, Dorfstraße 28, Demern, Tel. 038872/6720, www.bibendi.de, 18 Zi., DZ/F ab 65 €. Moderne Zimmer auf einer alten Gutsanlage, Badehaus mit Fitness- und Wellness-Bereich.

Seeschlösschen, Am Ploggensee 7, Grevesmühlen, Tel. 716000, www.seeschloesschen.m-vp.de, täglich, Hauptgerichte 10–16 €. Frische Fleisch- und Fischspezialitäten, herrlicher Blick auf den Ploggensee.
Schmiedekrug Rüting, Schweriner Straße 36, Rüting, Tel. 038822/3001, www.schmiedekrug-rueting.m-vp.de, tgl., Hauptgerichte 8–13 €. Urig-gemütliche Gasthaus-Atmosphäre im Fachwerkgebäude seit 1926, Mecklenburger Landküche.

Städtisches Museum Grevesmühlen, Kirchplatz 5, Grevesmühlen, Tel. 723260, Mo–Fr 10–17 Uhr, April–Sept. zusätzlich Sa 10–14 Uhr.
Steinzeitdorf Kussow, Kussower Weg 9, Kussow, Tel. 715055, www.steinzeitdorf-kussow.de, April–Okt. tgl. 10–17 Uhr, Nov.–März Mo–Do 9–15 Uhr.
Volkskundemuseum des Ratzeburger Landes, An der Kirche 8/9, Schönberg, Tel. 038828/21539, www.ratzeburger-land.de, Di–Do, Sa 13–18 Uhr.
Bechelsdorfer Schulzenhof, Johann-Boye-Str., Schönberg, Tel. 0175/1067238, Ostern–Okt. Di–Do u. Sa 13–18 Uhr.
Erlebnis- & Tigerpark, Gewerbestr. 35–53, Dassow, Tel. 038826/88180, www.tigerpark-dassow.de, tgl. 10–18 Uhr.

Grevesmühler Sommermusiken, in der Nikolaikirche jeden So im Sommer.
Piraten-Festspiele, Juni–Sept. in Grevesmühlen, Open-Air-Theater um die Abenteuer des geheimnisvollen Käpt'n Flint.
Schönberger Musiksommer, Mitte Juni–Mitte Sept., www.schoenberger-musiksommer.de. Konzerte unterschiedlicher Couleur, von Klassik bis Jazz, in der St.-Laurentius-Kirche.

Bootsverleih am Ploggensee in unmittelbarer Nähe von Grevesmühlen.

Wismar

Rund 300 denkmalgeschützte Bauwerke drängen sich in der kleinen historischen Altstadt von Wismar (45 000 Einwohner). Es ist die einzige in dieser Größe und Geschlossenheit erhalten gebliebene Hansestadt im Ostseeraum, und deshalb wurde sie von der UNESCO in die Welterbeliste aufgenommen. An nicht wenigen Ecken der liebenswerten alten Stadt mit ihren vielen Kneipen und kleinen Geschäften fühlt man sich in frühere Jahrhunderte versetzt. Giebelhaus reiht sich an Giebelhaus, eins ist oft schöner als das andere, und dazwischen ragen drei Kirchtürme auf.

Wismar gehört aber auch zu den nach der Einheit wirtschaftlich gebeutelten Städten: Rund 10 000 Arbeitsplätze sind verlorengegangen, die bis heute nicht annähernd kompensiert werden konnten. Die 1946 gegründete Werft hatte nach der Einheit mehrere Besitzer, musste 2009 Insolvenz anmelden und befindet sich gegenwärtig in russischem Besitz.

Geschichte

Bereits 1147 ist ein ›Wismar Havn‹ in den Annalen erwähnt, urkundlich wird die Stadt erstmals 1229 genannt. Im

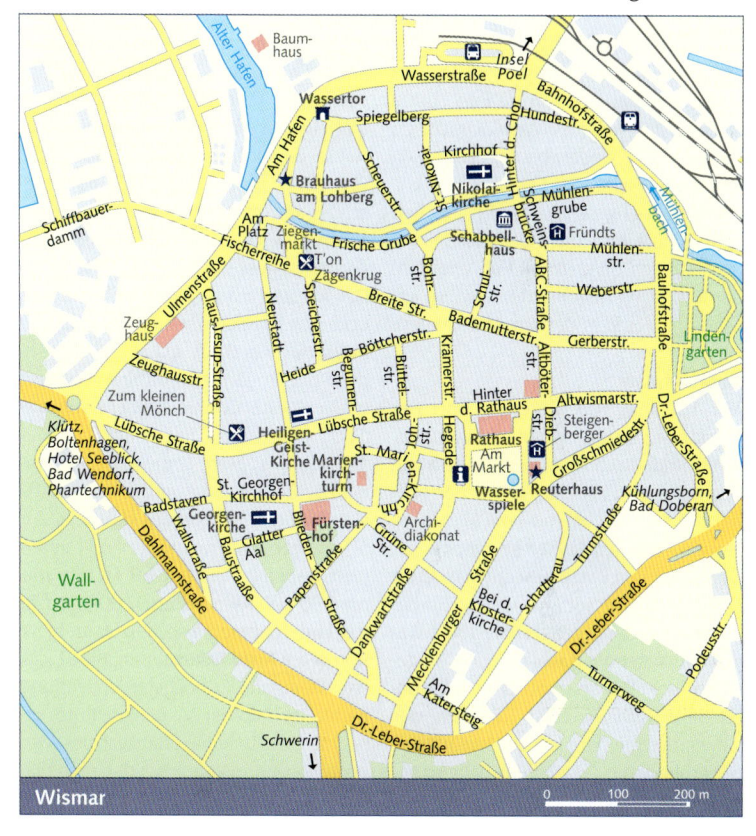

Hansebund spielte Wismar ab 1283 eine bedeutende Rolle. Mitte des 15. Jahrhunderts war Bier das wichtigste Handels- und Exportgut, es gab etwa 200 Braustellen. Am Ende des Dreißigjährigen Krieges kam Wismar zu Schweden und wurde von den neuen Herren zu einer der größten Festungen im Ostseeraum ausgebaut. Im ›Vertrag zu Malmö‹ verpfändete Schweden 1803 Wismar für 100 Jahre an Mecklenburg. Da Schweden nach Ablauf der Frist das Pfand nicht einlöste, fiel die Stadt 1903 wieder an das Land Mecklenburg zurück. Wer deshalb die Einheimischen als Südschweden bezeichnet, wird ein leichtes Schmunzeln ernten, denn das hören sie ganz gern.

Ein Stadtrundgang

Die drei Hauptkirchen sind weithin zu sehen, neugierig recken sie ihre Türme in die Höhe, so dass Wismar nicht zu verfehlen ist – weder von der Land- noch von der Seeseite. Die Sehenswürdigkeiten liegen – abgesehen vom Technischen Landesmuseum – dicht beieinander. Alles lässt sich bequem zu Fuß erlaufen, der Rundgang beginnt idealerweise am Marktplatz und endet am Alten Hafen.

■ Marktplatz

Mit 100 mal 100 Metern gehört der Marktplatz zu den größten Marktplätzen Norddeutschlands. Fast die gesamte Nordseite wird vom klassizistischen **Rathaus** (1817–1819) mit zwei leicht vorgezogenen Seitenrisaliten eingenommen. Den schlichten Putzbau schuf Schwerins Hofbaumeister Johann Georg Barca, nachdem der Vorgängerbau 1807 wegen baulicher Vernachlässigung eingestürzt war. Die spätgotische Halle unter dem Rathaus, einst Tuchhalle der Gewandschneider und Ratsweinlager, beherbergt die Ausstellung **Wismar – Bilder einer Stadt**.

Blickpunkt des Marktplatzes bildet die **Wasserkunst** (um 1602), ein im Stil der holländischen Renaissance erbauter zwölfeckiger, mit einer glockenförmig geschwungenen Kupferhaube bekrönter Pavillon für das zentrale Wassersammelbecken. Von den etwa sechs Kilometer entfernten Metelsdorfer Quellen floss bis 1897 das Wasser durch Holzrohre zur Alten Wasserkunst, von hier wurden etwa 220 Häuser und 16 öffentliche Schöpfstellen in den Straßen mit Frischwasser versorgt. Das freistehende Brunnenhaus ist ein Unikat, das einzige seiner Art nördlich der Alpen.

An der Ostseite des Platzes begrüßt der **Alte Schwede** (um 1380) die Gäste, Wismars ältestes Bürgerhaus mit einem eindrucksvollen gotischen Maßwerkgiebel und Wimpergen. Das Haus ist nur eingeschossig, aber der mächtig aufragende Staffelgiebel erreicht mit seiner mittleren Achse die Höhe von fünf Geschossen. Erst 1878, als eine Gaststätte ins Erdgeschoss einzog, bekam das Haus in Erinnerung an die Wismarer Schwedenzeit den noch heute vorhandenen Namen. Der viergeschossige Jugendstilbau an der Ecke zur Krämerstraße ist das **Stammhaus der Karstadt AG**. Hier begründete der 25-jährige Rudolph Karstadt mit Schwester Sophie, Bruder Ernst und 1000 geliehenen Talern am 14. Mai 1881 das spätere Imperium; ›Manufactur-, Confections- und Tuchgeschäft‹ stand an der Fassade des Hauses. Zum 50-jährigen Firmenjubiläum 1931 unterhielt Rudolph Karstadt 89 Filialen mit rund 30 000 Mitarbeitern, 2009 musste das Unternehmen Insolvenz anmelden. Vorbei am **Archidiakonat** (um 1450), das Backsteingotik in höchster Vollendung bietet, ist bald der Marienkirchturm erreicht. Das Archidiakonat war das Verwaltungs- und Wohnhaus des Archidiakons, des Vertreters des Bischofs.

Am Alten Hafen in Wismar

Die Wasserkunst auf dem Marktplatz

■ Marienkirchturm

Der weithin sichtbare hohe Marienkirchturm den einst in den Hafen einlaufenden Schiffen als Orientierungspunkt. Die 1250 erstmals erwähnte Marienkirche wurde ab 1339 in eine dreischiffige Basilika umgebaut. Die ehemalige Rats- und Hauptpfarrkirche der Stadt war eine der schönsten Backsteinkirchen im norddeutschen Raum – bis zur Nacht vom 14. zum 15. April 1945, als Bomben das Langschiff schwer beschädigten. Es wurde 1960 gesprengt und abgetragen. Stehen blieb als mittelalterlicher ›Wolkenkratzer‹ nur der 84 Meter hohe **Turm**. Die Zifferblätter der Turmuhr von 1647 haben einen Durchmesser von fünf Metern, der Minutenzeiger hat eine Länge von 3,30 Metern, der Stundenzeiger von 2,40 Meter. Dreimal am Tag erklingt ein **Glockenspiel**, das Einwohnern wie Gästen gleichermaßen Freude bereitet. Im Turm wird die **Ausstellung Wege zur Backsteingotik** gezeigt, nicht entgehen lassen sollte man sich die 3-D-Filmpräsentation, die den Besucher auf eine interessante Reise in die Vergangenheit mitnimmt. So ist er virtuell beim Bau der Marienkirche dabei, von der Vermessung des Bauplatzes bis hin zur Herstellung der Backsteine, vom Bau der Gerüste bis zum Mauern der Gewölbe.

■ Fürstenhof

Wenige Schritte sind es vom Marienkirchturm zum Fürstenhof, der ehemaligen Stadtresidenz der mecklenburgischen Herzöge, einem der schönsten Zeugnisse der Schlossbaukunst im Ostseeraum in der Übergangsperiode von der Spätgotik zur Renaissance. Herzog Johann Albrecht I. von Mecklenburg ließ an den gotischen Westflügel von 1512/13, heute Altes Haus genannt, rund 40 Jahre später, anlässlich seiner Hochzeit mit Anna Sophie von Preußen im Jahr 1555, das sogenannte Neue Haus anbauen. Vorbild für dieses Bauwerk war die oberitalienische Palastarchitektur der Frührenaissance, insbesondere der terrakottageschmückte Palazzo Roverella in Ferrara. Die drei Geschosse des Bauwerks werden durch figürliche Friese horizontal gegliedert, die aus der damals bekannten Lübecker Werkstatt des Statius von Düren stammen. Die Wismarer mochten das Bauwerk lange Zeit nicht. Weil der Herzog fünf Jahre nach der Hochzeit die Baukosten immer noch nicht bezahlt hatte, führten die Stadtväter eine zusätzliche Steuer ein und zogen somit die Bürger zur Tilgung der herzoglichen Schulden heran.

■ St. Georgen und Heiligen-Geist-Kirche

Am 8. Mai 2010, 65 Jahre nach Ende des Zweiten Weltkrieges, feierte Wismar den Wiederaufbau der Georgenkirche. Im April 1945 hatten Bomben die mächtige gotische Georgenkirche weitgehend zerstört. Zu DDR-Zeiten verkam das gewaltige Bauwerk zur Ruine, die ausgebrannten hohen Pfeiler trotzten aber jahrzehntelang Sturm und Regen, bis in einer Orkannacht 1990 der Nordgiebel einstürzte und zwei Wohnhäuser unter sich begrub. Die Wiederherstellung begann nach der Einheit, es war das größte Förderprojekt der Deutschen Stiftung Denkmalschutz seit 1990.

In der nahen Lübschen Straße befindet sich die Heiligen-Geist-Kirche, eine rechteckige gotische Saalkirche, die ihre heutige Gestalt im 15. Jahrhundert bekam; Umbauten erfolgen im 17. Jahrhundert. Im Inneren beeindruckt die Holzdecke mit einer barocken Bemalung von 1687.

■ Zeughaus

An die Zeit, als Mecklenburg zu Schweden gehörte, erinnert das Zeughaus in der Ulmenstraße. Die Fachwelt rühmt es als bedeutendsten Barockbau schwedischer Militärarchitektur. Der 60 mal 15 Meter große Raum im ersten Obergeschoss fasziniert durch das Fehlen jeglicher Stützpfeiler, was eine gut ausgeklügelte freitragende Hängekonstruktion möglich macht. Die Lasten des gewaltigen Dachstuhls ruhen nur auf den Umfassungsmauern. Seit dem Jahr 2000, dem Abschluss der sechs Jahre währenden, aufwendigen Restaurierung, an der sich auch das schwedische Königshaus mit einer Spende beteiligte, wird das Haus kulturell genutzt.

■ Hafen

Von der Ulmenstraße kommt man zum Alten Hafen. Hier liegen Motorschiffe, Fischkutter, Hafenbarkassen und Passagierschiffe, die Erinnerung an die Segelschifftradition Wismars halten vertäute historische Schiffe wach. Es riecht nach Salz und Meer. Wer den Kai entlang geht, erreicht bald das Baumhaus (Mitte 18. Jahrhundert). Der ›Baum‹ war ein schwimmendes Langholz, mit dem man nachts oder bei Gefahr die Hafeneinfahrt absperrte. Die Hafenordnung von 1740 bestimmte: Der ›Bohmschlüter‹ hat darauf zu achten, dass niemand »bey geschlossenem Baume... unangemeldet darüber oder sonst durch unvergönnte Fahrt umhin aus- oder einfahre...«

Vor dem Baumhaus bilden die sogenannten **Schwedenköpfe** ein beliebtes Fotomotiv. Die farbenprächtigen Köpfe mit schwarzem Schnauzer und dichtem Haar sind Nachbildungen (1903) gusseiserner Poller, wie sie einst vor der Hafeneinfahrt auf Holzpfeilern hockten.

Auf dem Weg zurück in die Altstadt passiert man das im spätgotischen Stil erbaute **Wassertor** (um 1450), das letzte der einst fünf backsteinernen Stadttore.

■ Nikolaikirche

Nächstes Ziel ist die kolossale Nikolaikirche, mit deren Bau man im 14. Jahrhundert begann. Das 37 Meter hohe Mittelschiff rangiert in der Höhe nach dem Kölner Dom, dem Ulmer Münster und der Lübecker Marienkirche an vier-

›Schwedenkopf‹ im Wismarer Hafen

ter Stelle. Der Innenraum erhielt nach dem Zweiten Weltkrieg zu seiner barocken Ausstattung zahlreiche bedeutende Kunstwerke aus anderen Wismarer Kirchen. Wertvollste Stücke sind die 1335 gegossene **Bronzetaufe** und der um 1430 in einer Wismarer Werkstatt gefertigte Altar der Krämergilde sowie der spätgotische **Schnitzaltar** von 1428, der wegen seiner beachtlichen Maße von zehn mal vier Meter und der vorzüglichen Schnitzarbeiten zu den größten und bedeutendsten Kunstwerken im Ostseeraum gehört. An der Nikolaikirche führt die **Grube** entlang, ein bereits im 13. Jahrhundert zum Kanal ausgebauter Bach. Es ist der letzte künstlich angelegte mittelalterliche Wasserlauf in einer norddeutschen Altstadt. Er beginnt im nördlichen Teil der Stadt, wo er von den Mühlenteichen abzweigt, um schließlich in den Alten Hafen zu münden. Das Gewässer wird in die Abschnitte Mühlengrube, Frische Grube und Runde Grube unterteilt. Eines der beeindruckendsten Bauwerke Wismars steht in

Das Gewölbe auf der Grube

dieser Ecke der Stadt: das **Gewölbe**. Der zweigeschossige Fachwerkbau entstand in der Mitte des 17. Jahrhunderts und findet vor allem Aufmerksamkeit, weil er die Runde Grube überbrückt.

Über die **Schweinsbrücke** mit vier kleinen putzigen Metallschweinchen erreicht man das **Schabbellhaus** (1569–1571), eines der baukünstlerisch bedeutendsten Häuser der Stadt. Das prunkvolle, reich verzierte Renaissancehaus, heute Domizil des Stadtgeschichtlichen Museums, errichtete der Niederländer Philipp Brandin für den Wismarer Ratsherren und Bierbrauer Hinrich Schabbell.

Wer nach einem ausgedehnten Stadtrundgang Kraft für neue Unternehmungen tanken möchte, geht in das **Freizeitbad Wonnemar**. Es gehört zu den größten Wasser- und Sportparks in Deutschland: 18 verschiedene Wasserbecken, darunter ein Abenteuerbecken mit Felsengrotte, mit einer Gesamtfläche von fast 1500 Quadratmetern stehen den Badenden zur Verfügung.

■ Phantechnikum

Feuer, Wasser, Luft und Erde: In die vier Elemente gliedert sich das neue Ausstellungs- und Erlebniszentrum des

Hoch und beeindruckend: St. Nikolai

Technischen Landesmuseums in Wismar. Es präsentiert Technik und Technikgeschichte Mecklenburg-Vorpommerns, zeigt Modelle zum Anfassen und viele Laboratorien. Der Besucher wird zum Entdecker, wenn er durch den ›Feuertunnel‹ ein Labor betritt oder die ›Wassertreppe‹ erklimmt. Vorführ- und Mitmachlaboratorien erwecken die Technik zum Leben. Kreativität ist gefragt. So können in der Erfinderfabrik große und kleine Besucher selbst zum Hobby-Erfinder werden. Als Belohnung winkt der ›Erfinderpass‹.

■ **Dorf Mecklenburg**
An der B106 liegt sechs Kilometer südlich von Wismar die Wiege Mecklenburgs, der heutige Ort Dorf Mecklenburg. Nahe der Kirche, dort wo der mächtige **Burgwall** übriggeblieben ist, erhob sich die slawische Mikilenburg, die dem Land den Namen gab. Im 12. Jahrhundert herrschte hier der slawische Obotritenfürst Niklot, der 1160 ums Leben kam. Sein Sohn Pribislaw erhielt nach der Taufe 1167 große Gebiete Mecklenburgs von Heinrich dem Löwen als Lehen, und er begründete die Dynastie der bis 1918 regierenden mecklenburgischen Herrscherhäuser. 1256 siedelte Johann von Mecklenburg nach Wismar über, 1320 wird die Burg noch einmal in den Annalen erwähnt, aber bereits 1472 als ›wüstgefallen‹ bezeichnet.

Die **Windmühle** (1849) am Ortseingang nutzt man seit vielen Jahren als Restaurant, das **Kreisagrarmuseum** gibt Einblick in die landwirtschaftliche Geschichte dieser Region von der Aufhebung der Leibeigenschaft bis fast in die Gegenwart.

Wismar und Umgebung
PLZ: 23952.
Vorwahl: 03841.
Tourist-Information Wismar, Am Markt 11, Tel. 19433, www.wismar.de.

Steigenberger Hotel Stadt Hamburg, Am Markt 24, Tel. 2390, www.wismar.steigenberger.de, 104 Zimmer, DZ/F ab 100 €. Angenehmes und stilvolles Wohnen am historischen Markt.
Fründts Hotel, Schweinsbrücke 1–3, Tel. 2256982, www.hotel-stadtwismar.de, 12 Zi., DZ/F ab 60 €. Stilvoll eingerichtete Zimmer mit allergikerfreundlichem Korkfußboden, Außenbereich mit Dachterrasse, Restaurant (Mo geschl.).
Hotel Seeblick, Ernst-Scheel-Str. 27, Wismar OT Bad Wendorf, Tel. 62740, www.hotel-seeblick-wismar.de, 54 Zi., DZ/F ab 65 €. An der Seebrücke gelegenes Hotel mit Blick auf die Wismarer Bucht. Zimmer im historischen Haupthaus, im Gästehaus sowie im Neubau. Spa mit verschiedenen Saunen und Anwendungsräumen.

Reuterhaus, Am Markt 19, Tel. 22230, www.reuterhaus-wismar.de, tgl., Hauptgerichte 11–17 €. Regionale und internationale Speisen in historischem Flair.
Brauhaus am Lohberg, Kleine Hohe Straße 15, Tel. 250238, www.brauhaus-wismar.de, tgl., Hauptgerichte 8–15 €. Typisches Brauhaus-Ambiente auf drei Etagen, hausgebraute Biere, deftige Küche.
To'n Zägenkrug, Ziegenmarkt 10, Tel. 282716, www.ziegenkrug-wismar.de, tgl., Hauptgerichte 8–17 €. Das maritim eingerichtete Restaurant ist vor allem für seine Fischspezialitäten bekannt, der frische Fisch kommt von Poeler und Wismarer Fischern.
Mecklenburger Mühle, An der Mühle 3, Dorf Mecklenburg, Tel. 3980, www.hotel-mecklenburger-muehle.m-vp.de, tgl., Hauptgerichte 10–15 €. Mecklenburgische Spezialitäten werden auf drei Ebenen serviert.

Stadtgeschichtliches Museum Schabbellhaus Wismar, Schweinsbrücke 8, Tel.

2243110, www.schabbellhaus.de. Di–So Mai–Okt. 10–20 Uhr, Nov.–April 10–17 Uhr, z. Zt. wegen Sanierung geschlossen. Ausstellung ›Wismar – Bilder einer Stadt‹, im Rathauskeller, Am Markt 1, Tel. 19433, www.wismar.de, tgl. 10–18 Uhr.
St. Georgen und Turm der St. Marien-Kirche, Bliedenstr. 40, Tel. 282549, www.georgenkirche.de, tgl. Nov.–März 11–16 (Turmbesteigung 12, 14 Uhr), April/Juni, Sept./Okt. 10–18 (Turmbesteigung 11, 13, 15, 17 Uhr), Juli/Aug. 10–20 Uhr (Turmbesteigung 11, 13, 15, 17, 19 Uhr).
Nikolaikirche, Nikolaikirchhof, Tel. 213624, www.kirchen-in-wismar.de, tgl. Mai–Sept. 8–20, Sa bis 22 Uhr, April/Okt. 10–18, Nov.–März 11–16 Uhr, im Sommer So nach dem Gottesdienst 11.30 Uhr Orgelmatinee.
Phantechnikum, Technisches Landesmuseum, Zum Festplatz 3, Tel. 257811 (Mo–Fr), 3045711 (Sa/So), www.phantechnikum.de, Di–So 10–17, Juli/Aug. bis 18 Uhr.
Kreisagrarmuseum Dorf Mecklenburg, Rambower Weg 9, Dorf Mecklenburg, Tel. 790020, www.nordwestmecklenburg.de, April–Okt. tgl. 10–16 Uhr, Nov.–März Mo–Fr 10–16 Uhr.

Theater der Hansestadt Wismar, Philipp-Müller-Straße, Theaterkasse Tel. 3260414. Vier Spielstätten mit unterschiedlichem Charakter für Operette, Schauspiel, Kabarett, Konzerte und Ballett und Aufführungen u. a. der Niederdeutschen Bühne Wismar.
Konzerte des NDR in St. Georgen, Tickets Tel. 19433, www.wismar.de/veranstaltungen. Ein Hörgenuss sind die klassischen Konzerte der NDR-Sinfonieorchesters, das mit einer Konzertreihe in St. Georgen zu Gast ist.
Schwedenfest, drittes August-Wochenende, traditionelles Volksfest, das an die langjährige Zugehörigkeit Wismars zu Schweden erinnert.
Hafentage der Stadt Wismar, zweites Juni-Wochenende im Alten Hafen, www.wismarer-hafentage.de. Buntes Volksfest am Hafen, Traditionssegler laden zu Rundfahrten ein.

Freizeitbad Wonnemar, Bürgermeister-Haupt-Straße 38, Tel. 32760, www.wonnemar.de, tgl. Mai–Sept. 10–21, Okt.–April 10–22 Uhr, Wonnemar Spa tgl. 14–20 Uhr. Einer der größten Wasser- und Sportparks in Deutschland. 18 verschiedene Wasserbecken, Saunadorf mit verschiedenen Saunen und dem Saunahof mit Brunnen, Gesundheitsbad sowie Wellness- und Spabereich.

Hafen- und Seerundfahrten (1 Stunde) ab Alter Hafen, April–Okt. tgl., Nov.–März Sa/So, Fahrten zur Insel Poel, April–Okt. tgl., Tel. 01805/123344, www.adler-schiffe.de.
Segelschule Cipra, Klußer Damm 1, Tel. 212596, www.segelschule-cipra.de. Ausbildung und Segeltörns ab Wismar Wendorf.

Golfclub Hohen Wieschendorf, Am Golfplatz 1, Hohen Wieschendorf, www.howido-ostsee.de. 18-Loch-Anlage auf 18 ha Fläche auf einer Halbinsel in der Wismarbucht gelegen, mit Übungsplatz und traumhaftem Meerblick.

Fischräucherei Seeperle, Alter Holzhafen, Tel. 3266810, www.seeperle-wismar.de. Leckere Fischräuchereien in der Räucherei oder an Bord des Fischkutters ›Minna von Friedrichskoog‹.
Hanse-Sektkellerei, Turnerweg 4, Tel. 484812, www.hanse-sektkellerei.de. Führungen, Verkostungen und Verkauf hochwertiger Sekte und Weine im Alten Gewölbe.

Schwerin

Wer an der mecklenburgischen Ostseeküste ist, sollte unbedingt einen Abstecher nach Schwerin unternehmen. Deutschlands kleinste Landeshauptstadt (95 000 Einwohner) fasziniert durch ihre idyllische Wasserlandschaft. Die Seen nehmen mehr als ein Viertel der Stadtfläche ein und erstrecken sich bis ins Zentrum. Der Schweriner See gehört mit seinen 63 Quadratkilometern Fläche zu den größten Seen Deutschlands. Über den Störkanal und die Müritz-Elde-Wasserstraße ist er mit der Nordsee und der Mecklenburgischen Seenplatte verbunden. Mecklenburgs älteste Stadt wurde durch viele Kostbarkeiten und Traditionen zu einer Kulturmetropole. Die wohl größte und weithin bekannteste Sehenswürdigkeit ist das Schloss mit seiner gelungenen Verbindung von Architektur und Landschaft. Noch schöner wurde Schwerin durch die Bundesgartenschau 2010, die unter dem Motto ›Sieben Gärten mittendrin‹ stand.

Geschichte

Im Jahr 1160, nachdem der slawische Obotritenfürst Niklot die Burg auf der heutigen Schlossinsel vor den andrängenden deutschen Eroberern zerstört hatte, gründete Heinrich der Löwe die Stadt Schwerin und verlieh ihr das Stadtrecht. 1358 erwarb der mecklenburgische Herzog Albrecht II. die Grafschaft Schwerin und zog in die wieder aufgebaute Burg. Mit zwei Unterbrechungen blieb diese bis 1918 die Residenz der mecklenburgischen Herzöge bzw. Großherzöge. Von 1945 bis 1952 war Schwerin Hauptstadt des Landes Mecklenburg, danach bis zum Ende der DDR Bezirksstadt der nordwestlichsten Ecke der DDR. Zwischen 1969 und 1980 dehnte sich Schwerin aus, es entstanden die riesigen Neubausiedlungen Lankow, Weststadt und Großer Dreesch. 1990 konnte sich Schwerin gegen Rostock durchsetzen und wurde Landeshauptstadt des wiedergegründeten Bundeslandes Mecklenburg-Vorpommern.

Ein Stadtrundgang

Wer den Rundgang am Schloss und seinen Gärten beginnt und danach in Richtung Marktplatz läuft und von dort weiter in Richtung Pfaffenteich, erreicht zu Fuß die bedeutendsten Sehenswürdigkeiten. Zu den etwas entfernteren, beispielsweise zum Fernsehturm oder zum Freilichtmuseum Mueß, kommt man gut mit öffentlichen Verkehrsmitteln.

■ Schloss

Über die Schlossbrücke gelangt man zum turmreichen **Schloss** (16., 17., 19. Jahrhundert), das auf einer Insel zwischen Schweriner See und Burgsee liegt. Das märchenhafte Gebäude, oft als ›Neuschwanstein des Nordens‹ bezeichnet, gehört zu den bedeutendsten

Das Schloss, heute Sitz des Landtags

84 Schwerin

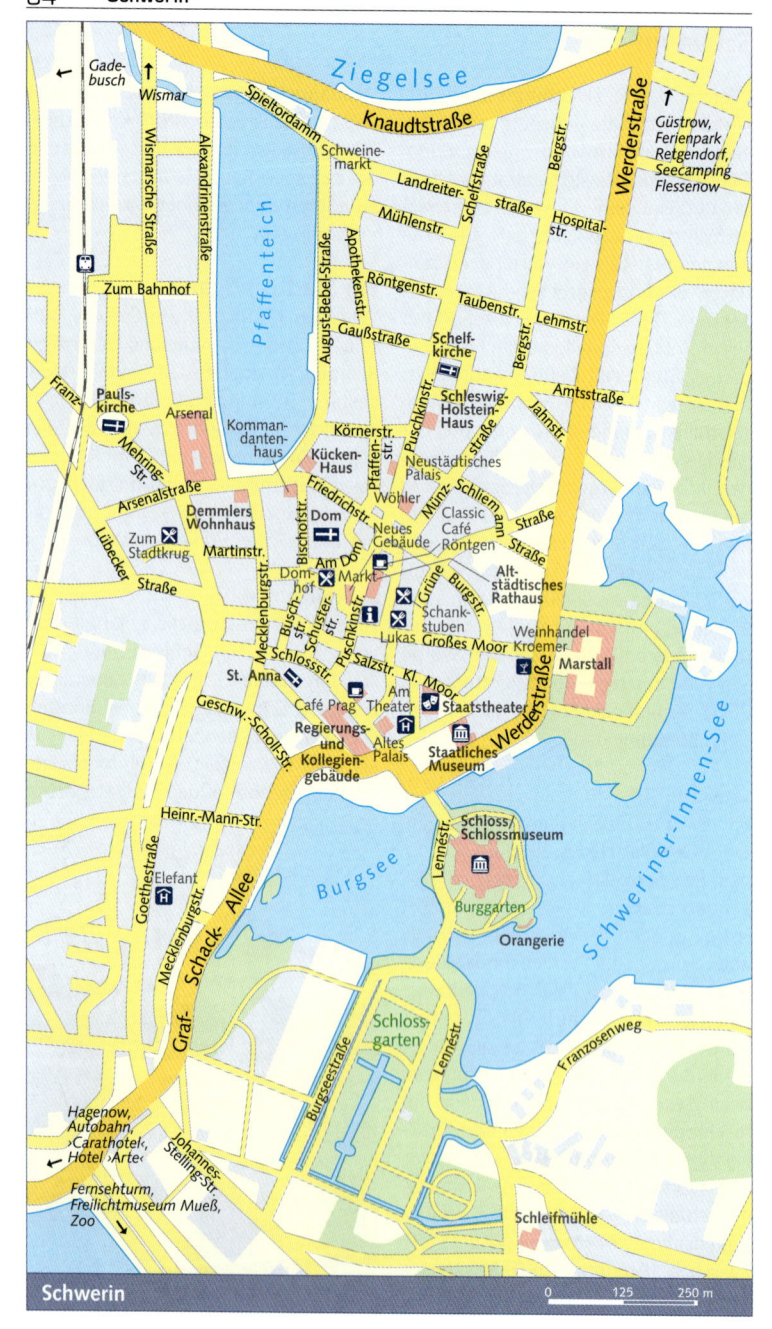

Baudenkmälern des Historismus in Europa. Großherzog Paul Friedrich (1800–1842) erklärte 1837 Schwerin wieder zur Residenz und verließ Ludwigslust, sein Sohn Friedrich Franz II. (1823–1883) ließ das schlichte alte Schloss so umgestalten, wie es heute bewundert wird. Berühmte Baumeister haben mitgewirkt: Georg Adolph Demmler, Gottfried Semper, Friedrich August Stüler. Das Bauwerk beeindruckt mit Türmen und Türmchen – 365 sollen es insgesamt sein – sowie einer reich verzierten Fassade, bestehend aus fünf Flügeln, elf Geschossen und 652 Räumen. Heute beherbergt das Schloss den Landtag von Mecklenburg-Vorpommern und das Schlossmuseum. Dieses zeigt Prunk-, Gesellschafts- und Wohnräume, Gemälde, Plastiken und Kunsthandwerk sowie eine bedeutende Sammlung an Meissener Porzellan.

■ **Burg- und Schlossgarten**
Das Schloss umgibt der Burggarten (um 1850), eine reizvolle Anlage mit interessanter Bepflanzung, terrassenförmiger Gestaltung sowie Wasserspielen und Skulpturen. Er erstreckt sich auf mehreren Ebenen. Wer sich nach Überquerung der Schlossbrücke nach links wendet, kommt zunächst zur aus mächtigen Findlingsblöcken aufgetürmten Grotte. Einige Stufen führen zum Brunnen mit der **Plastik Knieender Knabe**, dessen Wasser auf große Muscheln plätschert, die der Großherzog von einer Reise ans Rote Meer mitbrachte. Im Sommer gibt es in der **Orangerie** ein Café, im Winter wird sie zum Quartier für Topf- und Kübelpflanzen. Im **Muschelbrunnenhof** erfreut das den Brunnen umgebende streng geometrische Schmuckbeet das Auge. Vom Orangeriehof führen Treppen auf das Dach der dreiflügeligen Orangerie, auf dem sich ein Teil der Grünanlage befindet – wahrlich eine architektonische Besonderheit

Der Schlossgarten gehört zu den schönsten Anlagen Norddeutschlands. Nicht zu übersehen ist das bronzene **Reiterstandbild Großherzogs Friedrich Franz II.** (1893), für das die Reiterstatue des Marc Aurel in Rom wohl Vorbild war. Die **Permoser-Figuren** am Kreuzkanal erwarb Herzog Christian II. Ludwig zu Mecklenburg-Schwerin (1683–1756) im Jahr 1752, entstanden sind sie in der Werkstatt des berühmten Dresdner Bildhauers Balthasar Permoser. In der südöstlichen Ecke des Schlossgartens errichtete man die **Schleifmühle** (1755), heute die einzige Schauanlage ihrer Art in Deutschland. In ihr sind die steinerne Wandverkleidung für den Thronsaal des Schweriner Schlosses und der aus Granit gefertigte Sarkophag für Herzog Friedrich in der Schlosskirche Ludwigslust entstanden.

■ **Alter Garten**
Staatstheater, Kollegiengebäude, Altes Palais und **Staatliches Museum** bilden gemeinsam mit dem Schloss ein bedeutendes architektonisches Ensemble am Alten Garten. Wer die ausladende Freitreppe zum Staatlichen Museum (1877–

Das Denkmal für den Großherzog Friedrich Franz II.

Die Orangerie im Schweriner Burggarten

1882) hinaufsteigt und eintritt, ist überrascht von den unglaublichen Schätzen im größten Kunstmuseum des Landes: 3600 Gemälde, darunter Werke so bedeutender Künstler wie Lucas Cranach, Max Liebermann, Lovis Corinth, Peter Paul Rubens, Rembrandt und dem französischen Hofmaler Jean-Baptiste Oudry. Von Carl Fabritius gibt es auf der ganzen Welt nur noch acht handsignierte Werke, eins davon in Deutschland – die weltbekannte ›Torwache‹ (1654) hängt in Schwerin. Aus Platzmangel kann leider nur ein kleiner Teil der Schätze gezeigt werden.

Das im Stil der Neorenaissance erbaute **Mecklenburgische Staatstheater** (1883–1885) begeistert bis in die Gegenwart mit künstlerisch bedeutenden Aufführungen. Das **Alte Palais** (1791), auch Alexandrinenpalais genannt, das mehreren mecklenburgischen Herzoginnen als Witwensitz diente, steht an der Ecke Alter Garten/Schlossstraße. Gegenüber befindet sich das dreiflügelige **Regierungs- und Kollegiengebäude** (1825–1834), das heute unter anderem die Staatskanzlei beherbergt. Die Siegessäule (1874) an der Südwestseite des Platzes entstand nach römischem Vorbild und erinnert an den Sieg über Frankreich im Krieg 1870/71.

Vom Alten Garten ist es nicht weit bis zum langgestreckten **Marstall** (1838–1842) in der Werderstraße. Hier waren einst die herzoglichen Pferde untergebracht, in den angrenzenden Gebäuden befanden sich Unterkünfte für Bedienstete.

■ Marktplatz

Den Marktplatz umrahmen stattliche Bürgerhäuser, zu denen das weiße klassizistische **Neue Gebäude** (1783–1885) mit seinen 14 dorischen Säulen kontrastiert. Es wurde einst ›Krambudengebäude‹ genannt, denn es entstand als Markthalle, um die Krämer und Händler mit ihren Verkaufsbuden unterzubringen. Das **Denkmal** für den Stadtgründer Heinrich den Löwen wurde 1995 aufgestellt. Auf einem viereinhalb Meter hohen Sockel steht der ein Meter große Löwe, die Seitenbilder erzählen Episoden aus dem Leben des berühmten Sachsen. Das **Altstädtische Rathaus**, das 1834/35 mit einer Schaufassade im Stil der Tudorgotik versehen wurde, begrenzt die Ostseite des Platzes.

■ Dom

Vom Dom mit seinem 117,5 Metern hohen, alles überragenden Turm, der dem gewaltigen Backsteinbau erst 1889–1892 angefügt wurde, bietet sich ein unvergleichbares Panorama. Das auffälligste Ausstattungsstück in dem Gotteshaus mit einer Länge von 100 Metern ist das prächtige **Triumphkreuz** (1420) aus der zerstörten Wismarer Marienkirche. Kostbarkeiten sind ebenfalls der hölzerne **Flügelaltar** (1495) mit dem figurenreichen Sandsteinrelief (um 1420) in der Mitte und als ältestes Kunstwerk das bronzene **Taufbecken** (1325). Beeindruckende Klangerlebnisse bietet die **Ladegastorgel** (1871), mit 6000 Pfeifen und 84 Registern die größte Orgel Mecklenburgs.

■ Pfaffenteich

Die Natur hat Schwerin reich mit Wasser beschenkt, insgesamt sieben Seen kann die Stadt vorweisen. Dennoch haben sich die Schweriner zusätzlich noch ein künstliches Gewässer geschaffen. Unmittelbar am historischen Stadtkern entstand der Pfaffenteich, der ›Papendiek‹, wie die Einheimischen plattdeutsch zu ihrer ›Binnenalster‹ sagen. Über das Gewässer verkehrt ein Fährboot, im Volksmund ›Pfaffenteichkreuzer‹ genannt. 1879 hieß es zum ersten Mal ›Fährmann, hol über!‹ Am Teich endet die Hauptgeschäftsstraße der Stadt, die Mecklenburgstraße, an einer großflächig gepflasterten Terrasse mit einer davor gelagerten, bis ins Wasser reichenden Granittreppe. Umkränzt wird der 13 Hektar große Pfaffenteich von repräsentativen Bauten: dem spätklassizistischen **Kücken-Haus** (1868) an der Ecke August-Bebel-Straße/Friedrichstraße, benannt nach dem Hofkomponisten Friedrich Wilhelm Kücken, dem **Kommandantenhaus** (1842) an der Ecke Bischofstraße und dem villenartigen **Wohnhaus** (1842–1844) des Baumeisters Georg Adolph Demmler an der Ecke Arsenal-/Mecklenburgstraße, dem Schwerin zu großem Teil seine städtebauliche Schönheit verdankt. An der Ostseite befindet sich das im Stil der Tudorgotik errichtete **Arsenal** (1840–1844), einer der bekanntesten Demmler-Bauten. Jahrzehntelang strahlte das Bauwerk in blendendem Weiß, als es sich nach der Sanierung plötzlich ockerfarben zeigte, waren die Schweriner entrüstet. Doch die Denkmalpfleger konnten überzeugen: Es gibt keinen Zweifel, Ocker war die seinerzeit von Baumeister Demmler gewählte Farbe. Hinter dem Arsenal steht die **Paulskirche** (1863–1869), der wichtigste neogotische Kirchenbau Mecklenburgs.

■ Weitere Sehenswürdigkeiten

Östlich des Pfaffenteichs erstreckt sich die ab 1705 planmäßig angelegte Schelfstadt, mit der Herzog Friedrich Wilhelm (1675–1713) seine Residenz erweiterte. Überragt wird das Gebiet von der backsteinernen **Schelfkirche** (1708–1813), die offiziell St. Nikolaikirche heißt. Sie war der erste größere Kirchenbau in Mecklenburg nach der Reformation.
Die Puschkinstraße in Richtung Marktplatz weiterlaufend, erreicht man das **Schleswig-Holstein-Haus**, das zu einem

Das Neue Gebäude am Markt

Im Freilichtmuseum Schwerin-Mueß

städtischen Zentrum der Kultur avancierte. Wenige Schritte weiter auf der gegenüberliegenden Straßenseite befindet sich das **Neustädtische Palais**, in Schwerin nur als Marienpalais bekannt, weil in ihm bis 1920 die Witwe Großherzogs Friedrich Franz II., Großherzogin Marie, wohnte. Das wiederholt umgebaute Bauwerk zeigt sich seit 1878 im Stil der französischen Renaissance. Nicht weit von hier ist es bis zur **Traditionsgaststätte Wöhlers historische Wein- und Bierstuben** an der Ecke zur Fischerstraße. Das Fachwerkhaus von 1819 war zu DDR-Zeiten so verfallen, dass es bauamtlich gesperrt werden musste. Eine kostspielige Restaurierung hat es wieder zu dem gemacht, was es einst war: das wohl beliebteste Schweriner Restaurant. Außerhalb der Altstadt, vorbei am idyllisch zwischen Schweriner und Faulem See gelegenen **Zoo**, erreicht man im Neubaugebiet Großer Dreesch den 136 Meter hohe **Fernsehturm** (1964), in dem es in fast 100 Meter Höhe einen Aussichtsrundgang und ein Café-Restaurant gibt.

■ Am Stadtrand

Wer vom Fernsehturm weiterfährt, kommt in das nach Schwerin eingemeindete Dorf Mueß, das überregional durch das **Freilichtmuseum** bekannt wurde. Viele Häuser des Dorfes, so ein 300 Jahre altes niederdeutsches Hallenhaus, die Dorfschmiede und die Dorfschule, gehören dazu. Insgesamt zeigen 17 museal eingerichtete Gebäude und Objekte die Arbeits- und Lebensverhältnisse der ländlichen Bevölkerung in der Zeit vom 17. bis zum 20. Jahrhundert.

Schwerin und Umgebung

PLZ: 19055.
Vorwahl: 0385.
Tourist-Information, Am Markt 14/Rathaus, Schwerin, Tel. 59252-12/-14, www.schwerin.info
Tipp: Schwerin-Ticket: Das Ticket bietet freie Fahrt mit dem öffentlichen Nahverkehr und Ermäßigungen auf den Eintritts- oder Fahrpreis beim Besuch diverser Museen, Sehenswürdigkeiten und Stadtrundfahrten. Das Tagesticket kostet 5, für Kinder 3 €, das 2-Tages-Ticket 7 bzw. 4 €.

Carathotel, Bleicher Ufer 23, Tel. 57550, www.carat-hotel-schwerin.de, 99 Zi., DZ/F

ab 80 €. Am Ufer des Ostorfer Sees gelegen, maritime Atmosphäre im Haus, gediegene Zimmer.
Hotel Elefant, Goethestraße 39–41, Tel. 54080, www.hotel-elefant.de, 33 Zi., DZ/F ab 75 €. Historisches Stadthotel im Stil des 19. Jh., moderner Komfort, die Zimmer sind im Kolonialstil eingerichtet.
Hotel Arte, Dorfstraße 6, OT Krebsförden, Tel. 63450, www.hotel-arte.de, 40 Zi., DZ/F ab 85 €. Das rekonstruierte Bauernhaus wurde zum Vier-Sterne-Hotel. Ländliches mediterranes Ambiente.
Hotel Pension am Theater, Theaterstr. 1–3, Tel. 593680, www.schwerin-pension.de, 18 Zi., DZ/F ab 69 €. Angenehme Zimmer und Appartements in unmittelbarer Nachbarschaft zu Schloss und Theater.
Ferienpark Retgendorf, Kiefernweg 1, Dobin am See/OT Retgendorf, Tel. 03866/46030, www.ferienpark-retgendorf.de, 28 Zi., 24 Ferienhäuser, DZ/F ab 72 €, FH 69–165 €. 12 km von Schwerin entfernte, großzügig angelegte Hotelanlage im Kiefernwald mit Seezugang. Großer Wellnessbereich mit Saunalandschaft, Whirlpool und Massageangeboten. Fahrrad- und Bootsverleih, Reitunterricht, Surf- und Kiteschule.

Seecamping Flessenow, Am Schweriner See 1a, Dobin am See/OT Flessenow, Tel. 03866/81491, www.seecamping.de, 15 km von Schwerin entfernt, April–Okt. geöffnet. Am Ostufer des Schweriner Sees, in urwüchsige Natur eingebettet. Platzeigene Surfschule Aquatic (www.boardcenter.de).

Fischrestaurant Lukas, Großer Moor 5, Tel. 565935, www.restaurant-lukas.de, tgl., Hauptgerichte 10–18 €. Auf Fischgerichte spezialisiertes Restaurant, der Fisch kommt vorwiegend frisch aus der Region.
Restaurant Domhof, Domhof 6, Tel. 5814599, www.domhof-schwerin.de, tgl., Hauptgerichte 10–16 €. Modernes Ambiente in der Domhof-Lounge mit offener Küche. Die Bier- und Weinbar ist den Rauchern vorbehalten.
Alt-Schweriner Schankstuben, Am Schlachtermarkt 9–13, Tel. 5925313, www.schankstuben.de, tgl., Hauptgerichte 8–16 €. Regionale Gerichte z.B. ›Meckelbörger Nackenbraten mit Backaaft‹ (Mecklenburger Nackenbraten mit Dörrobst gefüllt).
Altstadtbrauhaus ›Zum Stadtkrug‹, Wismarsche Straße 126, Tel. 5936693, www.altstadtbrauhaus.de, tgl., Hauptgerichte 8–17 €. Einzige Gasthausbrauerei Schwerins, lockere rustikale Atmosphäre. Hauseigenes ›Schweriner Altstadtbräu‹ hell und dunkel, regionale Küche.

Classic Café Röntgen, Am Markt 1, Tel. 5213740, www.classic-conditorei.com, tgl. Im historischen Säulengebäude am Marktplatz. Frische hausgemachte Torten, Kuchen und Gebäckstücke, auch herzhafte Snacks und ein umfangreiches Frühstück.
Café Prag, Schlossstr. 17, Tel. 565909, www.restaurant-cafe-prag.de, tgl. Leckere Torten und Kuchen vom Blech verführen im traditionsreichsten Kaffeehaus Schwerins seit 1755, auch gutbürgerliche Küche.

M8 Club, Mecklenburgstr. 8, Tel. 5007880, www.m8-schwerin.de. Feiern im besonderen Flair mit hochkarätigen DJs und Musikern aus dem gesamten Bundesgebiet. Dazu gibt es exklusive Getränke und Cocktails.

Historisches Weinhaus Wöhler, Puschkinstr. 26, Tel. 5213236, www.weinhaus-woehler.com, tgl. 9.30–22 Uhr. Weinhandlung mit internationalem Angebot, Weinverkostungen. Auch Restaurant mit regionaler Küche, Hauptgerichte ab 10 €.
Weinhandel & Kochschule Krömer, Goe-

thestr. 87, Ecke Geschwister-Scholl-Straße, Tel. 5559666, www.kroemer-schwerin.de, www.weinhaus-kroemer.de, Mo-Sa 10-18 Uhr. Auswahl von über 600 Weinen, Weinverkostungen am ersten Do, Fr, Sa im Monat, Kochschule, viele Veranstaltungen. Im Restaurant Mittagstisch von 12-14 Uhr.

Staatliches Museum Schwerin/Galerie Alte und Neue Meister, Alter Garten 3, Tel. 59580, www.museum-schwerin.de, 15. April-14. Okt. Di, Mi, Fr-So 10-18, Do 12-20 Uhr, 15. Okt.-14. April Di, Mi, Fr-So 10-17, Do 13-20 Uhr, öffentliche Führungen Sa 12, So 11 Uhr.
Staatliches Museum Schwerin/Schlossmuseum, Lennéstr. 1, Tel. 5252920, www.schloss-schwerin.de, Di-So 15. April-14. Oktober 10-18 Uhr, Führungen Bel- und Festetage Di-So 11, 13.30 Uhr, zusätzlich Mai/Juni Sa/So 15 sowie Juli/Aug. Di-So 12 und 15 Uhr, 15. Okt.-14.April 10-17 Uhr, Führungen Bel- und Festetage Di-Fr 11.30, Sa/So 11.30 und 13.30 Uhr.
Freilichtmuseum Schwerin-Mueß, Alte Crivitzer Landstr. 13, OT Mueß, Tel. 208410, www.schwerin.de/freilichtmuseum, Di-So April-Sept. 10-18, Oktober 10-17 Uhr.
Schleifmühle, Schleifmühlenweg 1, Tel. 562751, www.schleifmuehle-schwerin.de, Ostern-Anfang November tgl. 10-17 Uhr.
Schweriner Fernsehturm, Hamburger Allee 72-74, Tel. 2010020, www.schwerinerfernsehturm.de, Mo-Do 11.30-22.30, Fr 11.30-23, Sa 11-23, So 11-22 Uhr.
Zoo Schwerin, An der Crivitzer Chaussee 1, Tel. 395510, www.zoo-schwerin.de, Febr./März tgl. 10-16, April-Mitte Okt. Mo-Fr 9-17, Sa/So 9-18 Uhr, Mitte-Ende Okt. Mo-Fr 9-16, Sa/So 9-17, Nov.-Jan. tgl. 10-15 Uhr.

Mecklenburgisches Staatstheater, Alter Garten 2, Tel. 5300123, www.theater-schwerin.de. Schauspiel, Musiktheater, Ballett.

Schlossfestspiele, Sommer, www.theater-schwerin.de, Tickets Tel. 5300125, große Opern-Open-Air-Aufführungen vor der Kulisse des Schweriner Schlosses.
Schweriner Kultur-und Gartensommer, April-Sept., www.schwerinergartensommer.de. Ein buntes Kaleidoskop an kulturellen Veranstaltungen, Musik und Kunst, Kulinarik und Natur rund um das Schweriner Schloss.
Filmkunstfest Mecklenburg-Vorpommern, Anfang Mai, Spiel- und Kurzfilmwettbewerb kulturell und gesellschaftlich engagierter Filme.
Schleswig-Holstein-Haus, Puschkinstr. 12, Tel. 20238040, tgl. 10-18 Uhr. Kulturforum der Landeshauptstadt, wechselnde Ausstellungen, Veranstaltungsort für Lesungen, Vorträge, Kammermusik.

Tauchen im Schweriner See, **Tauchschule Poseidon**, Campingplatz ›Süduferperle‹ in Raben-Steinfeld, Tel. 03860/312, www.schwerin-tauchen.de, www.sueduferperle.de. Professionelle Tauchschule und Tauchausrüster.

Schiffsrundfahrten über den Schweriner See und die anliegenden Gewässer in klimatisierten Schiffen oder mit dem Oldtimer ›Elfriede‹, April-Okt., Tel. 557770, www.weisseflotteschwerin.de.

Winston-Golf, Kranichweg 1, Gneven OT Vorbeck, Tel. 03860/5020, www.winstongolf.de. Traumhafte Ausblicke in die Landschaft bietet diese 27-Löcher-Anlage.

In der Innenstadt, den Passagen und großen Einkaufszentren laden viele Geschäfte zum Besuch ein. Ob Spezialitäten aus der Region, Originelles, Kunstvolles, Nützliches und Überflüssiges: Immer macht es Spaß zu flanieren und das Flair der Stadt zu genießen.

Zwischen Poel und Rostock

Flache Sandstrände wechseln mit Steilküste ab, sogar einen Gespensterwald gibt es – bei Nienhagen zieht er sich oberhalb des Strandes entlang. Die Region zwischen Poel und Rostock bietet all das, was man sich wünscht: abwechslungsreiche Natur und Badeorte für jeden; ruhig und verträumt wie auf der Insel Poel und wie das nicht minder beschauliche Rerik, voller Betriebsamkeit wie die Ostseebäder Kühlungsborn und Warnemünde. Beeindruckende Backsteinarchitektur gibt es in der Hansestadt Rostock zu bewundern.

Insel Poel

Mit rohrgedeckten Häusern, weidenden Schafen auf den Wiesen und schaukelnden Fischerbooten auf dem Boddengewässer ist Poel ein idyllisches, stilles Fleckchen Erde. Das Land ist flach wie eine Flunder; Spötter behaupten, hier könne man schon am Donnerstag sehen, wer am Samstag zu Besuch kommt. Die Wismarer haben das 20 Kilometer entfernte Poel (2700 Einwohner) zu ihrem beliebtesten Naherholungsziel erkoren. Poel, mit 37 Quadratkilometern die drittgrößte Insel Mecklenburg-Vorpommerns, gilt vor allem als Radlerparadies, weil keine Steigungen bewältigt werden müssen. Die höchste Erhebung, der Kickelberg nordwestlich von Kirchdorf, kommt gerade mal auf 25 Meter. Eine richtige Insel ist Poel allerdings schon seit 1760 nicht mehr, denn in diesem Jahr wurde sie mit dem Festland durch einen Damm verbunden. Luxushotels darf man auf Poel nicht erwarten, auch keine Gourmetrestaurants, und Strandpromenaden zum abendlichen Flanieren fehlen ebenfalls. Wer Trubel und Events sucht, hat sich mit Poel als

Blick auf Kirchdorf

Ferienziel vergriffen, hier scheinen die Uhren anders zu gehen: Hektik und Hast kennt auf Poel niemand, und im Winter wünschen sich auf der Insel Fuchs und Hase gute Nacht.

■ Eine Rundfahrt

Bei der Rundfahrt über Poel vermischen sich das Hufgetrappel der Pferde und das Klingeln der Fahrräder mit den Melodien von Wind und Meeresrauschen. In **Kirchdorf**, dem Hauptort der Insel, hat fast die Hälfte der Insulaner ihr Zuhause. Hier ragt von der gotischen **Kirche** (13. Jahrhundert) der 47 Meter hohe, achteckige Turm aus dem flachen Land hervor. Der große einschiffige Backsteinbau steht auf den Wallanlagen, die um 1620 in Form eines fünfzackigen Sterns entstanden sind. Die Wälle umgaben die Kirche sowie das nicht mehr vorhandene Schloss und die Nebengebäude. Von der Höhe aus bietet sich ein schöner Blick hinunter auf den Kirchdorfer **Yachthafen**. Die alte Kirchdorfer Schule (1806), eine der ältesten erhalten gebliebenen in Mecklenburg, nahm das **Inselmuseum** auf. Erinnert wird in dem Museum – wie in Grevesmühlen – auch an eine der größten Schiffskatastrophen. Britische Bomber versenkten am Ende des Zweiten Weltkrieges die drei Schiffe ›Thielbeck‹, ›Athen‹ und ›Cap Arcona‹, weil sie glaubten, dass Nationalsozialisten mit ihnen flüchten wollten. Doch auf den Schiffen befanden sich rund 10 000 Häftlinge aus dem Konzentrationslager Neuengamme, die die NS-Zeit überlebt hatten. Kurz vor der Befreiung kamen daher etwa 7000 Menschen aus 24 Nationen auf tragische Weise ums Leben. An die Toten erinnert auch eine **Gedenkstätte** am Schwarzen Busch, wo einige der Toten ihre letzte Ruhestätte fanden.

Vom Gollwitzer Strand sieht man die einen Kilometer lange und etwa 300 Meter breite **Insel Langenwerder**, die für Vögel reserviert ist. Die baumlose Insel trägt bereits seit 1910 den Status ›Vogelschutzgebiet‹.

Badeleben herrscht in den Sommermonaten vor allem in **Timmendorf** am Weststrand der Insel. Rund um den kleinen Hafen haben sich Restaurants angesiedelt, der **Leuchtturm** schickt seit 1871/72 sein Licht hinaus in die Wismar Bucht, sein heutiges Aussehen erhielt er zwischen 1930 und 1932.

Die Schwedenstraße

Scherzhaft bezeichnen sich die Einwohner von Wismar und der Insel Poel als Südschweden – gehörte doch dieser Küstenteil des heutigen Bundeslandes Mecklenburg-Vorpommern rund zweieinhalb Jahrhunderte zu Schweden. Die Erinnerung an die schwedische Zeit im Nordosten Deutschlands hält die Schwedenstraße wach. Schwedische Truppen besetzten Wismar erstmals 1632, im Dreißigjährigen Krieg. 1648 bekam Schweden im Westfälischen Frieden die Stadt sowie die Insel Poel und das Amt Neukloster zugesprochen. Die Schweden ließen sich hier häuslich nieder, vieles erinnert noch an ihre Herrschaft. So bauten sie Wismar zur ›größten Seefestung Europas‹ aus, mit dem Zeughaus hinterließen sie eines der bedeutendsten barocken Zeugnisse schwedischer Militärarchitektur in Deutschland. Das gewaltige Waffenarsenal war im Laufe der Jahre baufällig geworden, ab 1993 wurde es sorgfältig restauriert. Für die originalgetreue Wiederherstellung des schwedischen Königswappens spendete der gegenwärtig regierende König Carl XVI. Gustav von Schweden 80 000 Kronen. Schwedisch kann heute in dieser Region kaum einer sprechen, das war vor rund 200 Jahren nicht viel anders. Nur für diejenigen, die Beamte werden wollten, war das Erlernen der Sprache notwendig. Aber sie mussten sich nicht einmal schwedisches Recht aneignen, denn es galt weiterhin deutsches Recht.

Die Schwedenstraße führt von Wismar nach Stralsund, denn von 1648 bis 1815, also vom Westfälischen Frieden bis zum Wiener Kongress, gehörte Vorpommern ebenfalls zur schwedischen Krone. Über Greifswald verläuft die touristische Route nach Wolgast, wo sich von 1665 bis 1680 der Sitz der schwedischen Verwaltung und des Generalgouverneurs befand. Die Schwedenzeit begann am 6. Juli 1630 mit der Landung eines großen schwedischen Heeres im nahen Peenemünde auf der Insel Usedom, sie endete 1903. Hundert Jahre zuvor hatte Schweden gegen eine Zahlung von 1,25 Millionen Talern Wismar, die Insel Poel und das Amt Neukloster dem Herzogtum Mecklenburg-Schwerin auf 99 Jahre zum Pfand überlassen. Hätte Schweden im Vertrag von Stockholm am 20. Juni 1903 vertraglich nicht auf dieses Pfand verzichtet, wäre diese Region von Mecklenburg-Vorpommern vermutlich heute noch schwedisch.

Schwedischer Postsegler vor der Insel Poel

■ Stove

Die Flügel der sieben Kilometer von Poel entfernt liegenden **Erdholländermühle** in Stove drehten sich 1889 zum ersten Mal. Einige Daten für Mühlenbegeisterte: Die Höhe des Bauwerks beträgt 15 Meter, die Windrose, die die Flügel automatisch in den Wind dreht, hat einen Durchmesser von 3,50 Metern und das Flügelkreuz mit Jalousieflügeln einen von 22 Metern. Bis zu ihrer Stilllegung 1976 arbeitete die Mühle vorrangig mit Windkraft. Seit vielen Jahren ist sie schon Museum. Wer den Weg vom Korn zum Brot verfolgen möchte, geht wenige Meter weiter zum **Dorfmuseum**.

Die Erdholländermühle in Stove

■ Neubukow

Östlich von Poel, an der B 105, liegt Neubukow (3900 Einwohner). Der Ort entstand Mitte des 13. Jahrhunderts im flachwelligen Küstenland planmäßig an der Stelle eines slawischen Dorfes. Aus dieser Zeit stammt die **Stadtkirche**. 200 Jahre später hatte man vermutlich wieder Geld, denn dann baute man den Westturm hinzu. Die neogotische Ausstattung mit der figürlichen Glasmalerei im Chorfenster, die Orgel und das Gestühl rühren von der Restaurierung 1857/58. Der Taufstein kam zur Erbauungszeit um 1250 in die Kirche. Im **Pfarrhaus** wurde 1822 der Altertumsforscher Heinrich Schliemann geboren, der Nachfolgebau trägt eine Gedenktafel. Eine solche wurde auch an der **Gaststätte Stadt Hamburg** am Markt angebracht. Diese informiert, dass hier 1841 und 1883 Heinrich Schliemann ›Einkehr‹ hielt. Gegenüber dem Pfarrhaus erinnert eine **Stele** (1990) an Schliemann und einige Schritte weiter eine **Gedenkstätte**. In der sind einige Originalfundstücke aus Troja, Nachbildungen von Funden aus Mykene sowie Dokumente und Sachzeugen zu sehen, die an die Kindheit und Jugend von Schliemann erinnern.

ℹ Insel Poel und Umgebung

PLZ: 23999.
Vorwahl: 038425.
Kurverwaltung Ostseebad Insel Poel, Wismarsche Straße 2, Ostseebad Insel Poel/OT Kirchdorf, Tel. 20347, www.insel-poel.de.

🛏

Appartementhotel Gutspark Wangern, Wangern Nr. 17, Tel. 4440, www.insel-poel.com. 12 App., ab 67 € (für 2 Personen). Naturnahes Wohnen in einem ehemaligen Gutshaus mit großem Park. Wirtshaus mit regionaler Küche (Tel. 21295, tgl., Hauptgerichte 12–18 €).
Inselhotel Poel, Gollwitz Nr. 6, Tel. 240, www.travdo-hotels.de, 46 Zi., DZ/F ab 90 €. Familienfreundliches Hotel, 150 m von der Ostsee entfernt, vielseitiges Freizeitangebot. Alle Anlagen stehen auch Nicht-Hotelgästen zur Verfügung.

⛺

Campingplatz Leuchtturm, Timmendorf Strand, Tel. 20224, Ostern–Oktober. Direkt hinter der Düne des Strandes von Timmendorf, modern ausgestatteter Campingplatz mit Stellplätzen für Zelte, Wohnwagen, Wohnmobile, umfangreiches Freizeitangebot.

🍴

Poeler Forellenhof, Niendorf Nr. 13, Tel. 4200, www.poeler-forellenhof.de, tgl., Hauptgerichte 10–14 €. Umfangreiches frisches Fischangebot, hauseigene Räucherei.
Strandperle, Am Schwarzen Busch, Tel. 20712, Mai–Okt. tgl., Nov.–April Sa/So, Hauptgerichte 8–12 €. Restaurant und Terrassencafé am Strand.
Stilbruch, Haus Nr. 15, Tel. 42246, www.hausmargarete.homepage.t-online.de, Saison tgl., sonst Fr–So, Hauptgerichte 8–12 €. Mediterrane Küche zu moderaten Preisen.

☕

Café Frieda, Oertzenhof Nr. 4, Tel. 429820, www.cafe-frieda.de, April–Okt. tgl., Nov.–März Fr–So, Jan. geschl., Kunst und Kulinarisches: nette Atmosphäre, hausgebackener Kuchen, Kaffee- und Teespezialitäten, Ausstellungen und Veranstaltungen.

🏛

Inselmuseum Poel, Möwenweg 4, Kirchdorf, Tel. 20732, 15. Mai–14. Sept. Di–So 10–16 Uhr, 15. Sept.–14. Mai Di, Mi, Sa 10–12 Uhr.

Windmühle und Dorfmuseum Stove, Dorfstr. 24/Mühlenstr. 34, Stove, Tel. 038427/2801 (Mühle), Tel. 038427/64446 (Museum) www.muehlenverein-stove.de, April–Okt. Di–So 10–16 Uhr, Juli/Aug. tgl. 10–18 Uhr.
Heinrich-Schliemann-Gedenkstätte, Am Brink 1, Neubukow, Tel. 038294/16690, www.neubukow.de, 15. Mai–14. Sept. Di–Fr 10–17, Sa 11–17, So 14–17, 15. Sept.–14. Mai Di–Fr 10–16, Sa 14–16 Uhr.

🐎

Reiterhof Plath, Strandstraße 31, Timmendorf, Tel. 20760, www.reitanlage-plath.de. Reiterferien, Unterricht oder Urlaub mit dem eigenen Pferd. Auch Gästezimmer und Ferienwohnungen (DZ/F ab 58 €, Fewo ab 35 €).

🏊

Gute Bademöglichkeiten, vor allem für Familien mit kleinen Kindern, da die Ostsee sehr flach ist und man weit hineinlaufen kann.

⛵

Schiffsfahrten von Kirchdorf nach Wismar, www.reederei-clermont.de
Verleih von führerscheinfreien **Motorbooten** im Poeler Forellenhof, Niendorf, www.poeler-forellenhof.de.

Rerik

Das kleine Rerik (2300 Einwohner) konnte sich seinen ländlichen Charakter bis heute bewahren, es gehört zu den ruhigen Ostseebädern an der Mecklenburgischen Ostseeküste. Unmittelbar am Sandstrand ragt bei der 170 Meter langen Seebrücke der **Schmiedeberg** auf, eine Holztreppe führt zu einem Aussichtspavillon auf der Höhe. Von hier reicht der Blick weit hinaus auf die schier endlos erscheinende Ostsee und westlich zur rund zehn Quadratkilometer großen Halbinsel Wustrow, die von 1935 bis zum Abzug der russischen Truppen 1993 militärisches Sperrgebiet war und bis heute aus Sicherheitsgründen nicht zugänglich ist. Die gesamte Halbinsel wurde, entgegen dem Willen der Einheimischen, an eine Investmentgruppe verkauft, die die Errichtung einer exklusiven Ferienhausanlage versprach. Doch daraus wurde bis heute nichts, weil es vermutlich am erforderlichen Geld fehlt. Vom einstigen slawischen Burgwall auf dem Schmiedeberg blieben nur Reste erhalten, die Ostsee hat die Anlage weitestgehend abgetragen. Als 1935 archäologische Untersuchungen erfolgten, kam man zu dem irrigen Ergebnis, den historisch überlieferten frühmittelalterlichen Handelsplatz ›Reric‹ gefunden zu haben. Wikingerkönig Gudfred soll ihn 808 zerstört haben. Daraufhin wurde der Ort Alt Gaarz am 1. April 1938 in Rerik umbenannt, das Stadtrecht gab es gleich dazu. Bei neueren Ausgrabungen in den 1990er Jahren stellte man jedoch fest, dass der alte Handelsplatz mit hoher Wahrscheinlichkeit westlich von Groß Strömkendorf im nordöstlichen Bereich der Wismarbucht gelegen hat. Altes Siedlungsland ist die Reriker Gegend aber auf jeden Fall, das bezeugen mehrere Großsteingräber aus der jüngeren Steinzeit.

Die dreischiffige Reriker **Hallenkirche** (1250–1275), ein frühgotischer Backsteinbau auf Feldsteinsockel, gehört zu den beachtenswerten Sakralbauten, die das frühe Mittelalter an der Küste hervorgebracht hat. Die Legende berichtet, die dänische Königin Margaretha habe die Kirche gestiftet, weil Reriker Fischer sie vor dem Ertrinken gerettet haben. Im Inneren überrascht die beeindruckende **Ausmalung** mit Ornamenten, Engelsfiguren, Spruchbändern und Apostelgestalten, die Heinrich Grewe aus Wismar geschaffen hat. Bei einer Renovierung in den 1970er Jahren entdeckte man sogar Teile der Originalbemalung von 1300. Raumbestimmend sind die barocken Ausstattungsstücke wie der Altaraufsatz, die Kanzel und der Orgelprospekt aus dem 18. Jahrhundert. Ein kleines Backsteinhaus an der Hauptstraße beherbergt das sehenswerte **Heimatmuseum**.

Der Aufgang zum Reriker Schmiedeberg

Rerik
PLZ: 18230.
Vorwahl: 038296.
Kurverwaltung, Dünenstraße 7, Ostseebad Rerik, Tel. 78429, www.rerik.de.

Ostseeresidenz Gendarm, Hauptstraße 5, OT Wischuer, Tel. 038294/7000, www.ostseeresidenz.de, 20 Zi., DZ/F ab 65 €. Ruhige Naturlage, schöne Apartments.
Pension Haffidyll, Haffstraße 13, Tel. 70456, www.haffidyll-rerik.de, 22 Zi., DZ/F ab 60 €. Am Salzhaff, gute Küche.

Campingpark Rerik, Straße am Zeltplatz 8, Tel. 0172/3864646, www.campingpark-rerik.de, Mitte März–Okt. Ruhige Lage am Strandabgang ›Teufelsschlucht‹, Bungalows und Wohnwagen sind zu mieten.

Fischgaststätte Steilküste, Parkweg 10, Tel. 78386, im Sommer tgl., Hauptgerichte 9–16 €. Vor allem Fischgerichte, aber auch Thüringer Klöße und Roulade.
Restaurant & Kneipe Weinhold, Strandstr. 2, Tel. 78287, www.weinhold-rerik.de, tgl., Hauptgerichte 9–16 €. Restaurant, Kneipe, Tanzbar im maritimen, rustikalem Charakter. Sa Party (22.30–4.30 Uhr) für Junge und Junggebliebene.
Galerie und Restaurant Bi'n Luchtmaker, Wustrower Straße 19c, Tel. 74744, tgl., Hauptgerichte 8–14 €. Küche mit eigenen Rezeptideen. Wenn etwas von der Ausstattung gefällt, kann es gekauft werden.

Heimatmuseum mit Galerie, Dünenstraße 4, Tel. 0175/4363403, 15. Mai–15. Sept. Di, Mi, Fr 10–12, 14–17, Do 14–18, Sa 14–17, So 15–17 Uhr, 16. Sept.–14. Mai Di 10–12, 14–17, Mi 14–17, Do 14–18, Fr 10–12, Sa/So 14–16 Uhr.

Konzerte in der Kirche, Juni–Sept. Do 20 Uhr.

Vorschläge für Radtouren sowie Reit- und Wandertouren: www.touren-kuehlungs-salzhaff.de.

Lange abwechslungsreiche Strände mit Steilküste und Naturstrand, mit FKK-Abschnitten und Hundestränden. Etwas ruhiger ist das Wasser am Salzhaff. Eine Kneippanlage mit verschiedenen Anwendungsmöglichkeiten gibt es am Salzhaff.

Mehrmals tgl. in der Hauptsaison startet das **MS ›Ostseebad Rerik‹** (Tel. 74761, www.ms-ostseebad-rerik.de) zu Ausflugsfahrten entlang der Wustrower Halbinsel. Das Salzhaff ist besonders geeignet für Segel- und Surfanfänger.
Segelschule Torsten Chudzik, Haffplatz 7, Tel. 0162/2162466, www.segelschule-rerik.de. Schnupperkurse, Grund- und Kinderkurse. Sportbootführerscheine in Theorie und Praxis, Segeltouren.
Surfschule Rerik, am Bootsanleger Wilke am Salzhaff, Telefon 0173/2432501, www.surfschule-rerik.de. Breites Angebot an Kursen und Lehrgängen, ideales Surfrevier, da fast immer gleichmäßige Winde wehen.

Ostseebasis, auf dem Gelände des Ostseecamps ›Seeblick‹ in Rerik-Meschendorf, Tel. 70551 www.ostseebasis.de. Schnuppertauchen, Bootstauchgänge, Wracktauchen, Spezialkurse

Kühlungsborn

Kühlungsborn (7200 Einwohner) gehört zu den lebhaftesten Ostseebädern, zumindest in den Sommermonaten. Das größte Ostseebad Mecklenburgs entstand 1938 durch die Vereinigung der Orte Fulgen, Brunshaupten und Arendsee. Eine drei Kilometer lange **Strandpromenade** sowie die Ostseeallee mit ihren Hotels und Pensionen verbindet Kühlungsborn Ost und Kühlungsborn West miteinander, dahinter erstreckt sich der **Stadtwald**.
Der Stadtteil Ost hat seit 1991 eine 240 Meter lange Seebrücke, im neuen **Yachthafen** gibt es mehr als 400 Liegeplätze. Im Stadtteil West sind die in neobarocken Formen erbaute **Villa Baltic** (1912) und das **Hotel Schloss am Meer** (um 1900) mit den über Eck gestellten Loggien und Balkonen beachtenswert.

In der **Kunsthalle**, einem Jugendstilbau von 1904, kann man oft spannende Ausstellungen besuchen, sogar Picasso wurde hier schon präsentiert.
An die einstige Teilung Kühlungsborns erinnern die beiden **Konzertgärten**. Der im Stadtteil Ost mit seinem rohrgedeckten Säulenpavillon, der heute die Stadtbibliothek beherbergt, und der im Stadtteil West, der sowohl sein Aussehen aus dem Jahr 1928 als auch Veränderungen aus den 1960er Jahren behalten hat, bieten zahlreiche Veranstaltungen unter freiem Himmel.
In Kühlungsborn Ost, direkt an der Strandpromenade unweit der Seebrücke, ragt ein **Ostsee-Grenzturm** auf. Zu DDR-Zeiten standen 27 solcher Türme an der Küste, auf denen sich Grenzsoldaten mit dem Auftrag befanden, die Flucht von DDR-Bürgern über die Ostsee

Zwischen Poel und Rostock

Kühlungsborn gehört zu den größten Badeorten an der Küste

zu entdecken und zu verhindern. In dem Pavillon neben dem Turm gibt es zahlreiche Informationen über das Grenzregime des untergegangenen Staates. Die liebevoll **Molli** genannte Kleinbahn verbindet Kühlungsborn mit Heiligendamm und Bad Doberan. Dampfende Lokomotiven, vom Rauch erfüllter Fahrtwind und die gemächlich vorbeiziehende Landschaft machen die Fahrt zum Erlebnis.

■ Die Umgebung

Den **Leuchtturm** (1878) im drei Kilometer von Kühlungsborn entfernten Bastorf kann man nicht übersehen. In der Höhe misst der Buk genannte Turm zwar nur 21 Meter, aber dank seines Standortes auf dem 78 Meter hohen Berg kommt er insgesamt auf 99 Meter. Damit avancierte er zum topographisch höchstgelegenen Leuchtturm Deutschlands. Wenn man 55 Stufen nach oben gestiegen ist, eröffnet sich bei schönem Wetter ein weiter Blick in westliche Richtung bis Fehmarn. Nach wie vor warnt das Leuchtfeuer des Turms vor den Gefahren bei Einfahrt in die Wismarer Bucht. Das Waldgebiet, das sich in östlicher Richtung erstreckt, wird **Kühlung** genannt, der Diedrichshäger Berg mit 130 Metern ist seine höchste Erhebung. Das kuppige Land bezeichnen die Einheimischen gern als ›Thüringer Wald Norddeutschlands‹. Der Boden des Waldes ist sandig, so dass die Wege selbst bei Regen kaum feucht werden und gut begehbar sind – ein ideales Wandergebiet.

Kühlungsborn und Umgebung
PLZ: 18225.
Vorwahl: 038293.
Touristik-Service Kühlungsborn, Haus des Gastes, Ostseeallee 19, Ostseebad Kühlungsborn, Tel. 8490, www.kuehlungsborn.de.

Hotel Aquamarin & Spa, Hermannstr. 33, Tel. 4020, www.hotel-aquamarin.de, 77 Zi., DZ/F ab 100 €. Geschmackvoll eingerichtete Zimmer und Apartments, Schwimmbad und Wellnessanwendungen.
Strandhotel & Appartmenthaus Sonnenburg, Ostseeallee 15, Tel. 8390, www.strandhotelsonnenburg.de, 29 Zi., 19 Ap., DZ/F ab 90 €. Zimmer im maritimem Landhausstil, zwischen Wald und Strand gelegen.
Hotel Westfalia, Ostseeallee 17–17a, Tel. 4349 0, www.westfalia-kuehlungsborn.de, 15 Zi., DZ/F ab 85 €. Jugendstilvilla mit geschmackvoll eingerichteten Zimmern.
Hotel Edison, Dünenstraße 15, Tel. 420, www.hotel-edison.de, 60 Zi., DZ/F ab 74 €. 300 m von der Ostsee entfernt, Wellnessbereich und Dachterrasse. Die Zimmer verteilen sich auf zwei Gebäude.

Campingpark Kühlungsborn, Waldstraße 1b, Tel. 7195, www.topcamping.de, Ostern–Okt. Familienfreundlicher Campingplatz auf einem 12 ha großen Naturgrundstück direkt am Ostseestrand.

Wilhelms, Strandstraße 37 (im Hotel Neptun), Tel. 630, www.neptun-hotel.de, tgl., Hauptgerichte mittags 10–16 €, abends 15–20 €. Anspruchsvolle Speisekarte, frisch zubereitete vorzügliche Gerichte.
Vielmeer, Hafenstr. 4, Tel. 41741, www.vielmeer.com, tgl., Hauptgerichte 9–18 €. Vielgelobtes Restaurant am Yachthafen mit einer regionalen, asiatisch verfeinerten Küche. Auch Yachtcharter möglich.
Fischkiste, Dünenstraße 1, Tel. 607882, www.restaurant-fischkiste.de, tgl., Nov.–Jan geschl., Hauptgerichte 8–15 €. Fischspezialitäten von Matjes bis Maischolle, von Dorsch bis Karpfen, alles frisch zubereitet.

Café Röntgen, Strandstraße 30a (Stammhaus), Tel. 78163 und Ostseeallee 45, Tel. 60951, www.classic-conditorei.com, tgl. Feine Konditoreiwaren in eleganten Cafés, Dependancen in Ost- und West-Kühlungsborn.
Valentins, Café und Restaurant am Bastorfer Leuchtturm, Zum Leuchtturm 8, Bastorf, Tel. 410270, www.valentins-cafe.de, tgl. Am Leuchtturm bietet das Café hausgemachte Torten, Kuchen und sonstige Leckereien sowie einen wunderbaren Blick auf die Ostsee und Kühlungsborn.

Kunsthalle, Ostseeallee 48, Tel. 7540, www.kunsthalle-kuehlungsborn.de, Di-So 12–17 Uhr.
Grenzturm, Am Strand, Fr 15–17, im Sommer Di und Fr 15–17 Uhr.
Leuchtturm Buk, Bastorf, Sommer tgl. 11–17, Winter tgl. 11–16 Uhr.

Sea & Sand, Wochenende nach der Sommersonnenwende, Musikfestival mit Live-

Musik am Strand, der Promenade, im Bootshafen.
Promenadenfest, Anfang Aug., ein abwechslungsreiches Programm entlang der 4,8 km langen Strandpromenade.
Kunsthalle, Ostseeallee 48, Tel. 7540, www.kunsthalle-kuehlungsborn. Rund 50, vor allem klassische Konzerte finden jährlich statt, u.a. das Internationale Gitarrenfestival (Aug.), das Jazz-Meeting-Kühlungsborn (Juli) oder die Kammermusikreihe.
Konzertgarten Ost und Konzertgarten West, das ganze Jahr über Veranstaltungen unter freiem Himmel, im Konzertgarten West gibt es im Winter eine Eisbahn.

Reiterhof Böldt, Fulgen 1, Tel. 15603, www.reiterhof-boeldt.de, Reitstunden für Anfänger und Fortgeschrittene in der Reithalle, Longenstunden, Pony führen, Pferdepension. Terminabsprache Tel. 0172/2143421.

Kletterwald Kühlungsborn, im Stadtwald (Ostseeallee Höhe Nr. 25), Tel. 417623, www.kletterwald-kuehlungsborn.de, Mitte März–Okt. geöffnet, Sommer- und Herbstferien tgl. 10–16 Uhr, sonst verschiedene Ruhetage. Sieben verschiedene Parcours mit rund 100 Elementen in unterschiedlichem Schwierigkeitsgrad. 103 m geht es per Seilbahn quer durch den Wald.

Bootsverleih Kühlungsborn, Am Bootshafen, Tel. 0172/4210307, www.kuehlungsborn-bootshafen.de, www.bootsverleih-ostsee.de. Vermietung von Booten und Yachten unterschiedlicher Größe.
Wassersport Center Kühlungsborn, Anglersteig 2, Tel. 14026, www.wassersportcenter.de. Grundkurse Segeln, Surfen, Katamaran; Vermietung von führerscheinfreien Booten, Surfboards, Angelbooten, Yachtcharter, Hochseeangeln, Mitsegeln, Tauchen.

Ostsee Golfresort Wittenbeck, Zum Belvedere, Wittenbeck, Tel. 410090, www.golf-resort-wittenbeck.de. 18-Loch-Meisterschaftsplatz Eickhof und 9-Loch-Platz Höstingen mit Rundblick auf die Ostsee.

Heiligendamm

›Weiße Stadt am Meer‹ wird Heiligendamm wegen seiner hellen klassizistischen Bauten gern genannt. Der Ort gilt als Geburtsstätte des Badelebens an der Ostseeküste. Als Gründungsurkunde könnte man das Schreiben bezeichnen, das der Rostocker Arzt Samuel Gottlieb Vogel am 8. September 1793 Herzog Friedrich Franz I. zu Mecklenburg-Schwerin überreichte. In diesem empfahl er, am Heiligen Damm ein Badehaus zu bauen, weil Baden im Meerwasser gesund sei. Der Herzog war einverstanden, und 1794 fand am Heiligen Damm die erste Badesaison statt. In den folgenden Jahrzehnten entwickelten sich Heiligendamm und das benachbarte Doberan zu blühenden Badeorten. Die große Zeit als großherzogliches Seebad endete Anfang der 1870er Jahre, doch Anfang des 20. Jahrhunderts gab es eine Wiedergeburt: Heiligendamm wurde zu einem internationalen Badeort, der vor allem durch sein reiches Kur-, Erholungs- und Sportangebot höchste Ansprüche befriedigte. Zu DDR-Zeiten war es ein ›Bad der Werktätigen‹, das man ganzjährig für Erholungskuren nutzte. Nach der Einheit standen die klassizistischen Häuser des Seebades zunächst jahrelang leer und verkamen.

■ Grand Hotel

Fünf klassizistische Bauten und ein Neubau bilden ein nobles Hotel, das immer wieder in die Schlagzeilen geriet. Die stark sanierungsbedürftigen historischen

Häuer hatte die damalige Treuhandanstalt aus dem DDR-Volkseigentum an einen Immobilienunternehmer verkauft, der von Hunderten Privatpersonen, Unternehmen und Banken Geld einsammelte mit dem Versprechen auf prachtvolle Rendite. Heiligendamm sollte nach dem Willen des Investors eins der exklusivsten Seebäder Europas werden. Mit viel Sorgfalt ging man an die Erhaltung der denkmalgeschützten Bauwerke wie das aus den Anfangsjahren stammende Kurhaus (1816) mit seiner Säulenvorhalle, das als ›Gesellschafts-, Tanz- und Speisehaus‹ entstand und heute ein Restaurant beherbergt. Einen Höhepunkt markierte das Jahr 2007, als der G-8-Gipfel das Hotel, Heiligendamm und Mecklenburg-Vorpommern in den Blickpunkt der Weltöffentlichkeit rückte. Doch mit dem Baugeschehen um den Hotelkomplex ging es nicht recht voran, die zahlungskräftigen Gäste blieben aus, weil das Umfeld nicht stimmte und auch das Konzept Wünsche offen ließ. So ist beispielsweise der Zugang zum Spa nur über die Außenanlage möglich, was im Winter und bei schlechtem Wetter mehr als ungünstig ist. Schließlich kündigte Anfang 2009 auch noch der renommierte Hotelkonzern Kempinski und zog sich aus Heiligendamm zurück. Die Insolvenz war unvermeidlich. Seit Sommer 2013 hat das Hotel einen neuen Besitzer, der den Komplex weiterhin als 5-Sterne-Hotel betreiben will. Wie er zahlungskräftige Gäste in den Ort holen möchte, bleibt bislang sein Geheimnis.

An die Badgründung erinnert vor dem 1873 als ›Grand Hotel‹ eröffneten Gebäude ein gewaltiger **Granitstein** mit der Inschrift ›Friedrich Franz I. gründete hier Deutschlands erstes Seebad – 1793/1843‹. Den Transport des 220 Tonnen schweren Steins von der Fundstelle hierher bezeichnete Hofbaumeister Demmler als das ›schwierigste Geschäft‹ seiner Dienstzeit.

Der Weg von Heiligendamm nach Bad Doberan führt auf einer wunderschönen Allee an der **Pferderennbahn** vorbei, einer der ältesten dieser Art in Europa. Am 18. August 1822 fand hier das erste Galopprennen mit Vollblutpferden statt, vermutlich das erste auf dem europäischen Kontinent. Den Preis für den Sieger, einen silbernen Zierbecher, überreichte Erbgroßherzogin Alexandrine.

Klassizismus in Vollendung: Kurhaus (links) und Haus Mecklenburg in Heiligendamm

Bad Doberan

Wie in so vielen Fällen geht auch die Ortsgründung von Bad Doberan (11 200 Einwohner) auf ein Kloster zurück. Die **Holzplastik** des weißen Schwans mit einer Fürstenkrone um den Hals vor der Klosterkirche erinnert daran: Heinrich Borwin, der christianisierte Slawenfürst, hatte versprochen, dass dort, wo er bei der nächsten Jagd den ersten Hirsch erlegen werde, ein Kloster entstehen solle. Den Hirsch schoss er aber in einer sumpfigen Gegend, und als man noch überlegte, ob die für den Bau geeignet sei, kam ein Schwan vorübergeflogen und rief ›dober, dober‹, zu Deutsch, ›gut, gut‹. Also wurde der Klosterbau beschlossen und auch der Name ›Doberan‹ gleich festgelegt – so die Legende. Vor allem aber dehnte sich Doberan vor rund 200 Jahren aus, nachdem das Schweriner Herzoghaus Heiligendamm zum ersten Seebad an der Ostseeküste gemacht hatte.

Den Zusatz Bad bekam der Ort 1921 verliehen. Von Heiligendamm kommend, ist rechter Hand, Dammchaussee 23, des einstige Wohnhaus (1937/38) von **Ehm Welk** zu sehen, in dem der Autor der ›Kummerow‹-Bücher lebte und arbeitete und das heute als Gedenkstätte Gäste empfängt.

Ehm Welk zog 1950 nach Bad Doberan und verstarb hier 1966. Frank Zappa (1940–1993), der legendäre Rockmusiker, hat es nie bis Bad Doberan geschafft und vermutlich auch nie etwas von dem Städtchen gehört. In Bad Doberan aber gibt es einen Zappa-Fanclub, der die Zappa-Fans jährlich im Juli zur Zappanale auf die Ostseerennbahn ruft. Zu dem mehr-

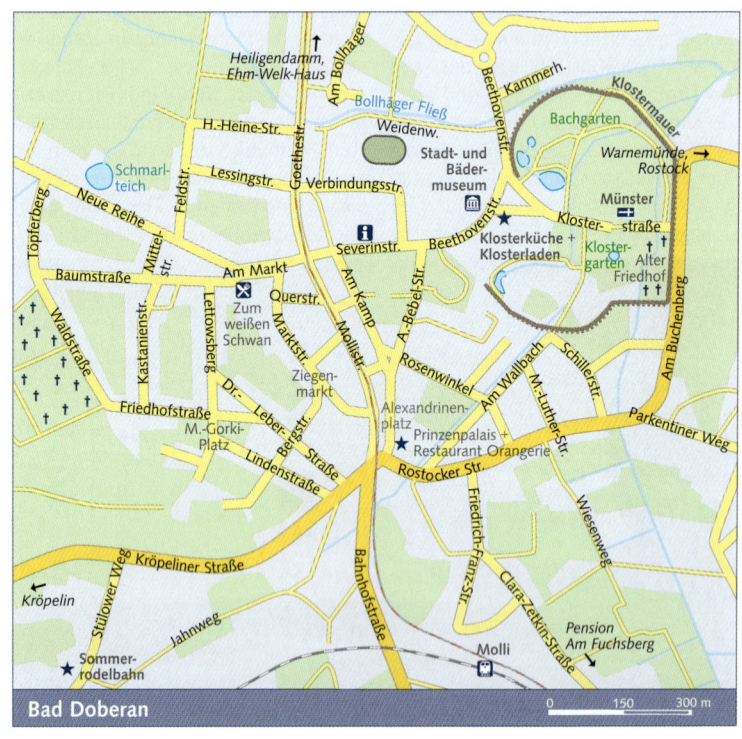

Münster, Grundriss

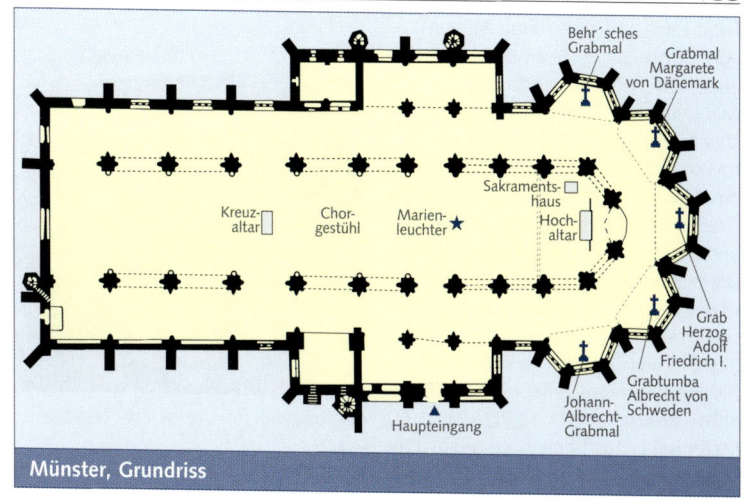

(Labels on floor plan: Behr´sches Grabmal; Grabmal Margarete von Dänemark; Kreuzaltar; Chorgestühl; Marienleuchter; Sakramentshaus; Hochaltar; Grab Herzog Adolf Friedrich I.; Grabtumba Albrecht von Schweden; Johann-Albrecht-Grabmal; Haupteingang)

tägigen Musikfestival kommen Tausende. Seit 2002 besitzt die Stadt auch ein Zappa-Denkmal, das an repräsentativer Stelle gegenüber dem Haus Alexandrinenstraße 4 steht. Ein Denkmal für den Bad Doberaner Ehrenbürger Ehm Welk sucht man dagegen vergebens.

■ **Münster**
Wer nach Bad Doberan fährt, kommt meist der hochgotischen **Klosterkirche** wegen, einem der schönsten Bauwerke im Backsteingebiet, vielfach ›Perle der norddeutschen Backsteingotik‹ genannt. Diese Perle inmitten von viel Grün umgrenzt eine 1,4 Kilometer lange Backsteinmauer. Das Grün mit dem Münster als Mittelpunkt ist heute die älteste land- und gartenwirtschaftlich gestaltete Anlage in Mecklenburg-Vorpommern. Vergeblich sucht man den Turm der Kirche – es gibt keinen. Entsprechend den strengen Regeln der Zisterzienser hat das Bauwerk nur einen Dachreiter. Ab 1296 – das stellte man kürzlich anhand von Holzjahresringen fest – erfolgte der Bau der Kirche. In nur 10 bis 20 Jahren – und nicht in 50 bis 70 Jahren wie bisher angenommen – stellten die Mönche den Rohbau und das Dachwerk fertig. Das war zum damaligen Zeitpunkt eine enorme Leistung. Sie errichteten einen uns Respekt einflößenden Bau: 78 Meter lang und im Kreuzschiff 39 Meter breit. Das Kreuzrippengewölbe im Mittelschiff hat eine Höhe von 26,5 Meter, im Seitenschiff sind es 12,5 Meter. Das Innere mit seinem Kreuzrippengewölbe, in warmem, hellrotem, mit Weiß abgesetzten Backstein gehalten, bietet einen überwältigenden Anblick. 24 gleichartige Pfeiler, die die zwölf Apostel des Neuen und die zwölf Propheten des Alten Testaments symbolisieren, tragen den Kirchenbau. Prunkvoll sind zahlreiche **Grabmonumente**, denn die Klosterkirche war die bevorzugte Grablege der mecklenburgischen Herzöge. Herausragend sind das imposante Grabmal für den 1920 verstorbenen Herzog Johann Albrecht II. zu Mecklenburg und seiner Frau Elisabeth, das nach byzantinischen Vorbildern errichtet wurde, das Doppelgrabmal für den 1412 verstorbenen König Albrecht von Schweden und seiner Frau Richardis sowie das Grabmonument des 1658 verstorbenen Herzogs Adolf

Friedrich I. und seiner Frau Anna-Maria von Ostfriedland. Beeindruckend sind ebenfalls die Grabtumba der Königin Margarete von Dänemark, eine aus Eichenholz geschnitzte Plastik der in Rostock 1282 verstorbenen Königin, und die Grabanlage des 1621 verstorbenen Grafen Samuel von Behr, dem Kanzler und Erzieher von Herzog Adolf Friedrich. Die Innenausstattung des Münsters besitzt internationale Bedeutung, sie ist sogar europaweit die reichste aller mittelalterlichen Zisterzienserklosterkirchen. Als Beispiele seien genannt: der doppelseitige **Kreuzaltar** (vor 1370), der 11,60 Meter hohe, aus Eichenholz geschnitzte **Sakramentsturm** (um 1270), der kunstgeschichtlich bedeutende reichvergoldete **Hochaltar** (um 1310) daneben, der **Marienleuchter** (um 1290) sowie das spätgotische **Chorgestühl** (14. Jahrhundert) der Mönche.

Neben der Kirche, auf dem Gelände des ehemaligen Klosterfriedhofes, befindet sich das **Beinhaus** (um 1250). Vom 13. Jahrhundert bis zur Reformation 1552 war es die letzte Ruhestätte der Mönchsgebeine, die man nach der Neubelegung von Grabstellen hierher brachte.

Groß Siemen, Rosengarten mit Orangerie

Ein Kleinod ist der 2002 wiederhergestellte **Klostergarten**, für den Pflanzen aus dem Kapitulare als Grundlage für die Anlage dienten. Vor allem sogenannte Marienpflanzen wie Rosen, Lilien, Iris erfreuen mit ihrer Blütenpracht, aber auch Heilkräuter und Kräuter für die Klosterküche gedeihen im Garten.

■ Am Kamp

Den Mittelpunkt von Bad Doberan bildet der parkähnliche dreieckige, Kamp genannte Platz, den zwei reizvolle **Pavillonbauten** (1808/09) im damals modernen Chinoiseriestil zieren. Östlich des Platzes, an der August-Bebel-Straße, stehen repräsentative Bauten, so das langgestreckte ehemalige **Großherzogliche Palais** (1806–1810), das klassizistische **Salongebäude** (1801/02) und das spätbarocke Logierhaus (1796), das heutige **Hotel Friedrich Franz Palais**. In der sich anschließenden Alexandrinenplatz genannten Straße reihen sich weitere sehenswerte Häuser. Meist sind auch sie nach Entwürfen von Landesbaumeister Carl Theodor Severin errichtet worden, der von 1802 bis 1835 für den Bau von Doberan und Heiligendamm verantwortlich zeichnete.

Das Doberaner Münster

Wer sich für die Doberaner Stadtgeschichte und den Beginn des Badewesens interessiert, wird im **Stadt- und Bädermuseum** im Möckel-Haus fündig, das nach Hofbaumeister Gotthilf Ludwig Möckel benannt ist. Der ließ sich das stattliche Backsteingebäude 1886/87 im neogotischen Stil als Wohnhaus errichten.

■ Die Umgebung

Im Dorf **Retschow** – acht Kilometer südlich von Bad Doberan gelegen – hat sich bis in unsere Tage ein Bauernhof mit der Dreiteilung Wohnhaus (1787), Scheune (1824) und Katen (1842) erhalten. Als **Denkmalhof Pentzin** empfängt er Besucher; in mehreren Räumen wird die bäuerliche Alltagskultur aus zwei Jahrhunderten gezeigt, im Freigelände sind alte landwirtschaftliche Geräte aufgestellt.

Neun Kilometer sind es von Bad Doberan nach **Kröpelin** (4800 Einwohner) an der B105. Obwohl bereits zwischen 1232 und 1249 zur Stadt erhoben, blieb Kröpelin bis heute ein beschauliches Kleinstädtchen. Der quadratische Markt liegt an der Hauptstraße, der alten Handelsstraße von Rostock nach Wismar. Hier befindet sich das zweigeschossige **Rathaus**, nördlich davon die stattliche **Stadtkirche**, mit deren Bau man um 1270 begann. Am östlichen Stadtrand steht die zum Wahrzeichen von Kröpelin gewordene **Galerieholländer-Windmühle** von 1906, die bis 1951 in Betrieb war. Wer von Kröpelin sieben Kilometer weiter südlich fährt, gelangt nach **Groß Siemen** mit einem herrlichen Gutspark, den bis zu 200 Jahre alte Solitärgehölze zieren. Doch das Schmuckstück bildet der Rosengarten mit rund 3500 historischen und Englischen Rosen in mehreren hundert Sorten. Die Farbenpracht und der Duft bezaubern die Besucher. Das Gutshaus mit Ferienwohnungen und die weitläufige Parklandschaft vereinen sich zu einem Gesamtensemble, zu dem die im klassischen Stil aus alten Baumaterialien errichtete Orangerie gehört, in die zu Ausstellungen, kulturellen Veranstaltungen sowie am Sonntag zu Kaffee und Kuchen geladen wird.

Acht Kilometer in nordöstlicher Richtung von Bad Doberan erreicht man das kleine **Ostseebad Nienhagen** (1900 Einwohner), für all jene der richtige Ort, die Ruhe und Entspannung suchen. Das einstige Fischer- und Bauerndorf erstreckt sich am Rand des **Gespensterwaldes.** So wird das unter Naturschutz stehende Nienhagener Holz genannt, weil der Sturm die Bäume oberhalb des Kliffs eigenartig geformt hat; mit ein wenig Phantasie lassen sich Märchen- und Fabelwesen erkennen.

ℹ Heiligendamm und Bad Doberan

PLZ: 18209.
Vorwahl: 038203.
Tourist-Information, Severinstraße 6 (im Rathaus), Bad Doberan, Tel. 62154, www.bad-doberan-heiligendamm.de.

Grand Hotel Heiligendamm, Prof.-Dr.-Vogel-Straße 16–18, Heiligendamm, Tel. 7400, www.grandhotel-heiligendamm.de, 161 Zi., DZ/F ab 220 €. Für den, der sich etwas Besonderes gönnen möchte: Luxus pur in mehreren klassizistischen Gebäuden. 3000 m² Spa-Bereich mit Schwimmbad und umfangreiches gastronomisches Angebot auf hohem Niveau.

Prinzenpalais, Alexandrinenstr. 8, Tel. 73160, www.prinzen-palais.de, 30 Zi., DZ/F ab 99 €. In der ehemaligen Sommerresidenz der Mecklenburger Herzöge sind geschmackvolle Zimmer eingerichtet, ausgestattet mit Stilmöbeln und Antiquitäten.

Pension Am Fuchsberg, Am Fuchsberg 7a, Bad Doberan, Tel. 63474, www.pensionamfuchsberg.de, 9 Zi., DZ/F ab 59 €. Nette kleine Pension am Stadtrand, familiärer Service.

Gourmet Restaurant Friedrich Franz, im Grand Hotel Heiligendamm, nur abends, Mo, Di geschl., Hauptgerichte 36–45 €. Für den besonderen Gaumengenuss: Sternekoch Ronny Siewert verwöhnt die Gäste in dem eleganten Restaurant mit klassischer und moderner Küche.
Orangerie, Alexandrinenplatz 8 (im Hotel Prinzenpalais), Bad Doberan, Tel. 73160, www.prinzen-palais.de, tgl., Hauptgerichte 11–20 €. Helles Ambiente und eine klassische, modern interpretierte Küche.
Klosterküche im Alten Pfarrhaus, Klosterstr. 1a, Tel. 0170/4327710, www.torhaus-doberan.de, tgl., Hauptgerichte um 10 €. Kleine Gerichte aus der Klosterküche, Gemüsetopf, Flammkuchen. Kochkurse mit Tillmann Hahn, einem der besten Köche Mecklenburg-Vorpommerns.
Zum weißen Schwan, Markt 9, Bad Doberan, Tel. 77820, www.zumweissenschwan.de, Mai–Sept. tgl., Okt–Dez., März/April Mo geschl. und nur abends, Hauptgerichte 19–30 €. Gehobenes Ambiente, sehr gute Küche und Service.

Doberaner Münster, Klosterstraße 2, Bad Doberan, Tel. 62716, www.muenster-doberan.de, Mai–Sept. Mo–Sa 9–18, So 11–18, März, April, Okt. Mo–Sa 10–17, So 11–17, Nov.–Feb. Mo–Sa 10–16, So 11–16 Uhr, Münsterführung tgl. 11 Uhr.
Stadt- und Bädermuseum, Beethovenstr. 8 (im Möckelhaus), Bad Doberan, Tel. 62026, www.stadtmuseum.moeckelhaus.de, 15. Mai–15. Sept. Mo–Fr 10–12 u. 13–17, Sa/So 12–17 Uhr, 16. Sept.–14. Mai Di–Fr 10–12 u. 13–16, Sa 12–16 Uhr.
Mecklenburgische Bäderbahn ›Molli‹, Am Bahnhof, Bad Doberan, Reservierung Tel. 431331, www.molli-bahn.de.
Ehm-Welk-Haus, Dammchaussee 23, Bad Doberan, Tel. 62325, Di–Sa 13–16 Uhr.
Denkmalhof Pentzin, 18211 Retschow, Tel. 16595, www.retschow.de, Di–Sa 9–16 Uhr.

Rosenpark Groß-Siemen, An der Sieme 13, Groß Siemen, Tel. 038292/829853, www.gutshaus-gross-siemen.de, Juni–Sept. Di–Do 12–17, So 13.30–17 Uhr.

Kamp-Theater, Severinstraße 4, Bad Doberan, Tel. 62413, www.kino-doberan.de. Neben Kino und Restaurant auch Veranstaltungen unterschiedlichster Art.
Doberaner Münster, Konzerte in der Sommerkonzertreihe ›Münster, Molli und Musik‹.
Kampfest, Ende Juni, buntes Stadtfest.
Zappanale, Anf. Aug., www.zappanale.de. Frank Zappa Open Air Musikfestival auf der Traditionsrennahn Bad Doberan.
Klostertage, Ende Sept., auf dem Klostergelände.
Ostsee-Meeting, im Aug., auf der Ostseerennbahn, Doberaner Rennverein von 1812 e.V., Tel. 9203, www.doberaner-renntage.de. Traditionelles Pferderennen.

Gut Vorder Bollhagen, Hauptstraße 1, Vorder Bollhagen, Tel. 77439, tgl. 7–20 Uhr. Ponyreiten, Ausritte ans Meer, Dressur- und Springreiten, Kutsch- und Planwagenfahrten.

Sommerrodelbahn, Stülower Weg 70, Tel. 407401, www.sommerrodelbahn-dbr.de, April–Nov. So–Do 10–20, Dez.–April je nach Wetterlage. 521 m ins Tal der Stülower Berge sausen, 7 Kurven, 1 Kreisel, 1 Brücke passieren, 40 m Höhenunterschied überwinden.

Klosterladen im Torhaus, Klosterstr. 1a, Tel. 0170/4327710, www.torhaus-doberan.de, tgl., Kunsthandwerk aus der Region, Gewürzkontor, Bio-Produkte, Hausgemachtes und Spezialitäten wie Klosterbier, Klostersenf, Klosterkuchen.

Der ›Molli‹ – Reisen wie anno dazumal

Zwischen Bad Doberan und Kühlungsborn zuckeln Schmalspurzüge durch die Landschaft, die von fauchenden Dampfrössern gezogen werden. Auf 900 Millimeter breiten und 14,5 Kilometer langen Gleisen verkehrt der ›Molli‹. So nennt der Volksmund seit jeher liebevoll die dampfende Kleinbahn. Der ›Molli‹ sagen die Einheimischen, die ›Molli‹ meist die Zugereisten. Der ›Molli‹, offiziell ›Mecklenburgische Bäderbahn‹, ist keine Museumsbahn, auch wenn er 1976 zum Technischen Denkmal erklärt wurde. Er ist ein täglich nach Fahrplan verkehrender Zug. Besonderes Vergnügen bereitet es Touristen, in der nostalgischen Kleinbahn wie einst Oma und Opa die Gegend zu entdecken. Regelrecht spannend ist es in Bad Doberan, wenn der Zug bimmelnd und fast mit Schrittgeschwindigkeit durch die Straßen der Stadt schnauft, oftmals nur knapp einen Meter von den Hauswänden entfernt. Geht es danach durch die Felder, wird die zulässige Höchstgeschwindigkeit von 50 Stundenkilometern erreicht. Die Strecke ist eingleisig, in Heiligendamm kreuzen sich die Züge, die fast zeitgleich an den Endbahnhöfen loszuckeln. Der Haltepunkt Steilküste-Wittenbeck nahe dem Strand wurde erst 1969 eingerichtet, der Zug stoppt hier in der warmen Jahreszeit, denn nur dann sitzen Badegäste in den dunkelroten und elfenbeinfarbenen Wagen.

Im Jahr 1886 fuhr der erste Zug in Bad Doberan ab, nur im Sommer und auch nur bis Heiligendamm. Denn die Strecke entstand, um die in Doberan wohnenden Sommergäste an den Ostseestrand zu bringen, die Verlängerung bis Ahrendsee (heute Kühlungsborn West) erfolgte 1910. Von Anfang an hatte man sich auf eine Schmalspurstrecke festgelegt, denn die war gegenüber der Normalspur um zwei Drittel preiswerter. Seit 1969, nachdem der Güterverkehr eingestellt wurde, dient die Strecke ausschließlich dem Reiseverkehr.

Vor allem Eisenbahnfreunden schlägt das Herz schneller, wenn sie die Dampfrösser schnaufen hören oder gar im Traditionszug fahren, zu dem Gepäck-, Reisezug- und Güterwagen aus den Jahren 1886 bis 1927 gehören. Für Eisenbahnexperten interessant: Im regulären Betrieb verkehren die 460-PS-Dampfloks 99-321, -322 und -323 der Firma Ohrenstein und Koppel in Drewitz bei Potsdam, die 1932 erbaut wurden.

Der ›Molli‹ im Zentrum von Bad Doberan

Rostock

Seit acht Jahrhunderten ist Rostock (204 000 Einwohner) die größte Stadt des Landes, aber nie war sie Regierungssitz. Auch 1990, als nach der Wiedergründung des Landes Mecklenburg-Vorpommern eine Landeshauptstadt gesucht wurde, unterlag Rostock dem kleineren Schwerin. Beim Bummel durch die Stadt sollte man nicht auf die Uhr schauen, denn die Hansezeit hat eine Menge hinterlassen, es gibt also viel zu entdecken. Auch ein Blick in die Kirchen und Museen empfiehlt sich, und wenn die Beine pflastermüde sein sollten, setzt man sich im Stadthafen auf eine Bank und schaut dem Treiben auf dem Wasser zu. Zu der Hafen- und Universitätsstadt mit vielen architektonischen Zeugen der Geschichte gehört seit Jahrhunderten Warnemünde, das quirlige, moderne Ostseebad.

Geschichte

Nahe der slawischen Burg Roztoc (slaw. Flussverbreiterung) wurde eine Siedlung gegründet, die 1218 Stadtrecht bekam. Neben dieser Altstadt um die Nikolai- und die Petrikirche legte man um die Marienkirche planmäßig die Mittelstadt an und wenig später um die Jakobikirche die Neustadt. 1265 vereinigten sich die drei Siedlungen und errichteten eine gemeinsame Mauer. In der Blütezeit der Hanse war Rostock eine der mächtigsten Städte des Bundes. 1323 erwarb es den Fischerort Warnemünde von den Mecklenburger Fürsten. Vom Dreißigjährigen Krieg an erlebte man einen wirtschaftlichen Niedergang, Schiffahrt und Schiffbau ließen die Stadt aber ab Ende des 18. Jahrhunderts wieder aufblühen. Der Zweite Weltkrieg verursachte große Schäden, rund 40 Pro-

Schöne Giebelhäuser prägen die Altstadt in Rostock

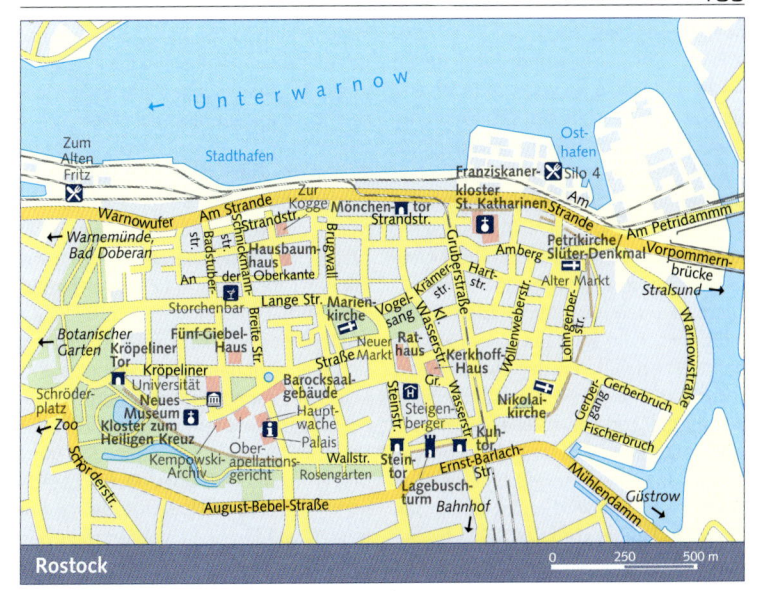

zent aller Gebäude wurden zerstört. Von 1957 bis 1960 entstand der neue Überseehafen, in Richtung Warnemünde die Trabantenstädte Lütten Klein, Schmarl, Evershagen und Groß Klein. In die Chronik Einzug hielten auch die ausländerfeindlichen Ausschreitungen im August 1992 in Rostock-Lichtenhagen, die damals weltweite Aufmerksamkeit fanden, und an die die Rostocker heute ungern erinnert werden möchten. 2003 richtete die Stadt die alle zehn Jahre stattfindende Internationale Gartenbauausstellung aus.

Ein Stadtrundgang

Noch heute atmet das historische Stadtzentrum hanseatisches Flair. Das Auto nutzt bei einem Stadtrundgang nichts, auch öffentliche Verkehrsmittel sind nicht erforderlich, denn alles, was von kunstgeschichtlicher Bedeutung ist, lässt sich bequem zu Fuß erlaufen und entdecken. Wer das Stadtzentrum verlassen möchte, um beispielsweise den Zoo zu besuchen oder eins der vielen neuen Wohngebiete, der kommt gut mit öffentlichen Verkehrsmitteln dorthin, mit der Straßenbahn, mit dem Bus oder mit der S-Bahn, die zwischen dem Rostocker Hauptbahnhof und Warnemünde verkehrt.

■ Neuer Markt

Der Neue Markt hat ein wenig von seiner einstigen Bedeutung verloren. Der Zweite Weltkrieg schlug große Wunden, von einst 34 Giebelhäusern blieben nur sieben verschont. Der Platz wurde durch Abriss erweitert und verlor dadurch seine gemütliche Intimität. Die möchte man gern wieder herstellen, und so gibt es seit dem Jahr 2013 eine rege Diskussion darüber, wie die gegenwärtig unbebaute Nordseite des Platzes in Zukunft aussehen könnte. Einig ist man sich darüber, an diese Seite wieder Häuser hinzusetzen, doch ob historisch anmutende Giebelhäuser oder moderne Bauten, darüber gehen die Meinungen auseinander. Reisegruppen beginnen die Stadtführung gern hier, man trifft sich am **Möwenbrun-**

nen, der erst seit 2001 den Platz ziert. Vor den Restaurants und Cafés stehen Tische und Stühle, an warmen Tagen sind sie von früh bis spät besetzt. Wenn der Guide mit seinen Erklärungen beginnt, legt man an den kleinen runden Tischen die Zeitungen beiseite, die Gespräche verstummen. Obwohl nicht eingeladen, lauscht man seinen Worten, hört Neues oder überprüft das eigene Wissen.
Die Blicke der Touristen werden zu Beginn meist zum **Rathaus** (14./15. Jahrhundert) gelenkt, das den Neuen Markt dominiert. Das Bauwerk besteht eigentlich aus drei gotischen Giebelhäusern, die eine vorgesetzte monumentale gotische Schauwand zu einem verschmelzen ließ. Die Schauwand wird leider durch den barocken Laubenvorbau (1726) bis auf den oberen Teil verdeckt. Hinter dem Rathaus steht das spätgotische **Kerkhoff-Haus** (um 1470), eins der schönsten spätgotischen Giebelhäuser Rostocks. Das reich mit Terrakotten und glasierten Steinen geschmückte Haus aus dem 16. Jahrhundert ist nach seinem Bauherrn benannt, Bürgermeister Kerkhoff.
Südlich des Rathauses erreicht man auf der Steinstraße das backsteinerne **Steintor**, dessen heutiges Aussehen im Stil der niederländischen Renaissance aus den Jahren 1574–1577 stammt. Der Weg entlang der Stadtmauer führt zum achteckigen **Lagebuschturm** (1576) und weiter zum wenige Schritte entfernten Kuhtor (1260–1262), dem ältesten der erhalten gebliebenen Stadttore.

■ Nikolaikirche

Mitte des 13. Jahrhunderts entstand die Nikolaikirche als chorloser Hallenbau mit drei gleich großen Schiffen, um 1450 kamen Turm und Chor dazu, später noch die barocke Turmhaube. In die im Zweiten Weltkrieg zerstörte Kirche wurden nach der Wiederherstellung in den 1970er- und 1980er Jahren unter dem Dach Wohnungen eingebaut. Heute wird die Kirche für Konzerte, Ausstellungen und andere kulturelle Veranstaltungen genutzt.

■ Von der Petrikirche zum Hafen

Die Altschmiedestraße führt zum Alten Markt, den Rostocks ältestes Gotteshaus prägt, die **Petrikirche** (Mitte 14. Jahrhundert) mit ihrem 117 Meter hohen Turmhelm. Er war im Zweiten Weltkrieg zerstört worden, die Rostocker wollten sich aber nicht damit abfinden, dass ausgerechnet der höchste aller mittelalterlichen Türme in ihrem Bundesland in der Stadtsilhouette fehlen sollte. Sie sammelten nach der Einheit Deutschlands mehr als sechs Millionen Mark – symbolisch wurden auch Kupfertafeln des Turmhelms verkauft – und verhalfen ihrer Kirche wieder zum Turm. 1994 konnte er eingeweiht werden, und seitdem bietet sich von der Aussichtsplattform in luftiger Höhe ein wunderschöner Blick auf das Häusermeer. 196 Stufen führen nach oben, doch die wenigsten steigen hinauf, sondern lassen sich in 26 Sekunden bequem mit dem Lift befördern. Auf der Anhöhe hinter der Kirche steht das **Slüter-Denkmal**, mit dem der Rostocker Reformator Joachim Slüter (um 1490–1532) gewürdigt wird, der ab 1523 an der Petrikirche tätig war. Auf dem Postament von 1862 sind seit 1996 wieder Kelch und Bibel zu sehen, darüber erhebt sich der gusseiserne Baldachin, der 1962 nach den Kriegsschäden in vereinfachter moderner Metallkonstruktion errichtet wurde. Vor dem Monument befindet sich die Grabplatte von 1532.
Die Straße Amberg führt zum 1223 gegründeten **Franziskanerkloster St. Katharinen**, das 2001 als Hochschule für Musik und Theater eine Renaissance erlebte. Den stark verfallenen Komplex sanierte man sehr aufwendig zu einer

Blick von der Warnow auf die Marienkirche in Rostock

modernen Lehrstätte. Mittelalterliche Bauzeugnisse wurden geschickt mit Neubauten ergänzt; so erhielt der Kreuzgang eine Verglasung und wurde dadurch zu einem Innenraum umfunktioniert.
Das **Mönchentor** (16. Jahrhundert), fast am Yachthafen liegend, war Anfang des 19. Jahrhunderts baufällig geworden. Man riss es ab, um es später im klassizistischen Stil wieder aufzubauen.
Zu DDR-Zeiten war das Hafengelände mit seinen Speichern öffentlich nicht zugänglich, heute ist es eine wunderschöne Gegend zum Bummeln. Zu den bemerkenswerten Häusern in der Hafengegend gehört das **Hausbaumhaus**, Wokrenter Straße 40, ein spätgotischer Giebelbau (um 1490). Namenspate bildet das hölzerne Stützwerk für das Gemäuer, das in seinem Aufbau einem Baum ähnelt. Besuchermagnet ist die nahe **Traditionsgaststätte Zur Kogge** in der Wokrenter Straße 27 mit einer sehenswerten Innenausstattung. In den Sommermonaten, wenn die Tür offensteht, erklingen die Shunts bis auf die Straße. Kneipen und Cafés sind übrigens in fast allen Ecken von Rostock reichlich vorhanden.

■ **Marienkirche**
Der Weg zum Herz der Altstadt führt über die im Zweiten Weltkrieg zerstörte **Lange Straße**. In den 1950er Jahren entstand sie völlig neu, ein wenig überproportioniert zwar, aber mit Häusern, die sich an den traditionellen regionalen Baustil anlehnen.
Die gotische **Marienkirche** ist Rostocks größte Kirche, die Höhe des Mittelschiffs misst 31,5 Meter, der Turm 86 Meter. Ab 1290 wurde mehr als 250 Jahre lang an dem Gotteshaus gebaut, entstanden ist eine gewaltige, kreuzförmige Basilika, die zu den Meisterwerken gotischer Baukunst zählt. Das Gotteshaus birgt viele Kunstschätze, so den bedeutendsten bronzenen **Taufkessel** (um 1290) im Ostseeraum und den **Rochusaltar** (1530). Eine Kostbarkeit stellt die 1472 geschaffene **Astronomische Uhr** dar, die bis zum heutigen Tag funktioniert. Die elf Meter hohe Uhr besteht aus zwei Teilen. Der obere ist der Zeitmessung gewidmet und hat ein Zeitzifferblatt von 16 Quadratmeter Größe, der untere Teil einen Kalender, der bis zum Jahr 2017 reicht; dann muss er zum ersten Mal ausgetauscht werden. Zu jeder vollen Stunde erklingt das Glockenspiel, mittags 12 Uhr und um Mitternacht setzt sich das barocke Figurenspiel in Bewegung. Mit den ersten Glockenschlägen öffnen sich zwei Türen und sechs Apostel ziehen an Christus vorbei, der die Hand zum Segen hebt. Der letzten Figur wird der Segen verweigert: Es ist Judas, der die nächsten zwölf Stunden vor verschlossener Tür stehen bleiben muss.
Südlich der Marienkirche verläuft die **Kröpeliner Straße** mit zahlreichen Renaissance- und Barockhäusern, im Mittelteil weitet sie sich zum Universitätsplatz. In den 1960er Jahren war sie zum ersten Fußgängerboulevard in der DDR umgestaltet worden. Den Abschluss der Straße bildet das 54 Meter hohe gotische **Kröpeliner Tor**, Rostocks höchstes und prachtvollstes Stadttor. Die Stadtseite schmücken die mecklenburgischen Landesfarben und das Rostocker Stadtwappen.

■ **Universitätsplatz**
Mitten auf dem Universitätsplatz sprudelt der beckenlose begehbare **Brunnen der Lebensfreude** (1980) von Jo Jastram und Reinhard Dietrich, in dem vor allem Kinder gern plantschen. An der nördlichen Platzseite, an der Ecke zur Breiten Straße, entstand das **Fünfgiebelhaus** (1983–1986) mit einem Glockenspiel. Am Rand der Grünanlage bekam das **Blücher-Denkmal** (1819) von Gottfried

Der Brunnen der Lebensfreude auf dem Rostocker Universitätsplatz

Schadow mit einer Inschrift von Goethe im Sockel seinen Platz. Es zeigt die überlebensgroße Bronzefigur des in Rostock geborenen Marschalls. Errichtet wurde das Denkmal aus Spenden, die auf etwas ungewöhnliche Art zusammenkamen: Der ›Hamburgische unparteiische Correspondent‹ schrieb in seiner Ausgabe vom 22. Juli 1814, dass für Blücher, dem ›Bezwinger Napoleons‹, in Rostock ein Denkmal errichtet werde. Der Marschall bedankte sich brav bei den Stadtvätern, die jedoch von einem Denkmal nichts wussten. Um die Peinlichkeit nicht größer werden zu lassen, wandte man sich an die Ritterschaft, die das Denkmal schließlich finanzierte.

Die westliche Platzseite nimmt das dreigeschossige **Universitätshauptgebäude** ein. Der mit reichem Terrakottaschmuck versehene Bau wurde von 1867 bis 1870 errichtet und gilt als eines der wichtigsten Zeugnisse des Historismus. Die Rostocker Universität, 1419 als erste in Nordeuropa gegründet, trug lange Zeit den Beinamen ›Leuchte des Nordens‹. An das Universitätsgebäude schließt sich links das von ihr genutzte **Neue Museum** (1844) an.

Von hier geht es zum **Kloster zum Heiligen Kreuz**, das der Legende nach Dänemarks Königin Margarete gestiftet haben soll. Das 1270 gegründete Zisterzienser-Nonnenkloster ist nach Bad Doberan die besterhaltene mittelalterliche Klosteranlage des Landes. Heute befindet sich in ihr das Kulturhistorische Museum. Als wertvollstes Gebäude gilt die gotische Klosterkirche (14. Jahrhundert), die mit ihrer Innenausstattung zu den bedeutendsten mittelalterlichen Klosterkirchen des Bundeslandes zählt. Sie gehört zur Theologischen Fakultät der Universität und wird auch als Konzertsaal genutzt. In eines der kleinen Professorenhäuser im Klosterhof zog das **Kempowski-Archiv**. In der Ausstellung steht der Schreibtisch des in Rostock geborenen Schriftstellers Walter Kempowski (1929–2007). An ihm entstand unter anderem der Roman ›Tadellöser und Wolff‹ (1971). Zu Ruhm gelangte Kempowski mit dem autobiographischen Roman ›Im Block‹ (1969), in dem er seine Haftzeit wegen angeblicher Spionage von 1948 bis 1956 im berüchtigten DDR-Zuchthaus Bautzen schildert. An der Südseite des Universitätsplatzes stehen das ehemalige **Oberappellationsgericht** (1841/42; Nr. 2), die Hauptwache mit der monumentalen dorischen Säulenvorhalle (1823; Nr. 4) und das ehemalige **herzogliche Palais** mit dem angrenzenden **Barocksaal** (1714; Nr. 5–6).

■ Botanischer Garten

Bereits 1568 richtete die Universität Rostock einen Botanischen Garten ein. Deshalb kann er sich heute rühmen, einer der ältesten in Europa zu sein. Die Lage hat sich allerdings wiederholt verändert, im Laufe der Jahrhunderte gab es mehrere Umzüge. 1939 öffnete er an seinem heutigen Standort an der Hamburger Straße. Nach wie vor ist der Botanische Garten eine wissenschaftliche Einrichtung, deren Aufgabe die Forschung und Erhaltung seltener Arten ist. Heute wachsen auf dem rund acht Hektar großen Gelände fast 10 000 Pflanzenarten, so das nur in Mecklenburg-Vorpommern vorkommende Wismarer Hügel-Fingerkraut und im Japangarten die Lotospflaume.

■ Zoo

Im Zoo, dem größten an der deutschen Ostseeküste, leben 4500 Tiere in 320 Arten in einer Park- und Waldlandschaft. Die Attraktion bildet das **Darwineum**, das eine spannende Zeitreise durch 500 Millionen Jahre Menschheitsgeschichte bietet. Altehrwürdige Galapagos-Schildkröten, lebende Fossilien, Aquarien mit Korallen und Seepferdchen, Quallen und mehr als 30 Tierarten, die den damaligen Lebewesen ähneln, sind in interaktiven Ausstellungsbereichen, in der Tropenhalle und in großzügigen Außenanlagen zu erleben. Gorillas und Orang-Utans tummeln sich in der 4000 Quadratmeter großen Tropenhalle mit Hängebrücke und Terrarien. Wie in der Natur teilen sie sich das Areal mit kleineren Affen wie Meerkatzen und Zwergseidenäffchen, mit Faultieren und Flughunden. Hautnah erleben die Besucher die quirligen Kattas mit den langen Ringelschwänzen. Die 20 000 Quadratmeter große Naturerlebnis- und Wissenswelt ist nach dem Begründer der Evolutionstheorie, Charles Darwin, benannt.

■ Weitere Sehenswürdigkeiten

Auf dem Weg in das Seebad Warnemünde befindet sich linker Hand der B 195 die **Kunsthalle** (1969), die zeitgenössische norddeutsche und nordeuropäische Kunst sammelt. Zwischen den Satellitenstädten Groß Klein und Schmarl entstand am Warnowufer der **IGA-Park**, Rostock hatte im Jahr 2003 die Internationale Gartenbauausstellung ausgerichtet. Hier liegt seit 1970 das größte schwimmende Museum Deutschlands, das **Traditionsschiff Typ Frieden**. Das 10 000-Tonnen-Motorschiff aus der Serie Frieden fuhr ab 1958 unter dem Namen ›Dresden‹ über die Weltmeere, legte in mehr als 70 Häfen in 38 Ländern an und kam eine Strecke, die dem 22-fachen Äquatorumfang entspricht. Das Schiff mit seinen originalen Einrichtungen verkörpert ein Stück Tradition der Seeverkehrswirtschaft der DDR.
Von Schmarl nach Krummendorf auf dem östlichen Ufer führt der im Herbst 2003 eröffnete **Warnowtunnel**, das erste privat finanzierte Verkehrsprojekt Deutschlands.

Warnemünde

Zu den beliebtesten Ferienorten an der Ostseeküste zählt zweifellos Warnemünde, der zu Rostock gehörende lebhafte Badeort. Jung und Alt bietet er gleichermaßen viel Abwechslung.
Am **Alten Strom**, der ehemaligen Warnemünder Hafeneinfahrt, dem heutigen Fischerei- und Yachthafen, riecht es nach Fisch und Meer. Die kleinen Fischerhäus-

▲ *Ein Orang-Utan im Darwineum*

Ein Stadtrundgang 115

Westliche Ostseeküste

Warnemünde

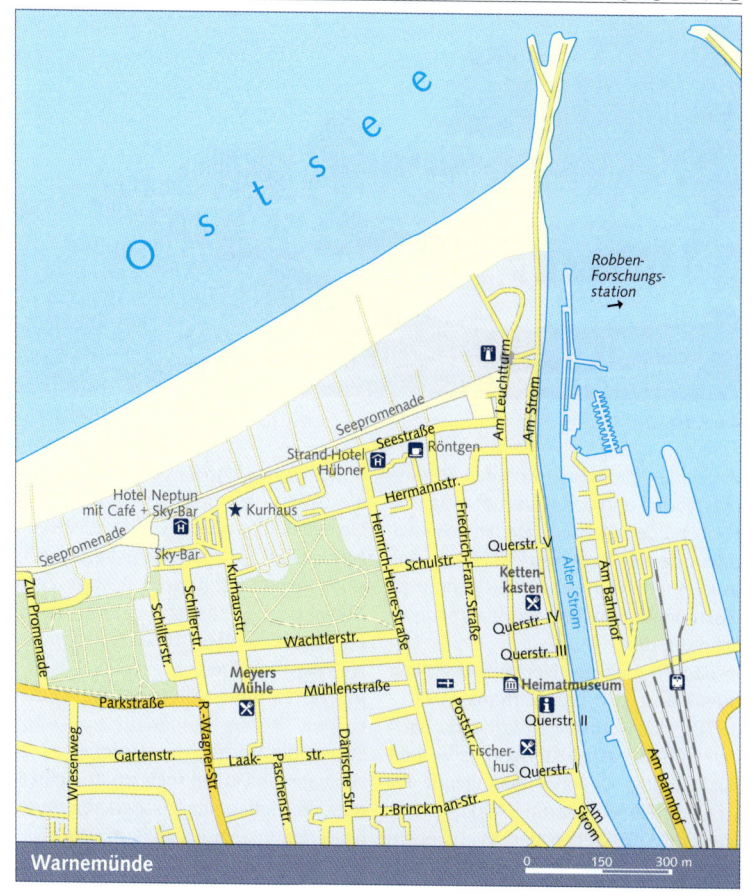

chen mit den vorgebauten Veranden beherbergen gemütliche Restaurants und Boutiquen. Von fest vertäuten Kuttern werden Fischbrötchen verkauft, Fahrgastschiffe laden zu Rundfahrten ein, Möwen kreischen, an der Warnow, wenige Meter entfernt, machen große Kreuzfahrtschiffe fest – ein stimmungsvolles buntes Treiben, dem man lange zuschauen möchte. Der Alte Strom endet an der 541 Meter langen Westmole, an der der mehr als 100 Meter breite Sandstrand beginnt. Der 32 Meter hohe **Leuchtturm** (1897/98) schickt sein Blinkfeuer fast 40 Kilometer weit, die Befeuerung ist in einer kupfernen, kuppelförmigen Laterne untergebracht. Auf halber Höhe des Turms befindet sich eine umlaufende Galerie mit gusseisernem Geländer, eine zweite Galerie, von der der Blick besonders schön ist, unterhalb der Laterne. Neben dem Leuchtturm steht der moderne Hyperschalenbau **Teepott** (1968), eines der Wahrzeichen Warnemündes, das Restaurants, ein Café, eine Bar und ein Museum beherbergt. Hyperschale nannte Ulrich Müther seine Leichtbauweise. Mit wenig Beton zauberte er

Am Alten Strom in Warnemünde

Bauwerke, die in ungewohnten Formen entstanden und deren Dächer oft große Flächen überspannten, und die sich »zwischen den Einheitsplattenbauten«, wie es in einem nach der Einheit gedrehten Dokumentarfilm hieß, »ausnahmen wie Schmetterlinge.«

In den Formen der Neuen Sachlichkeit präsentiert sich das **Kurhaus** (1914–1928), der Kurhausgarten wurde nach der Einheit nach historischem Vorbild rekonstruiert. Das alles überragende 17-stöckige **Hotel Neptun** (1967–1971) hatte zu DDR-Zeiten den überwiegenden Teil seiner Zimmer an den Einheitsgewerkschaftsbund FDGB zu vermieten, der Rest war Gästen vorbehalten, die mit Westwährungen bezahlen konnten. Heute ist es eines der beliebten Fünf-Sterne-Hotels in Mecklenburg-Vorpommern.

Seit 2008 hat Warnemünde ein **Robben-Forschungszentrum**, neun Robben sind in das 60 mal 30 Meter große Gehege bei der Yachthafenresidenz Hohe Düne gezogen. Besucher können zuschauen, wie sich die schnauzbärtigen Meeressäuger tummeln und mit ihren Betreuern trainieren, oder sogar selbst mit den Robben schwimmen und tauchen. Die Wissenschaftler untersuchen in Langzeitexperimenten die Sinneswahrnehmung und die Unterwasserorientierung der Tiere, die neuerdings wieder vor der Küste von Mecklenburg-Vorpommern aufgetaucht sind. Kegelrobben werden etwa zwei Meter lang, können bis zu 300 Meter tief tauchen und bis zu 20 Minuten unter Wasser bleiben.

In Warnemünde lohnt es, die touristischen Meilen Promenade und Alter Strom, die Vörreg, die Vorderreihe, zu verlassen und in die sogenannte Achterregg, die Hinterreihe, zu spazieren. Auch hier findet man noch viel von dem Flair, als der Ort vor allem das Zuhause von Fischern und Seefahrern war. Alles atmet die für den Norden so typische Beschaulichkeit. An den kopfsteingepflasterten schmalen Straßen hocken viele der kleinen Häuser mit den traditionellen Veranden, den **Warnemünder Glaskästen**, wie man sie bereits vorn am Wasser gesehen hat. Die Veranden entstanden ab 1865, als die Zahl der Feriengäste sprunghaft anstieg. Waren es 1822 noch 200, zählte man 1890 bereits 8200 und 1933 gar 18000. Kurtaxe – viele Gäste meinen, sie sei eine Erfindung unserer Tage – muss in Warnemünde bereits seit 1888 gezahlt werden.

Rundum wohlfühlen – die Wellnessoasen

Mecklenburg-Vorpommern hat als erstes Bundesland ein Qualitätssiegel für Wellness-Hotels und Freizeitbäder eingeführt. Wer die strenge Prüfung bestanden hat, erhält das vom Deutschen Wellness Verband verliehene Gütesiegel. Das bietet eine verlässliche Orientierung in dem oftmals undurchdringlichen Dschungel an Angeboten. Wenn der Gast es sieht, kann er sicher sein: Wo Wellness draufsteht, ist auch Wellness drin.

Die Wellnesswelle erreichte in den späten 1990er Jahren auch Deutschland. Das schlagkräftige Modewort setzt sich aus den beiden englischen Wörtern ›Wellbeing‹ (Wohlfühlen) und ›Fitness‹ zusammen. Die Wellnesscenter der Hotels sind Wohlfühl-, Fitness- und Schönheitstempel. Was unter Wellness verstanden wird, ist sehr vielgestaltig, der chinesische Philosoph Konfuzius würde antworten: Wasser zum Trinken, Brot zum Essen und den angewinkelten Arm zum Schlafen. Denn diese drei Dinge nannte er auf die Frage, was er zum Wohlfühlen brauche. Heute wird weit mehr darunter verstanden, eins aber wohl immer: Fitness ohne Stress und Quälerei. Wohlige Wärme, sanfte Massagen, angenehme Düfte und heilende Kräuter bieten die Wellnessoasen der Hotels. Sie werden besucht, um zu entspannen, um es sich gut gehen zu lassen, um neue Energie zu tanken und um den Alltag einmal zu vergessen. Dazu ist keinesfalls immer eine dicke Geldbörse notwendig, denn das Angebot reicht von der Landhauspension mit Badescheune bis – wer es sich leisten kann und möchte – zum Fünf-Sterne-Schlosshotel. Strebt das Hotel nicht nur das Basis-Qualitätssiegel, sondern auch das Premium-Siegel

Entspannung in einem der zahlreichen Wellness-Hotels

an, muss es sich erfolgreich einer mehrtägigen anonymen Überprüfung von mehr als 750 Einzelkriterien unterziehen.

Über eine besondere Wellnessoase verfügt das Hotel ›Neptun‹ in Rostock-Warnemünde mit seinem Original-Thalassozentrum, das Gesundheits-, Fitness- und Schönheitszentrum zugleich ist. Es entspricht den Qualitätskriterien, die vom Internationalen Thalasso-Kongress verabschiedet wurden. Dazu gehört unter anderem, dass der Behandlungsort direkt am Meer liegen muss. Denn die Anwendungen basieren auf sauerstoffreichem, sauberem Meerwasser, vitaminreichen Algen und gesunder Meeresluft. Vor allem auf Rügen bieten zahlreiche Wellnesshotels Behandlungen mit der auf der Insel abgebauten Heilkreide, darunter das ›Cliff-Hotel‹ in Sellin.

Bereits um 1910 konnten Kurgäste Kreideanwendungen in Sassnitz genießen, vor einigen Jahren wurde das ›weiße Gold‹ als sanftes Naturheilmittel wiederentdeckt. Die mit Wasser vermischte feinkörnige Kreide wird bei 45 Grad Celsius auf die Haut aufgetragen. Die cremige, warme Packung, die als geruchlose Maske sanft den Körper umhüllt, wirkt angenehm entspannend, fördert die Durchblutung, speichert die Wärme und nimmt Schlackestoffe auf. Soll die Kreide als natürliches Hautpflegemittel dienen, werden Stutenmilch, Honig oder ätherische Öle zugesetzt. Mecklenburg-Vorpommern hat aber noch mehr natürliche Heilmittel zu bieten: In Bad Sülze wird Torf eingesetzt, in Bad Doberan besonders eisenhaltiges Moor und in Heringsdorf gilt die warme Jod-Sole als Jungbrunnen für Körper und Seele. Wellness wird im Westen des Bundeslandes, beispielsweise im Hotel ›Lütgenhof‹ in Dassow, ebenso geboten wie im Osten auf der Insel Usedom. Hier hat das Maritim Hotel ›Kaiserhof‹ in Heringsdorf einen ›Vitalgarten‹ geschaffen, mit Meereswasserschwimmbad, 70-Grad-Farblichtsauna, Meeresklimakabine und vielem mehr. Wenige Schritte entfernt, in der ›Seetel-Ostseeresidenz‹, fühlt man sich im orientalischen Wellnessbereich ›Shehrazade‹ wie im Märchen aus 1001 Nacht. Dem fremdländischen Zauber kann man sich ebenfalls in dem authentischen thailändischen Spa mit dem wohlklingenden Namen ›Kinnaree‹ im Romantik ›Seehotel Ahlbecker Hof‹ in Ahlbeck hingeben. Auf der Insel Rügen entstand im ›Privat Palace Grand Hotel Binz‹ der Wohlfühl-Tempel Thai-Bali Spa, ein Paradies für Ayurveda und Thai-Wellness, nach einem Entwurf des Architekten Chantaka Puranananda. Als Enkel des thailändischen Königs Rama IX. weiß er genau, worin orientalischer Luxus besteht.

Die Wellness-Gütesiegel sind zwei Jahre gültig. Zu den wichtigsten Qualitätsstandards für Hotels gehören ein »moderner, hinreichend großer Wellnessbereich mit mindestens einem Wassererlebnis, zwei Saunavarianten, ein Fitness- oder Gymnastikraum, Anwendungsbereich und Beauty-Abteilung sowie Ruhezonen und weitere ansprechende Aufenthaltsorte.« Nicht zu vergessen die »qualifizierten Wellness-Fachkräfte mit adäquatem Berufsabschluss und erforderlichen Fortbildungen in den Bereichen Behandlung, Beratung und Training.« Die frische, saubere Luft, das Wasser als Wohlfühlstoff Nummer eins sowie finnische Sauna, türkischer Hammam, Ayurveda oder Nordic Walking machen Appetit. Deshalb gehört zu einem richtigen Wellnessurlaub eine »Wellness-Vitalküche mit frischen, fettarmen, nährstoffschonend zubereiteten Zutaten«. Wenn die ein Hotel nicht bieten kann, hat es keine Chance, ein Wellnesszertifikat zu erringen.

Göldenitz

›Pantoffelgymnasium‹ nennt man scherzhaft die Dorfschule im etwa 15 Kilometer von Rostock entfernten Göldenitz, weil die meisten Kinder der Tagelöhner und Landarbeiter mit Holzpantinen kamen. Es war eine der für Mecklenburg und Vorpommern typischen Einklassenschulen, in der die Lehrer die Kinder aller acht Jahrgänge gemeinsam unterrichteten. Interessant ist in der zum **Museum** gewordenen Dorfschule ein Blick in alte Klassenbücher, die ab 1882 vorhanden sind. Im Jahr 1900 hat ein Lehrer etwa notiert: »Karl Klaus, 9 Jahre, wurde wegen großer Faulheit mit 3 Schlägen auf das Gesäß bestraft.« Zur Besichtigung geöffnet sind auch die Lehrerwohnung, die Stallscheune und der Lehrergarten. Im **Modell- und Landschaftspark Miniland** sind die bekanntesten Sehenswürdigkeiten des Bundeslandes im Miniformat zu sehen, das Jagdschloss Granitz ebenso wie der Teepott in Warnemünde, alles im Maßstab 1:25 erbaut. Mit viel Begeisterung sind die Modelle entstanden, so waren beispielsweise für das Jagdschloss Gelbensande 39 700 Teile, für die Rostocker St. Petrikirche rund 45 000 Teile und für das Doberaner Münster rund 16 0000 Einzelteile erforderlich.

Tessin

Charakteristisch für Tessin (4000 Einwohner), von Rostock auf der B 110 in südöstlicher Richtung zu erreichen, sind überwiegend ein- und zweigeschossige **Fachwerkhäuser**. Dominierender Bau ist auch hier die **Stadtkirche**, deren älteste Teile aus dem 13. Jahrhundert stammen. Ende des 19. Jahrhunderts erfolgten durch Gotthilf Ludwig Möckel Veränderungen, von Möckel stammt auch die neogotische Holzausstattung. Den 1997 eingeweihten hübschen **Marktbrunnen** mit acht aufrechten, schlanken Klinkerfiguren hat Dörte Michaelis geschaffen. Von hier geht der Blick zum ältesten Fachwerkgebäude Tessins, dem heute kulturell genutzten **Mühlenhaus**. Im Mai 1741 brach in Tessin ein Großbrand aus, der 33 Häuser zerstörte. Die betroffenen Hausbesitzer durften in der Umgebung auf Betteltour gehen, um Baumaterial zusammenzutragen. Darunter war auch der Erbauer des heutigen Mühlenhauses, ein Töpfer namens Laßen, der von der Stadtverwaltung einen gesiegelten Bettelbrief bekam: »Es wird erlaubt, heute und morgen, bei guten Freunden hier einen Beitrag zu sammeln.« Laßen erhielt Baumaterial, nicht das beste, aber geschickt und wohl durchdacht baute er die unterschiedlichen schiefen und krummen Balken im Haus mit ein – so, wie sie noch heute zu sehen sind. Einem alten Aberglauben zufolge mauerte er zum Schutz gegen Hexen und böse Geister am Giebel des Hauses eine symbolische Mühle ein, die dem Haus zu seinem Namen verhalf.

Das Bundesland als Miniatur in Göldenitz

Rostock und Umgebung

PLZ: 18055 (Rostock-Stadtzentrum), 18119 (Warnemünde).
Vorwahl: 0381.
Tourist-Information Stadtzentrum, Universitätsplatz 6, Rostock, Tel. 3812222, www.rostock.travel.
Tourist-Information Warnemünde, Am Strom 59/Ecke Kirchenstraße, Rostock-Warnemünde, Tel. 3812222, www.warnemuende.travel.
Die **RostockCard** für 24 oder 48 Stunden (8 bzw. 13 €) bietet freie Fahrt mit Bus, Straßenbahn, S-Bahn und Fähre, kostenfreie Teilnahme an Stadtführungen in Rostock und Warnemünde, bis zu 50 % Ermäßigung bei Kultur- und Freizeitangeboten und Sonderangebote in ausgewählten Geschäften und Restaurants.

Strand-Hotel Hübner, Seestraße 12, Rostock-Warnemünde, Tel. 54340, www.hotel-huebner.de, 95 Zi., DZ/F ab 185 €. Strandlage mit Blick auf Leuchtturm, Hafeneinfahrt und Promenade. Wellnessbereich unter dem Dach.
Steigenberger Hotel Sonne, Neuer Markt 2, Rostock, Tel. 49730, www.rostock.steigenberger.de, 111 Zi., DZ/F ab 115 €. Zum Wohlfühlen mitten in Stadtzentrum.
Fischerhus, Alexandrinenstr. 17, Rostock-Warnemünde, Tel. 548310, www.hotel-fischerhus.de, 30 Zi., DZ/F ab 84 €. Romantisches Hotel, ruhig, zentral. Nutzung des Vital-Spa-Resorts möglich.
Atrium Hotel Krüger, Ostsee-Park-Straße 2, Rostock/OT Sievershagen, Tel. 1288200, www.atrium-hotel-krueger.de, 59 Zi., DZ/F ab 85 €. Zwischen Rostock und Warnemünde, Bade- und Wellnesslandschaft ›Poseidon‹ mit Pool, Sauna, Massageanwendungen.
Aparthotel Strandhafer, Am Stolteraer Ring 1, Rostock/OT Diedrichshagen, Tel. 3756570, www.hotel-strandhafer.de, 49 Zi. und Ferienwohnungen, DZ/F ab 89 €, Fewo ab 59 €. 3 km westlich von Warnemünde an Naturschutzgebiet, großzügig geschnittene Zimmer und Appartements. Pool und Saunalandschaft mit Außenterrassen.

Camping- und Ferienpark Markgrafenheide, Budentannenweg 2, 18146 Rostock-Markgrafenheide, Tel. 661013, www.baltic-freizeit.de, FH ab 59 €, Ap. ab 70 €. Camping, Ferienhäuser und Apartments direkt an der Ostsee auf einem 30 ha großen Naturgrundstück.

Traditionsgaststätte Zur Kogge, Wokrenter Straße 27, Rostock, Tel. 4934493, www.zur-kogge.de, tgl., Jan.–März So geschl., Hauptgerichte 9–17 €. Historische Fischgaststätte am Stadthafen mit origineller Ausstattung, oft Musik vom Schifferklavier.
Restaurant und Bar Silo 4, Am Strande 3d, Tel. 4585822, Rostock, www.silo4.de, Mo geschl., Di–Sa nur abends, So Brunch, Hauptgerichte 17–22 € oder vom Buffet ab 15 €. In der 7. Etage des Hansespeichers speisen und dabei eine tolle Aussicht auf den Hafen genießen.
Zum Alten Fritz, Warnowufer 65, Rostock, Tel. 20880, www.alter-fritz.de, tgl., Hauptgerichte 9–19 €. Gemütliches Braugasthaus im Stadthafen, brauhaustypische und regionale Gerichte, vielfältige Bierspezialitäten.
Meyers Mühle, Mühlenstraße 44, Rostock-Warnemünde, Tel. 54250, www.meyers-muehle.net, tgl., Hauptgerichte 9–20 €. In einer historischen Windmühle von 1866 gibt es deftige Hausmannskost und Fischspezialitäten.
Kettenkasten, Am Strom 71, Rostock-Warnemünde, Tel. 51248, www.kettenkasten.de, tgl., Hauptgerichte 11–18 €. Restaurant am Alten Strom in maritimer Atmosphäre, Fr und Sa Live-Musik mit Hein auf dem Schifferklavier.

Classic Café Röntgen, Seestraße 5, Rostock-Warnemünde, Tel. 5193656, www.classic-conditorei.com, tgl. An der Warne-

münde Promenade verführen meisterhafte hausgemachte Konditoreispezialitäten.
Café Panorama, Seestraße 19 (im Hotel Neptun), Rostock-Warnemünde, Tel. 777863, www.hotel-neptun.de, tgl. Traumhafter Panoramablick auf Ostsee und Warnemünde, dazu leckere Torten aus der Neptun-Patisserie. Jeden Mi Tanztee ab 14.30–17.30 Uhr.

Sky Bar, Seestraße 19 (im Hotel Neptun), Rostock-Warnemünde, Tel. 777863, www.hotel-neptun.de. Gepflegte Drinks und Tanz mit Ausblick auf die Ostsee, Fr und Sa ab 21 Uhr.
Storchenbar, Lange Straße 9, Rostock, Tel. 4922444, www.storchenbar.de, Mo, Do–Sa ab 22 Uhr. Nachtbar mit Tanz und Karaoke.

Kulturhistorisches Museum Rostock, Kloster zum Heiligen Kreuz, Klosterhof 7, Tel. 203590, www.kulturhistorisches-museum-rostock.de, Di–So 10–18 Uhr.
Marienkirche, Am Ziegenmarkt, Rostock, Tel. 4923396, www.marienkirche-rostock.de, Mai–Sept. Mo–Sa 10–18, So 11.15–17, Okt.–April Mo–Sa 10–16, So 11.15–12.15 Uhr, Führung Mai–Okt. Mo–Sa 11 Uhr.
Nikolaikirche, bei der Nikolaikirche 1, Rostock, Tel. 4934115, www.nikolaikirche-rostock.de, Mai–Sept. Mo–Fr 10–13 Uhr.
Petrikirche, Alter Markt, Rostock, Tel. 4923396, www.petrikirche-rostock.de, tgl. Mai–Okt. 10–18, Nov.–April 10–16 Uhr, Turmbesteigung mit Lift oder Wendeltreppe.
Schiffbau- und Schifffahrtsmuseum im IGA-Park, An der HanseMesse, Rostock-Schmarl, Tel. 12831364, www.schifffahrtsmuseum-rostock.m-vp.de, April–Okt. Di–So 9–18 Uhr, Juli/Aug. tgl. 9–18 Uhr, Nov.–März Di–So 10–18 Uhr.
Kunsthalle, Hamburger Str. 40, Rostock, Tel. 3817008, www.kunsthallerostock.de, Di–So 11–18 Uhr.
Kempowski-Archiv, Klosterhof Haus 3, Rostock, Tel. 2037540, www.kempowski-archiv-rostock.de, Di, Mi, Fr–So 14–18, Do 9.30–12 Uhr.
Landschulmuseum Göldenitz, Am See 7, Göldenitz, Tel. 038208/264, www.aufdertenne.de, April–Dez. Di, Do, Sa 9–17 Uhr, Mai–Okt. zusätzlich Mi, Fr 9–14 Uhr.
Modell- und Landschaftspark Miniland, Schlager Straße 13, Göldenitz, Tel. 038208/82690, www.miniland-mv.de, tgl. Juni–Sept. tgl. 10–18 Uhr, Okt.–Mai 10–17 Uhr.
Heimatmuseum Warnemünde, Alexandrinenstr. 31, Rostock-Warnemünde, Tel. 52667, www.heimatmuseum-warnemuende.de, Di–So April–Sept. 10–18 Uhr, Nov.–April 10–17 Uhr
Leuchtturm Warnemünde, Seepromenade 1, Rostock-Warnemünde, Tel. 5192626, Mai–Sept. tgl. 10–19 Uhr.
Robben-Forschungszentrum, Am Yachthafen 3a, Hohe Düne, Rostock-Warnemünde, Tel. 50408181, www.marine-science-center.de, April–Okt. tgl. 10–16 Uhr, Nov. Do–So 10–16 Uhr. Schwimmen mit Seehunden: Anmeldung Tel. 50408020.
Zoo Rostock, Zooeingänge Barnstorfer Ring und Trotzenburg, Rostock, Tel. 20820, www.zoo-rostock.de, tgl. ab 9 Uhr.
Botanischer Garten der Universität Rostock, Hamburger Str. 28, Rostock, Tel. 4986250, www.garten.uni-rostock.de, Mitte März–Anf. Dez. Di–Fr 7–18, Sa/So 9–18 Uhr, Loki-Schmidt-Gewächshäuser Mitte März–Anf. Dez. Di–Do 10–12.30, 13–15 Uhr.

Warnemünder Woche, Anfang Juli, www.warnemuender-woche.com. Mit Segelregatta, dem ›Niegen Ümgang‹, Waschzuberrennen, Drachenbootrennen, Beachpartys und Musik am Leuchtturm.
Hanse Sail Rostock, Anfang Aug., www.hansesail.com. Bedeutendes Windjammertreffen mit Traditionsseglern, Bummelmeilen und Feuerwerk.
Weihnachtsmarkt, Ende Nov.–Dez., größter Weihnachtsmarkt im Norden.

Volkstheater Rostock, Doberaner Straße 134/135, Tel. 3814700, www.volkstheater-rostock.de. Schauspiel, Musiktheater, Tanz, Kinder- und Jugendtheater, Konzerte etc. an mehreren Spielstätten.
Kurhaus Warnemünde, Seestraße 18, Rostock-Warnemünde, Tel. 5484474, www.kurhaus-warnemuende.de. Zahlreiche Veranstaltungen im Großen Saal und Kurhausgarten.

Fohlenhof Biestow, Damerower Weg 8, 18146 Rostock, Tel. 44441928, www.fohlenhof-biestow.de. Reitstunden für Anfänger und Fortgeschrittene, Ausritte, Ponyreiten, Pferdepension.

Angelfahrten von Warnemünde aus. Die Tourist-Informationen haben die aktuellen Informationen.

Sportpark Barge, Admannshäger Damm 19, Bargeshausen, Tel. 038203/490, tgl. Multifunktionelle Sportanlage mit Tennisplätzen, Squash und Badminton, Kegelbahnen, Pandino-Kindererlebniswelt (www.pandino-mv.de), Vital-Sport- & Gesundheitsstudio (www.vital-barge.de).
Kartcenter Rostock, Go-Kart-Bahn, Industriestraße 10, Rostock-Schmarl, Tel. 1217777, www.kartcenter-rostock.de, Di-Do 15-22, Fr 13-24, Sa 13-24, So 12.30-22 Uhr, in den Ferien auch Mo 13-22 Uhr. Kleine und große Rennfahrer können auf 450 m ihre Runden drehen.
Kletterwald Hohe Düne, Warnemünder Straße 20, Parkplatz Stubbenwiese, Rostock-Markgrafenheide, Tel. 0162/4109349, www.kletterwald.de. Juni-Aug. tgl. 9.30-19.30 Uhr, April/Mai, Sept./Okt. Di, Fr-So 10-19 Uhr.

Wassersportschule Rostock Baltic Windsport, Warnowufer 65, Rostock, Tel. 2009555, www.baltic-windsport.de. Segel-Schnupperkurse, Grundkurse, Ablegen des Segelscheins, Wind- und Kitesurfen, Wellenreiten, Stand-Up-Paddle, Bootscharter. Standorte im Stadthafen, am Warnemünder Strand und im Yachthafen Hohe Düne.
Beach 23, Kite- und Windsurfing, Strandzugang 22, Rostock-Warnemünde, Tel. 0172/2688469, www.beach23.de. Schnupper- und Grundkurse im Wind- und Kitesurfen.
Fahrgastschiffe laden zu See- und Hafenrundfahrten ein, Linienschiffsverkehr zwischen Rostock-Stadthafen und Warnemünde, Fahrten in das Naturschutzgebiet Rostocker Heide.
Fährverkehr besteht von Rostock nach Gedser (Dänemark) mit Scandlines Deutschland GmbH, Tel. 01802/116688, www.scandlines.de; nach Trelleborg (Schweden) mit TT-Line GmbH, Tel. 04502/80181, www.ttline.com.
Yachthafen Hohe Düne, Am Yachthafen 1-8, Rostock-Warnemünde, Tel. 50408000, www.yachthafen-hohe-duene.de. Segel-, Surf- und Yachtschule, Tauchbasis, Bootscharter, Wakeboard, Wasserski. 750 komfortable Liegeplätze, modernste Technik in allen Bereichen.
Speedsailing, Warnowufer 58, Rostock-Warnemünde, Tel. 6669020, www.speedsailing.de. Tagestörns auf High-Tech-Rennyachten.

Rostocks Einkaufsmeile ist die Kröpeliner Straße. Aber es lohnt auch links und rechts der großen Straßen zu schauen und manch kleines Geschäft zu entdecken. In Warnemünde bummelt man entlang des Alten Stroms, an der Promenade und rund um den Kirchplatz. Hier kann man durch die Bäderregelung fast jeden Sonntag einkaufen.
Karls Erlebnisdorf, Purkshof 2, Rövershagen, an der B 105, Tel. 038202/4050, www.karls.de, tgl. Großer Bauernmarkt und Hof-Café, Themenspielplätze, Indoor-Spielplatz, Streicheltiere, Traktorbahn und vieles mehr.

Minilauben mit Seeblick – die Strandkörbe

Das Bild ging um die Welt: Die Mächtigen dieser Welt beim G8-Gipfeltreffen im Juni 2007 in Heiligendamm in einem sechs Meter langem Riesen-Strandkorb versammelt. Er wurde in Heringsdorf auf Usedom in der wohl ältesten Strandkorbfabrik Deutschlands gefertigt. Tausende Strandkörbe, allerdings wesentlich kleiner, stehen von Mai bis Oktober am Strand von Mecklenburg-Vorpommern. Ein Mecklenburger gilt auch als Erfinder dieses beliebten Sitzmöbels. 1882 fertigte der Rostocker Hofkorbmachermeister Wilhelm Bartelmann einer älteren rheumakranken Dame einen mit Markisenstoff überdachten Rohrstuhl für den Warnemünder Strand. Die Dame war mit dem Windschutz zufrieden und Bartelmann gab daraufhin im ›Allgemeinen Rostocker Anzeiger‹ eine Annonce auf, die am 14. Juni 1883 erschien: »Badegästen empfiehlt Strandkorb als Schutz gegen Sonne und Wind...« Das Interesse für die windgeschützte Sitzgelegenheit war groß, Bartelmann produzierte mit seinen Gesellen fleißig. Bereits im Jahr darauf eröffnete seine Frau in Warnemünde die erste Strandkorbvermietung der Welt. Bartelmanns Geselle Johann Falck machte sich selbständig, und aus seiner Werkstatt kam um 1910 der erste zweiteilige Liegekorb, so wie wir ihn heute kennen.

Die Manufaktur in Heringsdorf fertigt jährlich 5000 bis 7000 Strandkörbe, alle in traditioneller Handarbeit, jedes Stück entsteht nach Kundenwunsch. Es gibt Mini-Strandkörbe für Hunde und XXL-Strandkörbe für Mini-Gruppen wie für die Chefs des G8-Gipfels. Es gibt Strandkörbe mit Aschenbecher und Getränkehalter, Strandkörbe mit Musikanlage und integrierten Lautsprechern, Strandkörbe mit Sitzheizung oder eingebautem Kühlschrank. Alles ist nur eine Frage des Preises, der bei etwa 600 Euro beginnt und rasch auf 4000 Euro klettern kann. Wer ihn nur für einen Tag am Strand mietet, kommt mit sechs bis zehn Euro davon. Die Standkorbvermieter sitzen in Kiosken an den Zugängen, die zu den Strandflächen führen, die ihnen von den Gemeinden zugeteilt wurden und hoffen auf viel Sonne und Wind. Nur dann läuft das Geschäft. Auf das hoffen auch die Gemeinden. Denn je mehr Strandkörbe vermietet werden, desto höhere Abgaben der Vermieter fließen in die Gemeindesäckel. Die Minilauben mit Seeblick sind in Mecklenburg-Vorpommern zu einem Wirtschaftsfaktor geworden.

Strandkorbparade

Graal-Müritz

Das Ostseebad (4200 Einwohner) hat kein Ortszentrum, denn es entstand 1938 aus den beiden Orten Graal und Müritz. Müritz im Osten ist der ältere Teil, der noch dörflichen Charakter besitzt, Graal der westliche mit der Seebrücke und dem zwischen 1954 und 1960 angelegten und inzwischen denkmalgeschützten **Rhododendronpark**. Mit seinen 4,5 Hektar gehört er zu den größten seiner Art in Europa. Mehr als 2000 Rhododendren entfalten im Mai und Juni ein farbenprächtiges Blütenmeer. Das maritime Klima und die durch hohe Bäume windgeschützte Ecke scheinen den Pflanzen gut zu bekommen. 1955 hatte die Gemeinde begonnen, das brachliegende Stück Land in den Park umwandeln zu lassen. Die 350 Meter lange **Seebrücke** hat gegenüber den 18 anderen an der Ostseeküste Mecklenburg-Vorpommerns eine Besonderheit: Sie sammelt tagsüber mit einer eigenen Solaranlage die Energie, die für die nächtliche Beleuchtung des Bauwerks benötigt wird.

Graal-Müritz mit seinem feinen, weißen Sandstrand besitzt seit Jahrzehnten Bedeutung als Kurort, denn hier treffen Wald und Ostsee aufeinander. Die lungenfreundliche Mischung aus Wald- und Seeluft ist ideal; die ersten Kur- und Feriengäste bezogen im Jahr 1880 ihre Zimmer. Sportliche Betätigung bietet das **Aquadrom**. In modernen Multifunktionshallen kann man Ballsportarten wie Badminton, Tennis, Basketball und Volleyball ausüben und im 25-Meter-Becken im Ostseewasser schwimmen.

■ Die Umgebung

Erlebnisreich ist eine Wanderung durch das 275 Hektar große **Regenhochmoor**, einem in Norddeutschland einmaligen Naturreservat am östlichen Rand von Graal-Müritz. Gelaufen wird auf schwankendem und federndem Untergrund zwischen einer vielseitigen Pflanzenwelt. Über den kleinen Tümpeln schweben Libellen, und aus Verstecken ist das Quaken von Fröschen zu hören. Das Moor ist der nördliche Ausläufer der Rostocker Heide, mit mehr als 11 000 Hektar der größte deutsche Küstenwald.

Noch im 19. Jahrhundert waren Köhlereien im gesamten norddeutschen Raum weit verbreitet. Sie produzierten Holzteer für den Schiff- und Hausbau, die

▲ *Im Graal-Müritzer Rhododendron-Park*

Der Forst- und Köhlerhof in Wiethagen

Fischerei und Glashütten. Zwei dieser 1837 im neun Kilometer von Graal-Müritz entfernten **Wiethagen** entstandenen Teerschwelöfen, die bis 1979 in Betrieb waren, blieben erhalten und wurden zum technischen Denkmal erklärt. Das Köhlerhaus auf dem Gelände nahm das Forstmuseum auf, beides zusammen nennt sich **Forst- und Köhlerhof**.

Ein beliebtes Ausflugsziel in dieser Gegend ist das nordöstlich von Graal-Müritz gelegene **Museum Naturschatzkammer, Edelstein- und Bernsteinzentrum** in **Neuheide**. Etwa 250 Pilzarten sind in ihren Lebensräumen zu sehen, ferner werden rund 2000 Schmetterlinge und Insekten sowie etwa 200 präparierte heimische Vögel und Säugetiere präsentiert. Jedes Jahr im Herbst zeigt man eine Frischpilzausstellung.

Im englischen Landhausstil entstand das **Jagdschloss** (1886/87) in **Gelbensande**, wenige hundert Meter von der B105 entfernt. Es besitzt auch Elemente russischer Folklorearchitektur, denn die Gemahlin des Bauherrn, des Schweriner Großherzogs, war die russische Großfürstin und Zarenenkelin Anastasia Michailowna. Zur Grundsteinlegung für das Schloss kam 1885 aus St. Petersburg der Sohn des russischen Zaren angereist, Großfürst Michail Nikolajewitsch Romanow, der den Bau finanziell unterstützte. 1904 feierte man in dem Schloss die Verlobung des preußischen Kronprinzen Wilhelm mit Prinzessin Cecilie aus dem Schweriner Herzogshaus. Den beiden gefiel das Bauwerk so sehr, dass sie sich nach dem Vorbild von Gelbensande Schloss Cecilienhof in Potsdam errichten ließen, das durch die Potsdamer Konferenz 1945 weltberühmt wurde. Nach der Abdankung 1918 erhielt die mecklenburgische Großherzogsfamilie das Wohnrecht auf Schloss Gelbensande zugesprochen, Ende 1944 haben sie es für immer verlassen. Heute ist das Schloss ein Museum. Der Rundgang führt die Besucher durch 12 Räume, die teilweise originalgetreu eingerichtet wurden. Besonders interessant sind die vier Kamine sowie das großherzogliche Bad mit der originalen Badewanne. Die Sanitäranlagen des Jagdschlosses gehörten zur Erbauungszeit zu den modernsten in Deutschland.

Graal-Müritz und Umgebung

PLZ: 18181.
Vorwahl: 038206.
Tourismus- und Kur GmbH/Haus des Gastes, Rostocker Str. 3, Ostseeheilbad Graal-Müritz, Tel. 7030, www.graal-mueritz.de.

🛏

IFA-Graal-Müritz Hotel Spa & Tagungen, Waldstr. 1, Tel. 730, www.ifa-graal-mueritz-hotel.com, 150 Zi., DZ/F ab 126 €. Hotel im Landhausstil in ruhiger Lage direkt am Strand, großer Wellness-Bereich mit 25-m-Schwimmbad, Saunen und Beauty-Bereich.
Seehotel Düne, Strandstr. 64, Tel. 13990, www.seehotel-duene.de, 30 Zi., DZ/F ab 70 €. Direkt an Meer und Wald/Moor gelegen, Sauna- und Massagebereich.

⛺

Ostseecamp Ferienpark ›Rostocker Heide‹, Wiedortschneise 1, Tel. 77580, www.ostseecamp-ferienpark.de. Familienfreundlicher Campingplatz direkt an der Ostsee, nur getrennt durch die Düne. Auch Bungalows und Mietwohnwagen.

🍴

Caféstübchen Witt, Am Tannenhof 2, Tel. 77221, www.cafestuebchen-witt.de, Mo geschl. Hausgebackene Torten nach überlieferten Rezepten, mittags und abends leckere Fisch- und Fleischgerichte. Der Klassiker: Riesenkirschwindbeutel.
Restaurant Waldner, Ribnitzer Str. 15, Tel. 14500, www.lesecafe.com, tgl., Hauptgerichte 9–17 €. Regionale Gerichte, am Wochenende hausgebackener Kuchen, gemütliche Sitzecken. Buchlesungen und Märchenstunden.

🏛

Naturschatzkammer, Edelstein- und Bernsteinzentrum, Ribnitzer Landweg 2, Neuheide, Tel. 79921, www.naturschatzkammer.de, tgl. 9–18 Uhr.
Forst- und Köhlerhof Wiethagen, Dorfstr. 13, Wiethagen, Tel. 038202/2035, www.koehlerhof-wiethagen.de, April–Sept. Di–Fr 9–17, Sa/So 10–17 Uhr, Okt.–März Di–Fr 9–16, So 10–16 Uhr.
Jagdschloss Gelbensande, Tel. 038201/475, Gelbensande, www.jagdschloss-gelbensande.de, tgl. 11–17 Uhr.

🎵

Rhododendron-Parkfest, Ende Mai, Unterhaltung für die ganze Familie inmitten eines Blütenmeeres.
Seebrückenfest, Juli, die Einweihung der Seebrücke wird jedes Jahr gefeiert, Live-Musik, Tanz und Unterhaltung.
Kleinkunstfestival Groß-ARTig, Anfang Aug. im Rhododendronpark, viele Künstler überzeugen mit ihren Kleinkunstdarbietungen.

〰

Aquadrom, Buchenkampweg 9, Tel. 87900, www.aquadrom.net, tgl. 9–21.30 Uhr, Di und Do ab 8 Uhr Frühschwimmen, Gesundheits-, Sport- und Wellness-Centrum. Meerwasserbecken von 29 °C, Saunalandschaft mit Hammam, Rhassoul, finnischer und klassischer Sauna.

⚠

Ausflugsfahrten (www.msbaltica.de) nach Warnemünde mit 3 Std. Landgang, entlang Fischland-Darß-Zingst (2 Std.).
Ostsee Surf- und Segelschule, Wiedortschneise 1 (im Ostseecamp Ferienpark), Tel. 13900, www.kulasurf.de. Kurse für Anfänger und Fortgeschrittene.

⊘

Nordic Walking Park, auf vier Strecken können von drei Startpunkten unterschiedliche Streckenlängen zwischen 4 und 6 km absolviert werden, miteinander kombiniert ergeben sie eine Gesamtstrecke von 20 km.

Wismar, St. Nikolai

Drei Halbinseln sind zu einer rund 50 Kilometer langen Kette zusammengewachsen. Die Landschaft hat ihren besonderen Reiz, Steil- und Flachküste sowie Bodden liegen dicht beieinander. Charakteristisch sind rohrgedeckte Häuser, auch gibt es noch Gegenden, die von Menschenhand nahezu unberührt sind. Fischland-Darß-Zingst ist ein stilles Ferien- und beschauliches Naturparadies.

FISCHLAND-DARSS-ZINGST

In Ahrenshoop auf dem Darß

Die Eingangstore

Wer aus dem Westen oder dem Süden der Halbinselkette zustrebt, fährt durch Ribnitz-Damgarten oder zumindest daran vorbei. Wer aus dem Osten kommt, der passiert Barth. Bahnreisende müssen in den beiden Städten aussteigen, denn Fischland-Darß-Zingst hat keine Bahnverbindung. Den südwestlichen Teil bildet das Fischland, dem der Darß und die Halbinsel Zingst im Osten folgen. Über die Meiningenbrücke rollten einst Züge von Barth über Zingst nach Prerow. Seit der Demontage der Bahngleise als Reparationsleistung nach dem Zweiten Weltkrieg dient sie nur noch als Straßenbrücke. Mit nur einer Fahrspur konnte sie dem wachsenden Verkehrsaufkommen nicht mehr gerecht werden, weshalb Ende der 1980er Jahre parallel zu ihr eine Pontonbrücke entstand. Eine neue Brücke über den Meiningenstrom ist geplant, die auch eine erneute Bahnanbindung ermöglichen soll.

Ribnitz-Damgarten

Jahrhundertelang bildete das Flüsschen **Recknitz** die Grenze zwischen Mecklenburg und Pommern. Ribnitz lag in Mecklenburg, das unscheinbarere Damgarten in Pommern. 1950 wurden beide Orte (15 100 Einwohner) vereint. ›Bernsteinstadt‹ wird das Doppelstädtchen gern genannt. Gefunden wird hier zwar keiner, aber das ›Gold des Meeres‹ verarbeitet man in der Stadt, und das kann man sich anschauen. Bewundert hat das Städtchen auch der weltberühmte deutsch-amerikanische Maler Lyonel Feininger, der das Rostocker Tor und die Gassen vielfach gemalt hat.

Ribnitz-Damgarten 131

Brunnen und Rathaus in Ribnitz-Damgarten

■ **Sehenswürdigkeiten**

Das **Bernsteinmuseum**, das einzige Museum dieser Art in Deutschland, präsentiert ausführlich die Geschichte des Schmucksteins aus fossilem Harz. In der Schauwerkstatt wird die Bearbeitung von Bernstein vorgeführt. Wer möchte, kann sich ein kleines Stück kaufen und selbst schleifen und polieren. Zum Museum gehört die **Backsteinkirche** (um 1400) des einstigen Klarissinnenklosters. Kostbarkeiten in der Kirche sind die in der Kunstgeschichte als Ribnitzer Madonnen bezeichneten spätgotischen Holzplastiken (14. Jahrhundert), unter ihnen die Löwenmadonna und die Statue der heiligen Klara.

Das Unternehmen ›Ostseeschmuck‹, der größte Schmuckproduzent in den östlichen Bundesländern, hat ein neues Produktionsgebäude als Schaumanufaktur errichtet. Hier darf zugeschaut werden, wie Bernstein verarbeitet wird. In der größten **Verkaufsausstellung** dieser Art in Deutschland liegen etwa 10 000 Schmuckstücke bereit.

Am Marktplatz steht auf der einen Seite das klassizistische **Rathaus** (1834), auf der anderen die wuchtige **Backsteinhallenkirche St. Marien**, mit deren Bau man im 13. Jahrhundert begann. Den Platz schmückt seit 2007 der **Bernsteinbrunnen** des Rostocker Künstlers Thomas Jastram, den mehrere Figuren aus dem Märchen der Gebrüder Grimm ›De Fischer un sin Fru‹ zieren.

Von den einst fünf Ribnitzer Stadttoren blieb nur das spätgotische **Rostocker Tor** an der B105 erhalten.

Vom Markt bietet sich ein kleiner Spaziergang zum Ufer des Ribnitzer Sees an, von dem man über das Wasser bis zum Fischland schaut. In der Nähe des kleinen Hafens erweckt die Bronzeplastik ›Der Zirkus kommt‹ (2009) von Jo Jastram viel Bewunderung.

■ **Klockenhagen**

In Klockenhagen sammelt man Häuser! Besonders typische Bauten, die für die Nachwelt erhalten werden sollen, zerlegt man am alten Standort, nummeriert jedes Teil und fügt sie im **Freilichtmuseum Klockenhagen** wieder zusammen. Eins der ältesten Gehöfte des sechs Kilometer von Ribnitz-Damgarten entfernten Dorfes, zu dem ein niederdeutsches Hallenhaus von 1700 gehört, bildete 1970 den Grundstock des Museums. Mittlerweile sind etwa 20 Bauwerke nach Klocken-

Im Freilichtmuseum Klockenhagen

Fischland-Darß-Zingst

Bewohner des Vogelparks Marlow

hagen auf die Wanderschaft gegangen, unter anderem Windmühle, Backhaus und Spritzenhaus.
Das älteste Gebäude ist eine **Drei-Ständer-Fachwerkscheune** aus Weidengeflecht und Lehm, die 1642 in Bengerstorf errichtet worden war, ein besonders seltenes ist das Tweipott genannte Hallenhaus, das entgegen den sonstigen Gepflogenheiten nicht quer-, sondern längsgeteilt ist und somit zwei mit dem Rücken aneinandergestellten Hallenhäusern gleicht. Die schlichte **Fachwerkkirche** stand von 1790 bis 1978 in Dargelütz. Nachgebaut hat man den Glockenstuhl, das Original steht in Zislow am Plauer See.

■ **Marlow**
Rund 150 Vogelarten aus allen Erdteilen sind im **Vogelpark** von Marlow (4700 Einwohner) zu sehen. Der größte Vogel, der afrikanische Strauß, ist ebenso vorhanden wie der kleine asiatische Tigerfink. Die Tiere leben in naturnahen Lebensräumen, die großzügigen Anlagen sind teilweise begehbar. Das Tauchen der Pinguine kann man durch eine große Glasfront beobachten. Im Tropenhaus flattern Schmetterlinge und Vögel. Adler, Bussarde, Falken und Eulen zeigen in einem besonderen Gelände im Freiflug ihre Künste. Die im Vogelpark lebenden Weißstörche sind verletzte Pfleglinge, die durch Unfälle bedingt in der Natur nicht überleben können, aber seit Jahren brüten auch wilde Weißstörche im Vogelpark. Im Streichelgehege sind Ziegen, Schafe, Kaninchen und Hühner hautnah zu erleben. Das Wappentier des Vogelparks ist der heimische Graukranich. Marlow liegt 13 Kilometer südöstlich von Ribnitz-Damgarten.

■ **Bad Sülze**
Von Marlow sind es acht Kilometer bis Bad Sülze (1700 Einwohner), einem Kurort, wie es der Beiname verrät. Bis ins 19. Jahrhundert bildete eine Saline die wirtschaftliche Grundlage. In das ehemalige Salineamt (1759) zog das **Salzmuseum**, das über die Geschichte der bereits vor 1129 bezeugten Saline und über die 1822 erfolgte Gründung des Solebades informiert. Einige der einst für Salzarbeiter errichteten **Fachwerktraufenhäuser** stehen noch in der Salinestraße. Zu den Sehenswürdigkeiten des Ortes gehören weiterhin die backsteinerne **Stadtkirche** (13. Jahrhundert) sowie das alte **Kurhaus** (1822–1824), ein zweigeschossiger Fachwerkbau mit klassizistischer Putzfassade. Der Entwurf stammt von Landesbaumeister Carl Theodor Severin, der für den Großherzog unter anderem das klassizistische Bild Bad Doberans geschaffen hat. Wer einmal allein sein möchte, wandert oder radelt zum Ufer des Flüsschens Recknitz.

Ribnitz-Damgarten und Umgebung
PLZ: 18311.
Vorwahl: 03821.
Stadtinformation Ribnitz-Damgarten, Am Markt 14, Tel. 2201, www.ribnitz-damgarten.de.
Touristik-Information Bad Sülze, Saline 9, Tel. 038229/80680, www.bad-suelze.de.

Ribnitz-Damgarten

Hotel Perle am Bodden, Fritz-Reuter-Str. 14-15, Tel. 2148, www.perle-a-b.de, 14 Zi., DZ/F ab 65 €. Ruhige Lage an der ›Ribnitzer See‹, einem Teil des Saaler Boddens.
Sunshine-Ferienpark, An der Bäderstraße 22, OT Körkwitz, Tel. 815835, www.sunshine-ferienpark.de, FW ab 35 €. Moderne Ferienwohnungen, Ferienzimmer von 2-5 Personen (50 Betten) in unterschiedlichen Typen, auf einem Waldgrundstück am Saaler Bodden.

Fischhafen-Restaurant Meeresbuffet, Am See 40, Tel. 8113807, www.ribnitzer-fischhafen.de, tgl., Hauptgerichte 9-15 €. Vor allem leckere Fischgerichte.
Hafenschenke, Am See 1a, Tel. 894830, www.hafenschenke.de, tgl., Nov.-April Mo geschl., Hauptgerichte 8-14 €. Viel Maritimes, Themenwochen wie Matjestage oder Kartoffelwochen.
Gutshof Hessenburg, Hessenburg/Saal, Tel. 038223/669900, www.schmiede-hessenburg.de, März-Juni/Okt.-Dez. Fr-So, Juli-Aug. Mi-So geöffnet, Hauptgerichte 13-16 €. 14 km nordöstlich von Ribnitz-Damgarten lädt das Restaurant in der ehemaligen Schmiede zu pommerscher Küche, im Biedermeier-Café nebenan gibt es hausgebackenen Kuchen.

Deutsches Bernsteinmuseum, Im Kloster 1-2, Tel. 2931, www.deutsches-bernstein museum.de, März-Okt. tgl. 9.30-18 Uhr, Nov.-Febr. Di-So 9.30-17 Uhr.
Freilichtmuseum Klockenhagen, Mecklenburger Str. 57, Klockenhagen, Tel. 2775, www.freilichtmuseum-klockenhagen.de, tgl. April/Mai/Okt.-Okt. 10-17, Jun-Sept. 10-18 Uhr.
Vogelpark Marlow, Kölzower Chaussee, Marlow, Tel. 038221/265, www.vogel park-marlow.de, April-Okt. tgl. 9-19 Uhr, Nov.-März tgl. 10-16 Uhr.

Salzmuseum Bad Sülze, Saline 9, Bad Sülze, Tel. 038229/80680, www.stadtbad suelze.de. Mai-Okt. Di-Fr 10-12, 14-16, Sa/So 14-16 Uhr, Nov.-April Di-Fr, So 14-16 Uhr.

Pferdehof Hirschburg, Neuklockenhäger Weg 1a, OT Hirschburg, Tel. 87800, www.pferdeferien.de. Reitunterricht, Ausritte, Ponyreiten.

Bodden-Therme, Körkwitzer Weg 15, Tel. 3909961, www.bodden-therme.de, tgl. Sport- und Wellenbad, Saunalandschaft, im Außenbereich Warmwasserbecken mit Gegenstromanlagen, Blockhaussauna und Liegewiese.

Wasserskianlage, Am Bernsteinsee 1, OT Körkwitz, Tel. 7094300, www.koerks.de, April/Okt. Sa/So 12-19, Mai/Sept. Mo-Fr 14-19, Sa/So 12-19 Uhr, Juni-Aug. Mo-Fr 11 Uhr-Sonnenuntergang, Sa/So 12 Uhr-Sonnenuntergang.

Fahrgastbetrieb Kruse und Voß, Tel. 038220/588, www.boddenschifffahrt.de. Schiffsfahrten von Ribnitz-Damgarten nach Wustrow und zurück.

Golfanlage Zum Fischland, Pappelallee 23a, Neuhof, Tel. 894610, www.golfclub-fischland.de. 9-Loch-Anlage mit Driving-Ranch und Übungsplatz.

Schaumanufaktur Ostseeschmuck, An der Mühle 30, Tel. 88580, www.ostsee schmuck.de, Mo-Fr 9.30-18, Sa 9.30-16 Uhr. Gläserne Produktion der Bernstein-Schmuckgestaltung und -herstellung. Werksverkauf.

Barth

Der kleine Bartheflusss, die Lage am Bodden sowie ausgedehnte Wälder in der Umgebung machen den Reiz von Barth (8600 Einwohner) aus. Die Stadt bildet das östliche Eingangstor zur Halbinsel Fischland-Darß-Zingst.

Überregionales Aufsehen erregte Barth 1998, als es sich den Namen Vineta beim Deutschen Patentamt als Markenzeichen schützen ließ. Denn angeblich, so hatten kurz zuvor ein Journalist und ein Wissenschaftler aus Berlin behauptet, habe das legendenumwobene Vineta im Barther Bodden gelegen. Die Aufregung war damals groß, Hotels und Restaurants mit dem Namen Vineta fürchteten, sich umbenennen zu müssen, die Vineta-Festspiele auf Usedom sollen auch schon über einen neuen Namen gegrübelt haben. Doch die Stadt Barth zeigte sich großzügig, dachte an den Tourismus im gesamten Bundesland, und so blieb alles wie gehabt.

■ Sehenswürdigkeiten

Das bedeutendste Baudenkmal überragt alles: die gotische **Marienkirche** (1325–1400) mit ihrem 80,7 Meter hohen Turm. Der stattliche dreischiffige Backsteinbau besitzt eine neogotische Innenausstattung (1856–1863) mit dem Altarziborium, die von Friedrich August Stüler stammt, einem der maßgebenden Berliner Architekten seiner Zeit (als seine bedeutendste Schöpfung gilt das Neue Museum in Berlin). Ältestes Ausstattungsstück ist das bronzene, in einer Lübecker Werkstatt gefertigte Taufbecken aus dem 14. Jahrhundert.

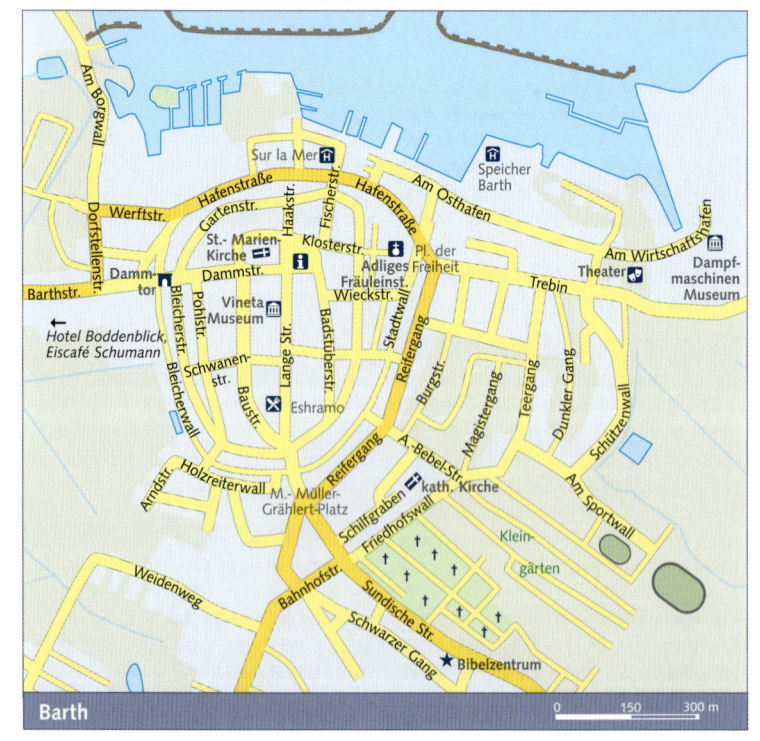

Barth mit der überragenden Marienkirche

Das **Adlige-Fräulein-Stift** (16. Jahrhundert), ein dreiflügeliger barocker Gebäudekomplex östlich des Marktes, ging aus einem Renaissanceschloss der Pommernherzöge hervor. Von der Stadtbefestigung sind noch das backsteinerne 35 Meter hohe **Dammtor** (Mitte 15. Jahrhundert) und der runde **Backsteinturm** (14. Jahrhundert) im Nordosten der Stadt zu sehen. An die Zeit, als von Barth Segelschiffe über die Meere fuhren, erinnert am **Hafen** der zum Hotel umgebaute Speicher. Der Hafen hat sich in den vergangenen Jahren zu einem kleinen Schmuckstück verwandelt, der heute zum Bummeln einlädt sowie die Gastro-Promenade zum Verweilen. Mehr als 400 Liegeplätze sind entstanden. In der Hospitalkirche St. Jürgen (13. Jahrhundert) richtete man das **Niederdeutsche Bibelzentrum** ein. Wertvollstes Exponat in der Ausstellung ist ein Exemplar der 1588 in Barth gedruckten niederdeutschen Ausgabe der Lutherbibel.

Barth

PLZ: 18356.
Vorwahl: 038231.
Barth-Information, Markt 3/4, Tel. 2464, www.stadt-barth.de.

Hotel Speicher Barth, Am Osthafen 2, Tel. 63300, www.speicher-barth.de, 44 Zi., DZ/F ab 90 €. In einem alten Getreidespeicher etablierte sich ein komfortables Hotel.
Pension Boddenblick garni, Zur Oie 9, Bresewitz, Tel. 81758, www.pensionboddenblick.de, 20 Zi., DZ/F ab 50 € je nach Saison. Familien- und fahrradfreundliches Haus, alles Nichtraucherzimmer mit Miniküche und Kühlschrank, großer Garten.

Sur la Mer, Am Westhafen 24, Tel. 77536, www.sur-la-mer.net, tgl., Hauptgerichte 8 –14 €. Von Frühstück bis Abendessen. Besonders angenehm sitzt es sich auf der Terrasse mit Blick auf den Barther Bodden.
Eshramo, Lange Str. 60, Tel. 450004, www.eshramo.com, tgl., Hauptgerichte 6 –16 €. Mediterrane Köstlichkeiten, Pizza, Pasta, Fisch und Fleisch.

Eiscafé Schumann, Am Anger 1, Bresewitz, Tel. 80659, www.pension-eis-schumann.de, tgl. Eis aus eigener Produktion. Die Spezialität: Sanddorn- und Holundereis.

Vineta-Museum, Lange Straße 16, Tel. 81771, www.vineta-museum.de, Di–Fr 10–17, Sa/So 11–17 Uhr.
Niederdeutsches Bibelzentrum St. Jürgen, Sundische Straße 52, Tel. 77662, www.bibelzentrum-barth.de, Di–Sa 10–18, So 12–18, Feiertage 14–17 Uhr.

Theater Barther-Bodden-Bühne, Trebin 35a, Tel. 66380, www.boddenbuehne.de, www.vorpommersche-landesbuehne.de. Im ehemaligen Kulturhaus der Zuckerfabrik entstand mit der Boddenbühne eine der Spielstätten der Vorpommerschen Landesbühne Anklam.

Reiterhof Boddenblick, Glöwitz 1, Tel. 2843, www.djh-mv.de. Reiterhof auf dem Gelände der Jugendherberge.

Surfschule Barth, Glöwitz 1, Tel. 0179/8384127, www.wassersportzentrum-barth.de. Windsurfkurse für Anfänger und Fortgeschrittene, Verleih von Ausrüstungen, Ruderbooten, Kanus, Kajaks, Katamaran, geführte Kanutouren.

Schiffsfahrten ab Hafen Barth nach Zingst und Hiddensee, Tickets im Steuerhaus am Hafen oder der Barth-Information.

Auf der Halbinsel

Fischland und Darß haben die Menschen bereits im 14. Jahrhundert vereint, beim Ostseehochwasser 1872 versandete der Prerower Strom, der zwei Jahre später zugeschüttet wurde und somit den Zingst zu einer Halbinsel machte. Die Halbinselkette bietet noch Naturparadiese, Ecken und Winkel, die von Menschenhand nahezu unberührt geblieben sind. Die Gäste staunen immer wieder über die urwüchsige Naturlandschaft, wozu der Darßer Weststrand mit den ›Windflüchtern‹ genannten, skurril geformten Bäumen gehört. Buchen und Kiefern passen sich den vorherrschenden Westwinden an, tief geduckt zeigen ihre Äste alle gen Osten. Große Teile der Landschaft, mit Ausnahme der Ortskerne, gehören zum Nationalpark Vorpommersche Boddenlandschaft. Hier sieht man ein ungewohntes Verkehrsschild: Fischotterwechsel. Jedes Jahr werden viele der flinken Tiere von Autos überfahren, wenn sie in der Dunkelheit über die Straßen wechseln. Fischotter legen auf ihren nächtlichen Streifzügen bis zu 20 Kilometer zurück, im Wasser schaffen sie bis zu zwölf Kilometer in der Stunde, an Land bis zu acht. Die etwa 90 Zentimeter langen, possierlichen Tiere haben einen guten Geruchssinn, ein hochentwickeltes Gehör und halten keinen Winterschlaf. Begeisternde Worte fand der Schriftsteller Uwe Johnson in seinem Roman ›Jahrestage‹ über diese Region. Darin lässt er Gesine Cresspahl, die Hauptfigur, sagen: »Das Fischland ist das schönste Land der Welt.«

Dierhagen

Von Dierhagen (1600 Einwohner), unmittelbar vor dem Fischland gelegen, kann man von der Hauptstraße kaum etwas sehen. Links und rechts von ihr versteckt sich das stille Ostseebad mit seinen sechs Ortsteilen. An der Ostsee liegen Dierhagen-Strand, Dierhagen-Ost und Neuhaus, während sich Dierhagen-Dorf und Dändorf mit ihren Fischer- und Bauernhäusern dem Saaler Bodden zuwenden. Körkwitz-Hof mit Kapitänshäusern und Bauernhäusern bildet den Eingang zur Halbinsel Fischland-Darß-Zingst. Wer auf der Hauptstraße weiterfährt und den Ort links und rechts liegen lässt, versäumt nichts.

Für Naturfreunde jedoch interessant: Südwestlich des Seebades befinden sich das Naturschutzgebiet Dierhäger Moor sowie das Naturschutzgebiet Ribnitzer Großes Moor, in dem noch die vom Aussterben bedrohten Pflanzen Moosbeere, Glockenheide und der Fleisch fressende Sonnentau wachsen. Moorfrosch, Kreuzotter und der Fischotter fühlen sich hier ebenfalls wohl.

Wustrow

In dem ersten Ort (1200 Einwohner) auf dem Fischland hat sich manches Kapitänshaus aus der Zeit erhalten, als die Einwohner von der Seefahrt lebten, heute ist der Tourismus die Haupteinnahmequelle. Hier am Bodden sind die **Zeesboote** zu Hause. Die zehn bis zwölf Meter langen einstigen Fischereisegler bestimmten jahrhundertelang mit ihren braunen Segeln das Bild der Küstengewässer. Vom Frühling bis in den späten Herbst hinein bemühten sich die Fischer mit der Zeese, einem über den Grund geschleppten Netzsack, Fische zu fangen. Bereits vor Jahrzehnten mussten die Zeesboote den wirtschaftlicheren Kuttern weichen, heute werden die dickbauchigen, überraschend schnellen Zeesboote touristisch genutzt; sie laufen zu Kurz- und Tagestouren aus, und es finden Zeesbootregatten statt. Das kleine **Museum Fischlandhaus** im rohrgedeckten Haus (um 1800), Neue Straße 38, informiert über diese Entwicklung. Auf einen künstlich errichteten Hügel setzten die Wustrower ihre backsteinerne neogotische **Dorfkirche** (1860–1873). Die Besteigung des Turms lohnt wegen des weiten Blicks über das Land. Zahlreiche Schifferhäuser, rohrgedeckte Katen und Bauerngehöfte sind mit einem blauen Stein gekennzeichnet. Diese markieren den **Wustrower Kulturpfad**, der zu Interessantem aus Kunst, Kultur und maritimem Leben führt.

Das über 200 Jahre alte ›Fischlandhaus‹ in Wustrow

Fischland

PLZ: 18347.
Vorwahl: 038226 (Dierhagen), 038220 (Wustrow).
Kurverwaltung Dierhagen/Haus des Gastes, Ernst-Moritz-Arndt-Straße 2, Ostseebad Dierhagen, Tel. 201, www.ostseebaddierhagen.de.
Kurverwaltung Wustrow, Ernst-Thälmann-Str. 11, Ostseebad Wustrow, Tel. 251, www.ostseebad-wustrow.de.

Hotel am Moor, Peter-Janke-Str. 3, Dierhagen-Strand, Tel. 265, www.hotel-ammoor.m-vp.de, 43 Zi., DZ/F ab 60 €. Familiengeführtes Hotel in unmittelbarer Strandlage, die Zimmer verfügen teilweise über Balkone oder Terrassen.
Haus Windhook, Amselweg 4, Dierhagen-Ost, Tel. 80495, www.haus-windhook.de, 11 Fewo, 4 FH, ab 60 €. Gemütlich eingerichtete Ferienwohnungen, Ferienhäuser und Apartments in verschiedenen Häusern in den Dünen.
Ostseehotel Wustrow, Fischländer Weg 35, Wustrow, Tel. 6250, www.ostseehotel-wustrow.m-vp.de, 57 Zi. und App, DZ/F ab 52 €. Zwischen Dierhagen und Wustrow; Deich, Strand und Ostsee befinden sich unmittelbar vor der Haustür.
Sonnenhof, Strandstraße 33, Wustrow, Tel. 6190, www.sonnenhof-wustrow.de, 14 Zi., DZ/F ab 85 €. Freundliches Ferienhotel fast am Strand, Schwimmbad mit Gegenstromanlage.

Ostseecamp Dierhagen, Ernst-Moritz-Arndt-Straße, Dierhagen-Strand, Tel. 80778, www.ostseecamp-dierhagen.de, Mitte März–Okt. geöffnet. 300 Stellplätze auf einem 6,5 ha großen Wiesengrundstück unweit der Ostsee.

Pfannkuchenhaus, Waldstraße 4, Dierhagen, Tel. 80464, www.pfannkuchenhaus-dierhagen.de, tgl., Hauptgerichte um 5–12 €. Ein wahres Pfannkuchenparadies, unzählige Variationen von herzhaft bis süß, auch Fisch- und Fleischgerichte.
Gasthaus Stocker, Neue Str. 6, Dierhagen, Tel. 5080, www.gasthaus-pensionstocker.m-vp.de, tgl. Hauptgerichte 8–13 €. Bodenständige rustikale Gerichte in einem 150 Jahre alten Fachwerkhaus.
Schimmels, Parkstraße 1, Wustrow, Tel. 66500, www.schimmels.de, Do geschlossen, Hauptgerichte 18–20 €. Gehobene Landhausküche mit frischen regionalen Produkten im roten Kapitänshäuschen.
Schifferwiege, Karl-Marx-Straße 30, Wustrow, Tel. 80336, www.schifferwiege.de, tgl., Hauptgerichte 8–15 €. Eine große Vielfalt an Fischgerichten, der Fisch kommt jeden Tag frisch vom Kutter.

Fischlandhaus Wustrow, Neue Straße 38, Wustrow, Tel. 80465, Mo, Di, 10–12, 14–17, Do 10–12, 14–18, Fr–So 11–16 Uhr.
Kunstscheune Barnstorf, Barnstorf 1, Hufe IV, Wustrow, Tel. 201, www.kunstscheune-barnstorf.de, Mai–Mitte Okt. tgl. 10–13, 15–18, Ostern/Weihnachtszeit tgl. 11–17 Uhr. Wechselnde Ausstellung von Künstlern aus dem norddeutschen Raum.

Tonnenabschlagen, Juni–Sept. in verschiedenen Orten der Halbinsel, traditionelles Volksfest, bei dem eine aufgehängte Holztonne abgeschlagen werden muss.
Wustrower Zeesbootregatta, erstes Juli-Wochenende.

Fahrgastbetrieb Kruse u. Voß, Hafenstr. 7, Wustrow, Tel. 588, www.boddenschifffahrt.de. Große Boddenrundfahrten in den Nationalpark Vorpommersche Boddenlandschaften ab/an Wustrow, Linienfahrten zwischen Ribnitz-Damgarten, Wustrow und Dierhagen inkl. Fahrradtransport und Schiffsfahrten ab Althagen, Born, Bodstedt und Wieck/Darß inkl. Fahrradtransport, auch Kranichbeobachtungstouren.

Zeesboottouren mit der ›Butt‹ ab Hafen Wustrow, Tel. 201, www.zeesboot.de.

Segelschule Boddenskipper, Dorfstr. 27, Dierhagen-Dorf, Tel. 0170/4512671, www.boddenskipper.de. Segeltouren, Zeesbootfahrten, Segelkurse, Vermietung von Ruder- und Tretbooten.

Fischländer Segelschule, Hafenstraße 10, Wustrow, Tel. 66365, www.fischlaender-segelschule.de. Fahrten mit dem Zeesboot ›Bill‹ vom Wustrower Hafen am Saaler Bodden tgl. von Mai–Sept. Bootsvermietung, Segelkurse auch für Kinder, Segeltörns auf der Ostsee.

Surfcenter Wustrow, www.surfcenter-wustrow.de. Grund- und Einsteigerkurse, Wellenreiten und Kitesurfen.

Ahrenshoop

Das kleine Ahrenshoop (600 Einwohner) kann man gut und gern mit Worpswede bei Bremen vergleichen: ein Künstlerort. Über die ›Entdeckung‹ des Ortes schreibt der Maler Paul Müller-Kaempf (1861–1941) in seinen Erinnerungen: »Im Spätsommer 1889 hielt ich mich mit meinem Kollegen, dem Tiermaler Oskar Frenzel, in Wustrow auf dem Fischlande auf, um zu malen. Gelegentlich einer Wanderung am Hohen Ufer lag plötzlich, als wir die letzte Anhöhe erreichten, zu unseren Füßen ein Dorf: Ahrenshoop. Wir hatten von seiner Existenz keine Ahnung und blickten überrascht und entzückt auf dieses Bild des Friedens und der Einsamkeit...« Drei Jahre später ließ sich Müller-Kaempf in dem Fischlanddorf nieder und gründete eine Malerschule, das heutige Künstlerhaus Lukas, in der Dorfstraße 35, eines der ältesten Künstlerhäuser Deutschlands.

Im Jahr 1909 errichtete Müller-Kaempf mit seinen Künstlerkollegen den Kunstkaten im regionalen Architekturstil, der somit eine der ältesten Galerien Norddeutschlands ist. Hier, wie auch in der Strandhalle, im Neuen Kunsthaus sowie in der Galerie Schnepel III, der Galerie im Dornenhaus und in anderen Einrichtungen erfreuen heute wechselnde Kunstausstellungen die Besucher. Aber nicht nur Galerien, auch Töpfereien sind in vielen Rohrdachhäusern zu finden. Den Malern folgten weitere Künstler und Wis-

Moderne Architektur: das neue Kunstmuseum in Ahrenshoop

senschaftler – Albert Einstein und Gerhart Hauptmann kamen, in den frühen DDR-Jahren auch der Dichter und DDR-Kulturminister Johannes R. Becher, der zu Streitgesprächen den Dramatiker Bertolt Brecht mitbrachte. Bis heute blieb Ahrenshoop ein charmanter Künstlerort. Daran ändert auch der wuchtige Hotelklotz aus Glas und Beton nichts, der unlängst am östlichen Ortsausgang entstand und so gar nicht in die Landschaft passt.

■ Sehenswürdigkeiten

Seit 2013 besitzt Ahrenshoop ein neu errichtetes repräsentatives **Kunstmuseum** (Althäger Straße/Ecke Weg zum Hohen Ufer), dessen Sammlungen von der Gründerzeit der Künstlerkolonie bis zur Gegenwart reichen. Fast alle Stilarten des 20. Jahrhunderts sind hier zu finden, der Expressionismus ist ebenso vertreten wie die Neue Sachlichkeit und die Kunst der DDR. Das Museum, das aus vier hellen Ausstellungsräumen und einem Multifunktionalraum besteht, die sich um ein zentrales Foyer gruppieren, wird jährlich mehrere Ausstellungen veranstalten. Zu den traditionsreichen Häusern gehören der 1909 eröffnete blau gestrichene **Kunstkaten** und die **Bunte Stube**, ein seit 1922 in Familienbesitz befindliches Geschäft für Kunsthandwerk und Bücher. 1929 hat es der Bauhausarchitekt Walter Butzek als kreisrunden Holzbau mit einer arkadenartigen Passage in kräftigem Rot entworfen. Beachtung verdient auch die moderne **Dorfkirche** (1951), die die Form eines kieloben liegenden Bootes erhielt. Für die Innenausstattung mit Taufbecken und Kanzel wurde vorwiegend das Holz jener großen Pappel verwendet, die dem Kirchenbau weichen musste.

Wer am Strand in Richtung Westen läuft, kommt zum **Steilufer**, von dem Meer und Wind immer wieder ein Stück abfressen. Wenige Kilometer entfernt, am Darßer Ort, setzt die Natur das Davongetragene wieder ab – der Darßer Ort ist in den letzten 300 Jahren etwa 2,5 Kilometer ins Meer hineingewachsen.

Zwischen dem alten Ahrenshoop und dem heutigen Ortsteil Althagen verläuft die historische Grenze zwischen Mecklenburg und Pommern. In Althagen, an einem Seitenarm des Saaler Boddens, entstand um 1900 eine befestigte Schiffsanlegestelle für das Fährschiff nach Ribnitz-Damgarten, von hier fuhren aber auch die Fischer mit ihren dickbäuchigen Zeesbooten hinaus auf das Wasser. Heute ist der idyllische Hafen ein beliebter Wasserwanderplatz, Zeesboote starten auch noch, allerdings nur zu Touristenfahrten.

■ Die Umgebung

Das kleine **Born**, acht Kilometer von Ahrenshoop entfernt, ein Segelschiffahrts- und Fischerdörfchen am Nordufer des Saaler Boddens, hat ein **Forst- und Jagdmuseum**. Eingerichtet wurde es in dem Haus, in dem der königliche Forstmeister Ferdinand von Raesfeld von 1891 bis 1913 lebte und wirkte. Das kleine rohrgedeckte **Kirchlein** (1934/35) haben einheimische Handwerker ganz aus Holz gebaut.

Wer von Born fünf Kilometer östlich weiterfährt, kommt nach **Wieck** am Bodstedter Bodden. Mit der **Darßer Arche** (2000) besitzt der Ort eines der modernsten **Nationalparkzentren** in Mecklenburg-Vorpommern. Das in Form eines aufgedockten Schiffes errichtete Bauwerk bietet eine beeindruckende Reise durch eine der schönsten Naturregionen Europas.

Prerow

Das Seebad (1500 Einwohner) ist für seinen herrlichen **Strand** bekannt und besitzt auch eine 390 Meter lange **Seebrücke**. In Prerow stehen keine Hoch-

Eschenhaus
erbaut
1779

8

Traditionelle Haustür in Prerow

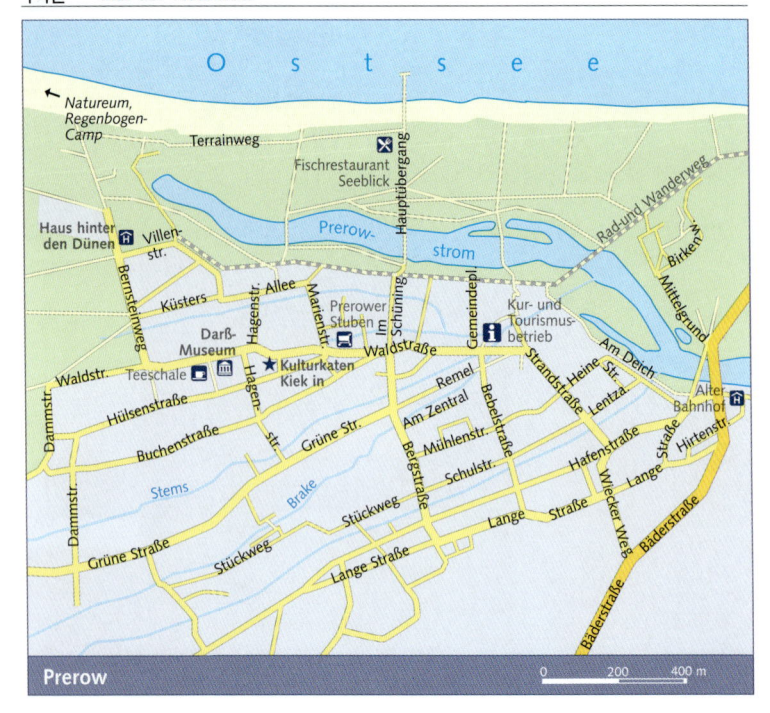

häuser, stattdessen prägen einstöckige rohrgedeckte Häuser inmitten blumenreicher Gärten das Gesicht des Ostseebades, in dem zu allen Jahreszeiten die Sonne lächelt. Denn die aufgehende Sonne gehört zu den typischen Motiven an den **Haustüren** der kleinen Häuser. Die geschnitzten, bunten Türen deuten auf die Historie des Ortes hin: Bis zum Niedergang der Segelschifffahrt um 1880 war Prerow ein Seefahrerdorf. Die Sonne symbolisierte den Wunsch des Seemannes nach einer glücklichen Heimkehr. Grün ist oft die Grundfarbe, denn damit strich man einst die Schiffe, und was davon übrigblieb, kam auf die Haustür. Hartnäckig hält sich die Legende, die Seeleute hätten die Türen auf den Segelschiffen geschnitzt und bemalt, um sich damit die Zeit auf den langen Reisen zu vertreiben. In Wirklichkeit wollten die Seefahrerfamilien mit den prachtvollen Haustüren ihren Wohlstand zeigen, zu dem ihnen die Segelschifffahrt in der Blütezeit vom Ende des 18. bis zur Mitte des 19. Jahrhundert verholfen hatte. In unseren Tagen ist es nicht viel anders. Wem es gut geht, der zeigt das, indem er sich von Kunsttischlern wie einst aufwendige Hauseingänge anfertigen lässt.

■ **Sehenswürdigkeiten**

Das **Darß-Museum** in der Waldstraße 48 zeigt Ausstellungen über die Lebensweise der Bewohner dieser Region. Die **Seemannskirche** (1726–1728), die älteste auf dem Darß, wird von zahlreichen **Grabsteinen** umgeben, die als bildhauerischen Schmuck vielfach Schiffsmotive tragen. Der mit Holzschindeln gedeckte Turm der Kirche wies lange Zeit den Schiffern den Weg von der Ostsee zum heute nicht mehr vorhandenen Wasserarm, der Darß und Zingst trennte. In der Kirche hängen von Prerower Kapitänen gestiftete **Votivschiffe** aus dem 18. und 19. Jahrhundert. Die ›Peter Kreft‹ kam 1780 in die Kirche, die ›Teutonia‹ und die ›Napoleon‹ hängen seit 1848 im Mittelschiff. Den venezianischen Kronleuchter stiftete eine Schiffsbesatzung im 19. Jahrhundert als Dank für ihre Rettung aus Seenot.

Darßer Urwald

Der Darßer Urwald mit dem wildursprünglichen **Weststrand** liegt in unmittelbarer Nachbarschaft von Prerow. Am Weststrand verändern nur Wind und Wellen das Land, keine Menschenhand greift ein; entwurzelte Bäume bleiben am Strand liegen. Naturfreunde werden begeistert sein. Der Darßer Urwald lässt sich auf gut ausgebauten Wanderwegen erkunden, einer führt auch zum fünf Kilometer von Prerow entfernten **Leuchtturm Darßer Ort**. Er ist nur zu Fuß (ca. 75 Minuten), mit dem Rad oder der Pferdekutsche (ca. 45 Minuten) zu erreichen. Der Aufstieg über 134 Stufen einer gusseisernen Treppe führt zur gläsernen Kuppel. Aus der Vogelperspektive kann man deutlich die Darßer Nordspitze sehen, die immer weiter ins Meer wächst. Ein Naturprozess, der in dieser atemberaubenden Dynamik an der gesamten Ostseeküste seinesgleichen sucht. Im ehemaligen Leuchtturmwärterhaus informiert das **Natureum**, eine Außenstelle des Deutschen Meeresmuseums Stralsund, über Flora, Fauna und den aufwendigen Küstenschutz. Im einstigen Stall hat man drei Aquarien mit etwa 20 000 Liter Salzwasser eingebaut, in denen Meeresbewohner aus der Ostsee leben. Das Areal um den Leuchtturm kannten bis 1989 nur noch ältere Einwohner, denn bis zur politischen Wende in der DDR war es militärisches Sperrgebiet.

Im Darßer Wald

Blinkende Lichtsignale – die Leuchttürme

An der Ostseeküste von Mecklenburg-Vorpommern geleiten zehn Leuchttürme Schiffe sicher durch die Nacht. Trotz modernster Elektronik auf den Schiffen gehören die Leuchttürme bis heute zur Navigation, wenn auch zumeist nur noch als Sicherungssystem: Sie sind vor allem unentbehrlich bei Ausfällen der Elektronik, der Stromversorgung oder wenn es Unsicherheiten bei der Ortung gibt. Leuchttürme sind meist 15 bis 40 Meter hoch und werden an wichtigen oder gefährlichen Punkten der Schifffahrt als weithin sichtbare Seezeichen errichtet. Das war schon in der Antike so: Berühmt geworden sind zwei antike Feuer, der Koloss von Rhodos und der Pharos von Alexandria.

Seit Jahren gibt es in Mecklenburg-Vorpommern auf keinem Turm mehr einen Leuchtfeuerwärter, da die moderne Technik deren Arbeit überflüssig gemacht hat. In den vergangenen Jahren haben fast alle Türme ihre Aussichtsplattform für Besucher geöffnet, der Buk bei Kühlungsborn ebenso wie die Türme in Warnemünde, Darßer Ort, auf Hiddensee und Kap Arkona.

Der 35 Meter hohe Leuchtturm Darßer Ort schickte 1848 erstmals sein Leuchtfeuer zur Orientierung der Seeleute aufs Meer hinaus. Er ist somit der älteste in Mecklenburg-Vorpommern, der noch in Betrieb ist. Nur 21 Meter hoch ist der Buk nahe bei Kühlungsborn, der seit 1878 den Schiffen den Weg leuchtet. Da er aber auf dem 78 Meter hohen Bastorfer Berg steht, kann er sich rühmen, mit 95,3 Metern das höchste Leuchtfeuer eines deutschen Leuchtturms zu besitzen, noch vor dem Leuchtturm Dornbusch auf Hiddensee mit 95 Meter Höhe.

Der Hiddenseer Turm, der seit 1888 seine Lichtsignale sendet, wurde durch den ARD- und NDR-Wetterbericht wohl zum bekanntesten Leuchtturm Deutschlands. In keinem Reise- und Architekturführer fehlen die Leuchttürme von Kap Arkona – denn nirgendwo anders stehen zwei Türme nebeneinander. Der eine ist ein 35 Meter hoher Rundturm von 1902, der sein Blinkfeuer rund 40 Kilometer in die Dunkelheit schickt, der andere ein 22,50 Meter hoher, quadratische Turm daneben, der die meiste Aufmerksamkeit findet. Denn als einziger Leuchtturm an der Ostseeküste Mecklenburg-Vorpommerns hat er einen berühmten Baumeister: Karl Friedrich Schinkel. 1826/27 hat der Preuße den Entwurf zu dem Turm geliefert, dessen gusseiserne Treppe im Inneren sich bis heute im Original erhalten hat. Die Ausstattung dagegen ist verschollen. Die kam Anfang des 20. Jahrhunderts, als der Leuchtturm wegen des neuen leistungsstärkeren daneben nicht mehr zu leuchten brauchte, in das Berliner Reichsverkehrsmuseum, wo sie in den Wirren am Ende des Zweiten Weltkrieges verloren ging.

Der Leuchtturm Darßer Ort

Der Darß

PLZ: 18347 (Ahrenshoop), 18375 (Prerow, Born, Wieck).

Kurverwaltung Ahrenshoop, Kirchnersgang 2, Ostseebad Ahrenshoop, Tel. 038220/666610, www.ahrenshoop.de, www.kunstkaten.de.

Kurverwaltung Born, Chausseestraße 73b, Born a. Darß, Tel. 038234/50421, www.darss.net.

Nationalpark- und Gästezentrum Darßer Arche/Gästeinformation, Bliesenrader Weg 2, Wieck a. Darß, Tel. 038233/201, www.darsser-arche.de, www.erholungsort-wieck-darss.de.

Kur- und Tourismusbetrieb Prerow, Gemeindeplatz 1, Prerow, Tel. 038233/6100, www.ostseebad-prerow.de.

Mal- und Kreativkurse für Anfänger und Fortgeschrittene bieten an: **Max Struwe**, Tel. 0381/2002366, www.palette-ostsee.de; **Atelier Carola Pieper**, Althäger Str. 40 a, Tel. 038220/80619; **Atelier Müller-Schoenenfeld**, Tel. 0173/6137712.

Der Fischländer, Dorfstr. 47 e, Ahrenshoop, Tel. 038220/6950, www.hotelderfischlaender.de, 32 Zi., DZ/F ab 95 €. Im Landhausstil eingerichtete, gemütliche Zimmer, die meisten mit Seeblick.

Romantik Hotel Namenlos und Fischerwiege, Schifferberg 9a und Dorfstr. 44, Ahrenshoop, Tel. 038220/6060, www.hotel-namenlos.de, 50 Zi., DZ/F ab 75 €. Vier rohrgedeckte Häuser, behagliche Zimmer unterschiedlicher Kategorien, familiärer Service.

Alter Bahnhof, Kirchenort, Prerow, Tel. 038233/7070, www.prerow-bahnhof.de, 10 Zi., DZ/F ab 48 €. Der Bahnhof wurde zum Hotel umgebaut, individuelle Zimmer unterschiedlicher Kategorien, teilweise mit Blick auf den Prerow-Strom.

Haus hinter den Dünen, Bernsteinweg 15, Prerow, Tel. 038233/7060, www.haus-hinter-den-duenen.de, 80 App. und Fewo, ab 36 €. Unmittelbar am Strand gelegene Ferienanlage, alle Wohneinheiten mit Terrasse oder Balkon.

Regenbogen-Camp Prerow, Prerow, Tel. 038233/331, www.regenbogen.ag, ganzjährig geöffnet. Auf 2,5 km Länge erstreckt sich das Gelände des Camps direkt in den Dünen; 800 Stellplätze, Mietzelte und -wohnwagen.

Am Kiel, Bauernreihe 4d (im Landhaus Morgensünn & Susewind), Ahrenshoop, Tel. 038220/669721, www.landhaus-morgensuenn.de, tgl., Nov.–April nur abends, Hauptgerichte 10–17 €. Rustikales Holz und heller Wintergarten im Fischländer Stil, leichte europäische und regionale Küche von Pasta über Wild und Fisch bis Ziegenkäse.

Fischrestaurant Seeblick, am Hauptübergang zum Strand, Prerow, Tel. 038233/348, www.wolff-prerow.de, tgl., Nov.–März geschl., Hauptgerichte 9–14 €. Vor allem Fisch, frisch zubereitet.

Walfischhaus, Chausseestraße 74, Born, Tel. 038234/55785, www.walfischhaus.de, Mi geschl., Hauptgerichte 12–17 €. 100 % bio-zertifizierte Küche, Produkte aus der Region mit Liebe zubereitet.

Haferland, Bauernreihe 5a, Wieck, Tel. 038233/680, www.hotelhaferland.de. Zwei verschiedene Restaurants verwöhnen mit vorzüglicher Küche, die ›Gute Stube‹ (tgl., Hauptgerichte 22–24 €) mit feiner regionaler Küche, das ›Bajazzo‹ (So, Mo geschl., Hauptgerichte 16–18 €, 4-Gang-Menü 38 €) mit vegetarischen Gerichten für Feinschmecker.

Teeschale, Waldstr. 50, Prerow, Tel. 038233/60845, www.teeschale.de, ganzjährig geöffnet. Ein Muss für Teeliebhaber, die hausgebackenen Kuchen schmecken vorzüglich. Natürlich auch für Kaffeetrinker.

Bio-Café ›Fernblau‹, Bliesenrader Weg 2a (in der Darßer Arche), Wieck, Tel. 038233/701131, www.fernblau.com. Kuchen, Kaffe und kleine Köstlichkeiten – alles in Bio-Qualität.

Kunstmuseum Ahrenshoop, Weg zum Hohen Ufer 36, Ahrenshoop, Tel. 038220/66790, www.kunstmuseum-ahrenshoop.de, März–Okt. tgl. 10–18, Nov.–Febr. Di-So 10–17 Uhr.
Darß-Museum, Waldstraße 48, Prerow, Tel. 038233/69750, www.darss-museum.de. April Mi–So 10–17, Mai–Okt Di–So 10–18 Uhr, Nov.–März Fr–So 13–17 Uhr.
Natureum, Darßer Ort 1–3 (direkt am Leuchtturm Darßer Ort), Born, Tel. 038233/304, www.meeresmuseum.de, Mai–Okt. tgl. 10–18 Uhr, Nov.–April Mi–So 11–16 Uhr.
Forst- und Jagdmuseum Ferdinand von Raesfeld, Chausseestraße 64 (Alte Oberförsterei), Born, Tel. 038234/30297, Mai–Okt., Di–So 10–16 Uhr.

Kulturkaten Kiek in, Waldstraße 42, Prerow, Tel. 038233/61025. Theater, Kabarett, Lesungen, literarisch-musikalische Veranstaltungen, Konzerte.
Darßer Sommertheater, Born, Chausseestr. 90, Tel. 038234/50421, Kleinkunstveranstaltungen im Sommer.
Althäger Fischerregatta, am 3. September-Wochenende im Hafen Althagen, maritimes Ereignis zum Saisonabschluss, Abschlussregatta der Zeesboote.

Reiterhof Kafka, Im Moor 17, Born, Tel. 038234/249, www.reiterhof-kafka.de. Ponyreiten, Reitstunden, Ausritte, Reiterferien für Kinder, Kutsch- und Kremserfahrten.

Der **Nordstrand** ist weitläufig und von feinem Sand geprägt, er fällt flach ins Meer ab. Der Darßer **Weststrand** ist wilde, ursprüngliche Natur mit bis an den Strand reichendem Wald. Traditionell gibt es lange FKK-Bereiche.

Fahrgastschifffahrt Poschke, Pumpeneck 5b, Born/Darß, Tel. 038234/239, www.reederei-poschke.de. Schiffsrundfahrten durch den Nationalpark mit dem Mississippidampfer MS ›River Star‹ ab Hafen Prerow. April–Okt. tgl. Boddenrundfahrten durch den Nationalpark ab Hafen Zingst.

Darßtour, Buchenstraße 11a, Prerow, Tel. 0178/1886680, www.darsstour.de. Geführte Touren durch die Nationalparkregion, Tagestouren zu Fuß, per Rad oder Seekajak.

Regional- und Frischemarkt, Mai–Sept. jeden Mo im Garten des Kulturkaten ›Kiek in‹ in Prerow, jeden Mi und Sa (bis Okt.) vor der Darßer Arche in Wieck, jeden Fr auf dem Gut Darß in Born.
Bunte Stube, Dorfstraße 24, Ahrenshoop, Tel. 038220/238, www.bunte-stube.de. Bücher und Kunsthandwerk, auch Kunsthandwerkausstellungen.
Keramikwerkstatt Uta Löber, Althäger Str. 70, Ahrenshoop OT Althagen, Tel. 038220/295, www.utaloeber-keramik.de. Dekore in traditioneller Ritztechnik.
Boddenkeramik im Töpperhus, Bauernreihe 8a, Ahrenshoop OT Niehagen, Tel. 038220/80116, www.toepperhus.de. Keramiken mit regionalen Motiven aus Flora und Fauna.
Teeschale, Waldstr. 50, Prerow, Tel. 038233/60845, www.teeschale.de, ganzjährig geöffnet. Neben feinen Tees auch Geschenke und Mitbringsel.
Prerower Stuben, Waldstr. 29, Prerow, Tel. 038233/481, www.wolff-prerow.de. Kleine und große Geschenke für jeden Anlass, Keramik, Kerzen, Wohnaccessoires.

Zingst

Der östlichste Ort (3000 Einwohner) der Halbinselkette hat sich zu einem lebhaften Ostseebad entwickelt. Hier gibt es neben einem wunderschönen Sandstrand viele nach der Einheit Deutschlands modernisierte und auch neu erbaute Hotels, Pensionen und Ferienwohnungen sowie eine 270 Meter lange **Seebrücke**. An deren Kopf befindet sich seit dem Jahr 2013 eine **Tauchgondel**, die einen Tauchgang auf den Ostseeboden ermöglicht, ohne nass zu werden.

Im Kapitänshaus (1867), Strandstraße 19, wird gezeigt, wie die Menschen in dieser Region früher lebten. Unter dem Namen ›Haus Morgensonne‹ ist es heute das **Heimatmuseum**. Ein Raum informiert über die in Zingst aufgewachsene Martha Müller-Grählert (1876–1939), die den Text für das vielgesungene, oftmals auch in andere Regionen verpflanzte Lied ›Wo de Ostseewellen trecken an den Strand... dor is mine Heimat, dor bin ick to Hus‹ geschrieben hat. Begraben liegt Martha Müller-Grählert auf dem Kirchhof des Ostseebades.

Die weite Ostsee- und Boddenlandschaft mit ihren faszinierenden Lichteffekten ist ein Paradies für Fotografen. Etabliert hat sich in Zingst das Umweltfotofestival ›horizonte Zingst‹, seit kurzem empfängt die **Erlebniswelt Fotografie** mit Fotoschule, Workshops, Fotoschauen und Printstudio interessierte Gäste.

Wer von Zingst in östlicher Richtung wandert oder radelt, kommt nach **Pramort**, dem für den Autoverkehr gesperrten Ende der Halbinselkette. Vor allem im Herbst bieten hier Tausende von Kranichen ein einzigartiges Naturschauspiel. Wenn es dämmert, schweben die großen Vögel lautstark ein, die flachen Boddengewässer im Nationalpark Vorpommersche Boddenlandschaft dienen ihnen als Schlafplätze. Die Kraniche schlafen

Für die Halbinselkette typisches rohrgedecktes Haus

stehend in den flachen Gewässern. Bevor sie in ihre Winterquartiere im Süden fliegen, fressen sie sich hier die für die Reise nötigen Fettreserven an.

Der östlichste Teil der Halbinselkette, der Zingst, war bis weit ins 19. Jahrhundert eine der abgelegensten Ecken Deutschlands, nur selten reisten Gäste vom Festland in diese Gegend. Den Weg von Ahrenshoop über Prerow in das Dorf Zingst baute man erst 1959 zur Straße aus, aus östlicher Richtung musste man sich vom Festland mit dem Kahn über den Bodden setzen lassen, denn die 470 Meter lange **Meiningenbrücke** gibt es erst seit 1912.

Der Zingst

PLZ: 18374.
Vorwahl: 038232.
Tourismusinformation/Kurhaus, Seestr. 56/57, Ostseeheilbad Zingst, Tel. 81580 und im Max-Hünten-Haus, Schulstr. 3, Tel. 165110, www.zingst.de.

Schlösschen Sundische Wiese, Landstr. 19, Zingst, Tel. 8180, www.hotelschloesschen.de, 15 Zi., DZ/F ab 90 €. Für Naturliebhaber: Das ehemalige Jagdschloss liegt einsam im Nationalpark, Zimmer im Landhausstil.
Hotel Marks, Weidenstraße 17, Zingst, Tel. 16140, www.hotel-marks.de, 23 Zi., 2 Ap., DZ/F ab 75 €. Am Zingster Bodden auf großem Waldgrundstück, Zimmer teilweise mit Boddenblick.
Boddenhus, Hafenstraße 4, Zingst, Tel. 15713, www.hotel-boddenhus.de, 18 Zi., DZ/F ab 58 €. Familiär geführtes Haus am Zingster Hafen.

Wellness-Camp Düne 6, Inselweg 9, Zingst, Tel. 17617, www.wellness-camp.de, ganzjährig geöffnet. Campingpark mit 2000 m² großem Wellnessbereich, an der Zingster Heide.

Meerlust, Seestr. 72 (im Hotel Meerlust), Zingst, Tel. 8850, www.hotelmeerlust.de, tgl., Hauptgerichte 14–26 €. Vielgelobtes Restaurant, in dem eine anspruchsvolle Küche unter Verwendung einheimischer Bio-Produkte serviert wird.
Fischerklause, Strandstr. 35, Zingst, Tel. 15205, www.fischerklausezingst.de, tgl., Hauptgerichte 10–16 €. Traditionsreichstes Restaurant des Ortes, das für seine Fischspezialitäten bekannt ist.
Kurhausrestaurant, Seestr. 57, Tel. 15501, Zingst, tgl., Hauptgerichte 13–18 €. Speisen mit Blick auf die Ostsee, vor allem frische Fischgerichte kommen auf den Tisch.

Café Rosengarten, Strandstr. 12, Zingst, Tel. 84704, www.caferosengarten.net, Mo geschl., Mai–Okt. geöffnet. Kuchen und Torten aus hauseigener Konditorei, reichhaltiges Schokoladenangebot, kleine Karte, romantischer Garten.
Zingster Kaffeepott, Hafenstr. 20, Zingst, Tel. 1620, www.pension-zingst.de. Eiscafé mit selbstgemachtem Eis.

Museumshof Zingst, Strandstraße 1, Zingst, Tel. 15561, www.museumshof-zingst.de. Kapitänshaus und Museum ›Haus Morgensonne‹, Pommernstube, Museumsbäckerei Mai–Okt. Mo-Sa 10-18, Nov.–April Di, Do-Sa 10-16 Uhr; Bernsteinwerkstatt tgl. 10-13, 14-18 Uhr.
Max-Hünten-Haus, Schulstr. 3, Zingst, Tel. 165110, www.erlebniswelt-fotografie-zingst.de, tgl. 10-18 Uhr. Das Medien- und Informationszentrum zeigt Fotoausstellung zum Thema Natur und Umwelt, beherbergt eine Tourismusinformation, die Bibliothek, ein Fotoprintstudio sowie die Fotoschule Zingst.
Tauchgondel, An der Seebrücke, Zingst, Tel. 389077, www.tauchgondel.de, April/Mai, Sept./Okt. tgl. 10-19, Juni-Aug. tgl. 10-21, Nov.–März Mi-So 11-16 Uhr.

Experimentarium, Seestr. 76, Zingst, Tel. 84678, www.experimentarium-zingst.de, April–Juni Di-So 10–17, Juli/Aug. tgl. 10–18, Sept.–März Di-So 10–16 Uhr. Experimente, Workshops, Ausstellungen: Natur und Wissenschaft spielerisch kennenlernen.

Umweltfotofestival horizonte zingst, Ende Mai/Anfang Juni, Weltstars der Fotoszene treffen Hobbyfotografen, Workshops, Ausstellungen und Multimediavorträge. Hafenfest Zingst, Mitte Juni, Höhepunkt ist die Netz- und Zeesbootregatta. **Zingster Kunstmagistrale**, Mitte Aug., Künstler und Kunsthandwerker präsentieren ihre Produkte.

Ein Paradies für Wasserratten: rund 18 km feinsandiger Strand in Zingst, davon 4,4 km bewacht, sauberes klares Wasser, die Flachwasserzone ist besonders für Kinder geeignet.

Reederei Zingst, Mühlenstr. 13, Zingst, Tel. 0180/3212150, www.fahrgastschiff fahrt-fischland-darss-zingst.de. Ausflugsfahrten ab Zingst durch den Nationalpark Vorpommersche Boddenlandschaft, nach Stralsund und zur Insel Hiddensee, im Sept./Okt. Kranichfahrten mit fachkundigen Experten. Fährverkehr zwischen Zingst und Barth.

Wassersportzentrum Zingst, Inselweg 3-4, Zingst, Tel. 20869, www.kite-club.com. Kitesurfen, Windsurfen, SUP-Surfen, Katamaran Segeln für Anfänger und Fortgeschrittene, Surf-Camps.

Bio- und Erlebnismarkt, im Museumshof Zingst, jeden Do Mai–Sept. 10–14, April/Okt. 10–13 Uhr. Regionale gesunde Produkte, Handwerksvorführungen und Musik. Jeden Mo 11–13 Uhr (Mai–Okt) ist Räuchertag.

Charakteristisch für Prerow: liebevoll gestaltete Haustüren

Von der Hansestadt Stralsund mit ihrer unter UNESCO-Welterbeschutz stehenden Altstadt und dem neuen Ozeaneum schwingt sich die gigantische Rügenbrücke auf Deutschlands größte Insel mit traditionsreichen Badeorten, verträumten Fischerdörfern und den berühmten Kreidefelsen. Westlich vor Rügen liegt wie ein Wellenbrecher Hiddensee, ›das söte Länneken‹ (›das süße Ländchen‹), wie es die Einheimischen liebevoll nennen.

Die Seebrücke in Sellin

STRALSUND
RÜGEN
HIDDENSEE

Stralsund

Manchmal wird die alte Hansestadt (58 000 Einwohner) auch ›Venedig des Nordens‹ genannt, weil sie fast völlig von Wasser umgeben ist. »Ein schöner Anblick«, schwärmte Wilhelm von Humboldt, »ist Stralsund von Rügen aus mit seinen hohen und gotischen Türmen, dem wunderbaren Rathaus und den vielen spitzen Giebeln mit durchbrochenem Mauerwerk.« Stralsunds historische Altstadt mit rund 500 Einzeldenkmalen bildet trotz Zerstörungen im Zweiten Weltkrieg und Vernachlässigung zur DDR-Zeit ein Stadtensemble von kulturgeschichtlichem Rang. Von der UNESCO wurde die Altstadt zum Welterbe erklärt. »Meerstadt ist Stralsund«, hat Ricarda Huch in ihrem Buch ›Im Alten Reich. Lebensbilder deutscher Städte‹ 1930 notiert, »vom Meer erzeugt, dem Meere ähnlich, auf das Meer ist sie bezogen in ihrer Erscheinung und in ihrer Geschichte.« Hoch ragen die Türme der drei Kirchen auf, Kolosse des Backsteinbaus. Der Reichtum, den Stralsund zur Hansezeit besaß, manifestiert sich noch heute in der historischen Altstadt.

Stralsund bildet das Tor zu Rügen, mit Ausnahme derjenigen, die mit dem Schiff anreisen oder die Glewitzer Fähre nutzen, die sich aber nur für jene empfiehlt, die aus dem Süden kommen. Die Fähre hatte 1936 mit der Fertigstellung des Rügendamms den Verkehr eingestellt. Seit Frühjahr 1994 fahren jedoch von April bis Oktober wieder Fährschiffe über den Strelasund und verbinden Stahlbrode auf dem Festland mit Glewitz auf Rügen.

Geschichte

Im Jahr 1234 verlieh Fürst Wizlaw I. von Rügen der Anfang des 13. Jahrhundert entstandenen Siedlung Stralow das Stadtrecht. Durch die günstige Lage am

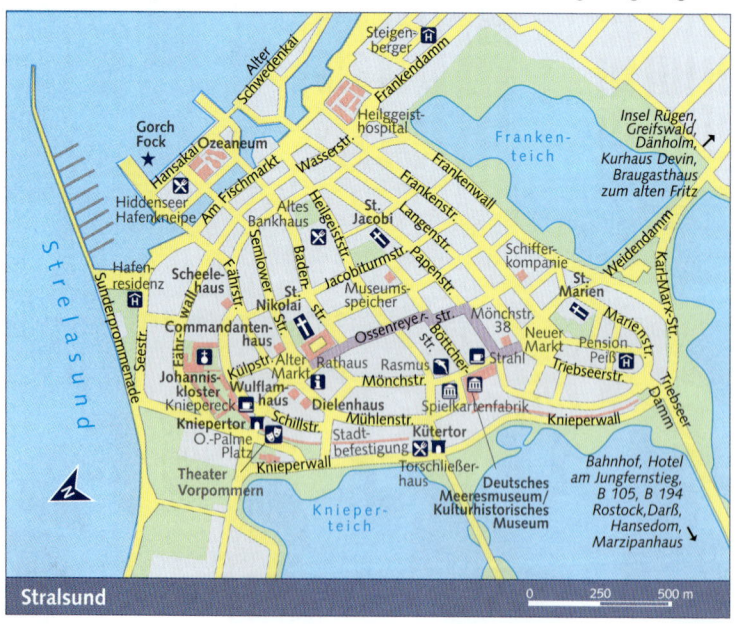

Strelasund blüht die Stadt, die 1256 ummauert wurde, rasch auf. Während der Hansezeit fuhren die Schiffe der Stralsunder Kaufleute bis nach Spanien und Russland. 1648 fiel die Stadt an Schweden, 1815 kam sie zu Preußen. Im Zweiten Weltkrieg vernichteten Bomben mehr als ein Drittel aller Wohnungen und zerstörten wertvolle Bauwerke. In der DDR-Zeit besaß Stralsund den drittgrößten Hafen des Landes, die Volkswerft und die Fischerei hatten ebenfalls große wirtschaftliche Bedeutung.

Ein Stadtrundgang

Besichtigungen mit dem Bus sind in Stralsund nicht möglich, dafür ist die Stadt zu klein. Die Sehenswürdigkeiten drängen sich auf der Altstadtinsel. Auf einem bequemen Spaziergang lernt man sie kennen. Dazu sind keine zwei Stunden erforderlich – sofern man nicht das macht, was einen Besuch Stralsunds erst zum Erlebnis werden lässt: in die Innenräume zu schauen.

Backsteinkunst in Vollendung:
Stralsunder Rathausgiebel

■ Alter Markt

Niemand wird den Stralsundern widersprechen, wenn sie den Alten Markt als ihre ›gute Stube‹ bezeichnen. Gäste führt man als erstes hierher: Der Alte Markt gehört zu den schönsten im gesamten Ostseeraum. Wenn das Thermometer angenehme Temperaturen zeigt, beginnt die Jagd nach einem freien Restaurant-Außenplatz. Wer einen Stuhl ergattert hat, bleibt lange sitzen, beobachtet das Treiben und lässt sich von den Bauwerken faszinieren. Der Alte Markt ist ein Museum der Geschichte, jedes Haus könnte, sofern es dazu in der Lage wäre, stundenlang erzählen, besonders das **Rathaus** mit der filigranen Schauwand. Kein Prospekt ohne dieses Bauwerk und kein Reisebericht über Stralsund, in dem ein Bild dieses Backsteinbaus fehlt. Das Rathaus gilt als einer der bedeutendsten und schönsten mittelalterlichen Profanbauten an der Ostseeküste, für die selbstbewusste Bürgerschaft war es ein Symbol für Macht und Reichtum. Die ältesten Teile des vielflügeligen Baus, darunter die von hölzernen Säulen getragenen reizvollen Barockgalerien im langgestreckten, modern überdachten Innenhof, stammen aus dem späten 13. Jahrhundert. Die eindrucksvolle dem Alten Markt zugewandte Schauseite zeigt die Wappen von Hamburg, Lübeck, Wismar, Rostock, Stralsund und Greifswald, die an die Zeit des mächtigen Hansebundes erinnern.

Aus der von 1638 bis 1815 dauernden Schwedenzeit stammt das **Commandanten-Hus** von 1746 an der Ostseite des Marktes, ein breites Traufenhaus mit Giebeldreieck und hohem Walmdach, das bereits Formen des Klassizismus erkennen lässt. Das heute als Gaststätte genutzte **Wulflamhaus** an der nördlichen Marktseite ist nach Bürgermeister Bertram Wulflam benannt, der sich das backsteinerne Giebelhaus vor 1358 erbauen ließ. Das einstige Wohnspeicherhaus mit seinem prachtvollen Staffelgiebel besitzt eine unübersehbare Verwandtschaft mit der Schaufassade des Rathauses. Wenige Schritte davon entfernt, Mühlenstraße 3, befindet sich das Dielenhaus. Das spätgotische Giebelhaus, in dem heute Kunstausstellungen gezeigt werden, bekam bei der Rekonstruktion wieder die für die Hansezeit typische fünf Meter hohe Diele zurück. Sie diente als Aufenthalts- und Arbeitsraum für die Familie und die Bediensteten, in den darüber liegenden steilen Satteldächern lagerte man die Waren. Die Wohnung der Familie befand sich meist in einem zweigeschossigen, hofseitig angebauten Seitenflügel. Das änderte sich ab dem 19. Jahrhundert. Als in Hafennähe große Speicher entstanden und die Waren dort gelagert wurden, nutzte man die Dielenhäuser nur noch zum Wohnen.

■ Nikolaikirche

Neben Lübeck war Stralsund im 14. Jahrhundert die bedeutendste Stadt im gesamten Ostseeraum. Von dieser Blütezeit zeugt gerade auch die gewaltige Nikolaikirche, in der der Stadtrat Verordnungen verkündete und Gesandte empfing. St. Nikolai gehört vor allem wegen der reichen Ausstattung zu den bedeutendsten Kirchen Nordeuropas. 1276 wurde das Gotteshaus erstmals im Stadtbuch erwähnt. Es war die Kirche der reichen Ratsherren und Patrizier, daher die Üppigkeit. Kunstwerke ersten Ranges sind die barocke **Taufe** und der **Taufbaldachin** (1732), die der damals weit bekannte Stralsunder Bildhauer Elias Kessler schuf, der nach einem Entwurf von Andreas Schlüter 1708 fertiggestellte barocke **Trennaltar** mit einem prachtvollen architektonischen Aufbau und die aus Sandstein und Marmor bestehende **Renaissancekanzel** (1611). Das **Taufbecken** im Hohen Chor haben gotländische Steinmetzen bereits vor 1260 geschaffen. Der **Hochaltar** (um 1470) hat eine Breite von 6,70 Metern und eine Höhe von 4,20 Metern, über ihm erhebt sich ein fünf Meter hohes **Holzkruzifix** (um 1360). Die vor 1270 entstandene, 2,25 Meter hohe **Stuckplastik Anna Selbdritt** gilt als eine der bedeutendsten Großplastiken des Ostseeraums. Ein Kleinod europäischer Uhrmacherkunst ist die fast vollständig erhalten gebliebene **astronomische Uhr**. Die Übersetzung der lateinischen Inschrift unter dem Zifferblatt lautet: »Im Jahre 1394, am Tage des Heiligen Nicolaus, wurde dieses Werk von Nicolaus Lilienfeld vollendet. Betet für die Verfertiger und Stifter, welche es mit Fleiß geschaffen haben.«

An der Chorschranke im südlichen Chorumgang sind vier Relieftafeln angebracht, die in fast allen Publikationen als ›Gestühl der Nowgorodfahrer‹ bezeichnet werden. Zu sehen sind Szenen aus dem Alltag von Pelztierfängern, Wachssammlern und Honigsuchern und der Verkauf der Produkte an einen hanseatischen Kaufmann. Neuerliche Untersuchungen ergaben: In Stralsund gab es keine Kompanie der Nowgorodfahrer, ferner ist die Kirche auf der vierten Relieftafel ein Backsteinbau, während es in Nowgorod nur Holzkirchen gab. Die aus Eichenholz geschnitzten Tafeln gehörten zum Altar der Stralsunder Kompanie der Rigafahrer. Also wurde aus dem Gestühl der Nowgorodfahrer das **Gestühl der Rigafahrer** (um 1360). Wie dem auch sei, eins hat sich nicht geändert: Es handelt sich nach wie vor um ein in Nordeuropa einmaliges Kunstwerk.

■ Jakobikirche

An der Grenze zwischen der damaligen Stralsunder Altstadt und der Neustadt erbaute man die Jakobikirche (13.–15. Jahrhundert), die mit ihrem 68 Meter ho-

Dominiert die Stralsunder Stadtsilhouette: die Nikolaikirche

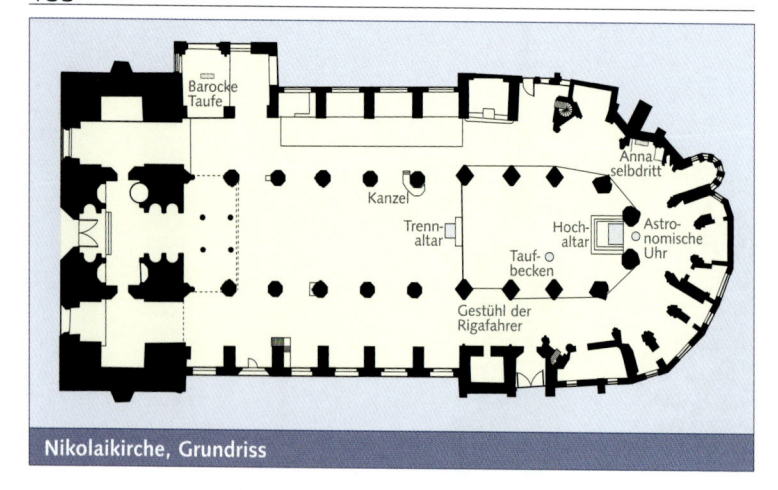

Nikolaikirche, Grundriss

(Barocke Taufe, Kanzel, Trennaltar, Taufbecken, Hochaltar, Gestühl der Rigafahrer, Anna selbdritt, Astronomische Uhr)

hen Westturm den schönsten Turm aller drei Stralsunder Kirchen besitzt. Von Zerstörungen und Plünderungen war dieses Gotteshaus besonders betroffen: Im Dreißigjährigen Krieg war es Ziel von Wallensteins Artillerie, 1808/09 verwüsteten die Truppen Napoleons den Innenraum und nutzten ihn als Pferdestall, 1944 gab es schwere Bombenschäden. Erst nach fünf Jahrzehnten war die äußere Wiederherstellung abgeschlossen. Die Jakobikirche wird heute kulturell genutzt.

■ **Deutsches Meeresmuseum und Kulturhistorisches Museum**

Von der Jakobikirche führt der Weg über die Böttcherstraße zum Deutschen Meeresmuseum. In diesem außergewöhnlichen Museum unternimmt man eine Unterwasserreise durch das Mittelmeer und die Tropen. In den Aquarien tummeln sich etwa 1300 Meeresbewohner, Höhepunkt für die Besucher ist das 350 000-Liter-Becken der Meeresschildkröten. Die Tiere können durch ein 21 Zentimeter dickes und drei mal acht Meter großes Glasfenster beobachtet werden. Neun Meter in der Höhe misst der im Roten Meer geborgene Ausschnitt eines Korallenriffs. Größtes Exponat im Meeresmuseum ist das 16 Meter lange Skelett eines 1825 vor Rügen gestrandeten Finnwales, schwerstes die 450 Kilogramm wiegende Lederschildkröte, 1965 bei Stralsund gefangen.

Das Museum hat sein Domizil in der Kirche des 1251 erstmals urkundlich erwähnten **Dominikanerklosters St. Katharinen**, das zu den größten Anlagen seiner Art an der Ostseeküste gehört und fast vollständig erhalten blieb. Der Ostteil des einstigen Klosters beherbergt das Kulturhistorische Museum, das bereits 1859 gegründet wurde und sich somit rühmen kann, das älteste Museum Mecklenburg-Vorpommerns zu sein. In einem ehemaligen Getreidespeicher (1723) in der Böttcherstraße 23, heute **Museumsspeicher** genannt, zeigt das Museum Ausstellungen zu volkskundlichen Traditionen und vorpommerschen Lebensgewohnheiten sowie Spielzeug. Interessant ist ein Besuch des um 1320 erbauten Hauses **Mönchstraße 38**, das ebenfalls zum Museum gehört. Das schlichte Giebelhaus, eines der ältesten Bürgerhäuser an der Ostseeküste, musste in seiner fast 700-jährigen Geschichte manche Um- und Anbauten erdulden, so die beiden Utluchten genannten Vorbauten, die die Baufluchtüberschreiten und die in ihrer heutigen Form aus dem 18. Jahrhundert stammen. Bei der Sanierung war es Ziel, alle diese Um- und Anbauten zu erhalten. Und so kann der Besucher des heutigen Museums die lange und vielseitige Nutzung des als Krämerhaus errichteten Bauwerkes vom Mittelalter bis zur DDR-Zeit kennenlernen, auch das noch vorhandene mittelalterliche und immer noch funktionierende Lastenaufzugsrad sowie den zu DDR-Zeiten eingebauten Gaszähler.

■ Stadtbefestigung

Am Knieperwall hat man ein großes Stück der mittelalterlichen Stadtbefestigung mit Wehrturm, Wiekhaus und Wehrgang rekonstruiert. Auch am Fähr- und am Frankenwall stehen noch Reste der Stadtmauer. Von den einst elf Stadttoren blieben das **Kütertor** und nördlich davon, beim Olaf-Palme-Platz, das **Kniepertor** (beide 15. Jahrhundert) erhalten.

■ Marienkirche

Den Blickpunkt am Neuen Markt bildet die 1416 geweihte stämmige Marienkirche, eines der Meisterwerke der norddeutschen Backsteingotik. Das Hauptschiff hat eine Länge von fast 100 Metern und eine Höhe von 32 Metern – damit zählt die Kirche zu den größten an der gesamten Ostseeküste. Sie wird als Höhe- und Endpunkt in der Entwicklung der norddeutschen Backsteingotik angesehen. Der 104 Meter hohe Turm mit barockem Helm kann bestiegen werden, von der Höhe bietet sich ein weiter Blick über die Stadt bis nach Rügen. Doch wer ihn genießen möchte, muss zunächst 226 Stein- und 119 Holzstufen hochklettern. Von der Innenausstattung haben sich durch Plünderungen im Dreißigjährigen Krieg nur wenige Kunstgegenstände erhalten, darunter drei spätgotische fast lebensgroße **Heiligenfiguren**, die um 1430 in einer Stralsunder Werkstatt geschnitzt wurden, sowie das **Grabdenkmal** des 1732 verstorbenen Grafen Johannes von Lilljenstedt. Die

Im Stralsunder Heilgeistkloster

Orgel (1653–1659) ist die letzte Arbeit des Hamburgers Friedrich Stellwagen, des ›Silbermann des Nordens‹. Sie zählt zu den bedeutendsten Orgeln im Ostseeraum mit reichem, wahrscheinlich aus einer Stralsunder Werkstatt stammendem Figurenwerk am barocken Prospekt. Auf dem Weg zum Hafen sollte der **Schiffer-Compagnie** in der Frankenstraße 9 ein Besuch gelten, deren Mitglieder Stralsunds Seefahrtstraditionen pflegen. Die 1488 gegründete Compagnie zog bereits 1635 in ihr heutiges Domizil. Prunkstück des Hauses ist das zwei Meter lange und mit 96 Kanonen bestückte Modell des schwedischen Linienschiffes Prinz Carl, das die Compagnie seit dem 18. Jahrhundert besitzt.

■ **Heilgeisthospital**
Die Stadt gründete Mitte des 13. Jahrhundert das Hospital für in Not geratene Reisende, Kranke und vor allem für ältere Menschen. Oft wird es auch Kloster zum Heiligen Geist genannt, weil die weltliche Einrichtung ähnlich einem Kloster organisiert war und an einem barocken Portal sogar diese Bezeichnung angebracht ist. Gewohnt wurde unter anderem in dem Kirchgang genannten Wohngebäude sowie in kleinen ein- und zweigeschossigen Fachwerkhäusern aus dem 18. und 19. Jahrhundert, den sogenannten Klosterbuden. Heute gilt das Heilgeisthospital in seiner Geschlossenheit als der besterhaltene Spitalkomplex an der südlichen Ostseeküste. Nach der Einheit hat die Stadt das architektonische Kleinod denkmalgerecht restauriert und die kleinen, farbigen Fachwerkhäuschen, die von der gotischen **Heilgeistkirche** überragt werden, zu einer begehrten Wohnadresse gemacht.

■ **Ozeaneum und Hafengelände**
Das Ozeaneum ist ein Besuchermagnet in Mecklenburg-Vorpommern. In den Aquarien leben Seeteufel, Störe, Dorsche, Hummer, Seewölfe und weitere Meeresbewohner. Im **Schwarmfischbecken** mit fast 2,6 Millionen Litern Wasser tummeln sich Tausende von Heringen und Makrelen. Der Besucher lernt die Lebensräume der nördlichen Meere, also die vor unserer Haustür, kennen. Lieblinge der Besucher sind die **Humboldt-Pinguine** auf der Dachterrasse.
Weltweit einmalig ist die Schau ›1:1 – Riesen der Meere‹, die man gemeinsam mit der Umweltorganisation Greenpeace gestaltete. In der 18 Meter hohen Ausstellungshalle hängen naturgetreue Nachbildungen von Walen in Originalgröße. Das größte Exemplar ist ein 26 Meter langer Blauwal. Interesse findet auch die originalgetreue Nachbildung eines 7,50 Meter langen Riemenfisches, der in den gemäßigten und tropischen Meeren in einer Tiefe von bis zu 1000 Metern lebt. Die längsten Knochenfische der Welt werden nur selten gesehen, deshalb ist über ihre Lebensweise nur wenig bekannt.

▲ *Besuchermagnet: das Ozeaneum*

Blick auf das Nautineum

Aufmerksamkeit verdient auch die moderne Architektur des Ozeaneums, dessen hell geschwungene Stahlplatten der Fassade an vom Wind geblähte Segel erinnern. Der Siegerentwurf ging aus einem europaweit ausgelobten Wettbewerb mit fast 400 Teilnehmern hervor. Ein Bummel über das Hafengelände, in dem Ausflugsschiffe zu Rundfahrten sowie Fährschiffe nach Hiddensee ablegen, gehört unbedingt zu einem Stralsund-Aufenthalt. In der Nähe des Ozeaneums liegt das 1933 vom Stapel gelaufene **Segelschiff Gorch Fock**, das die deutsche Wehrmacht 1945 versenkt hatte. Von den Sowjets gehoben, segelte das Schiff unter dem Namen Towarischtsch (›Genosse‹) über die Meere, erst unter sowjetischer, dann unter ukrainischer Flagge. Der Segler kam 2008 nach Stralsund, erhielt seinen alten Namen zurück und kann besichtigt werden.

■ **Weitere Sehenswürdigkeiten**
In der vom Alten Markt zum Hafen führenden Fährstraße steht das **Scheelehaus** (1350), Hausnummer 23, mit einer schönen Spätrenaissancefassade. In ihm wurde 1742 Carl Wilhelm Scheele geboren, der später als Chemiker den Sauerstoff entdeckte. Vor dem Haus Fahrstraße 27 erinnert eine **Gedenkplatte** an den preußischen Offizier Ferdinand von Schill, der an dieser Stelle am 31. Mai 1809 im Unabhängigkeitskrieg gegen Napoleon I. ums Leben kam. In der Sarnowstraße wird Schill mit einem **Denkmal** (1909) geehrt, auf dem Knieperfriedhof hat man ihn bestattet.

Ganz in der Nähe der Fährstraße, in der Schillstraße, bewahrt das Stadtarchiv in dem von Franziskanermönchen 1254 gegründeten **Johanniskloster** seine Schätze auf. Einige der baulichen Sehenswürdigkeiten sind zu besichtigen, so der Kreuzgang, die Räucherböden, die Barockbibliothek und der Kapitelsaal. Die frühgotische Hallenkirche, in der eine vergrößerte Nachbildung von Ernst Barlachs ›Pietà‹ ihren Platz hat, ist seit 1944 Ruine. Als Ehrenmal für die Gefallenen des Ersten Weltkrieges gedacht, wurde die für Stralsund bestimmte Plastik Barlachs im Jahr 1932 wegen Anfeindungen aus nationalsozialistischen Kreisen nicht vollendet.

Stralsund

■ Am Stadtrand

Außerhalb der Altstadt, am Grünhufer Bogen, empfängt der **Hansedom** all jene, die sich sportlich betätigen oder auch nur erholen möchten. Der moderne Freizeit- und Erholungspark bietet Wellenbecken, Abenteuerrutschen, Wildwasserkanal, Außenthermalbecken, Sportschwimmbad, zehn Saunen, Fitnessclub, Gesundheitszentrum sowie Sport- und Ballspielbereich mit Kletterwand, Tennis- und Squash-Courts.

Die kleine **Insel Dänholm**, über die seit 1936 der Rügendamm führt, gilt als die Wiege der preußischen Marine. Vor Gebäuden der einstigen Garnison zeigt das **Marinemuseum** Hubschrauber, Boote und andere technische Geräte. Ebenfalls auf dem Dänholm befindet sich das **Nautineum**, eine Außenstelle des Deutschen Meeresmuseums, zu dessen interessantesten Exponaten das 86 Tonnen schwere, 14 Meter lange, 7 Meter breite und 7 Meter hohe begehbare Unterwasserlabor ›Helgoland‹ gehört. In ihm lebten und arbeiteten in den 1970er Jahren deutsche Wissenschaftler in den Meerestiefen des Atlantiks sowie in der Nord- und Ostsee. In den Ausstellungshallen sind alte Boote der vorpommerschen Küstenfischer sowie ein originaler Fischerschuppen von der Insel Rügen zu betrachten.

■ Vor Stralsunds Toren

Nördlich von Stralsund erstreckt sich einer der größten **Kranichrastplätze** Mitteleuropas. Die Region ist Drehscheibe für den Kranichzug zwischen den Brutgebieten in Skandinavien, den Baltischen Staaten sowie Russland und dem Hauptüberwinterungsgebiet Südspaniens. Bis zu 70 000 Kraniche rasten hier im Frühjahr und Herbst. In dieser Gegend finden die Riesenvögel ruhige Schlafgewässer und vielfältige Nahrungsräume. Im Herbst legen sie einen acht bis zehn Wochen langen Zwischenaufenthalt ein, um sich für ihren langen Weg in die Überwinterungsquartiere ein Fettpolster anzufressen. Im Frühjahr dagegen gönnen sie sich nur eine Pause von maximal sechs Wochen. Wenn die Kraniche abends in langen Ketten zu ihren Schlafplätzen in den flachen Boddengewässern fliegen, bieten sie ein einzigartiges Naturschauspiel. Weithin sind ihre ohrenbetäubenden Guruh-Guruh-Rufe zu hören.

In **Groß Mohrdorf** befindet sich das Kranich-Informationszentrum. Die Dauerausstellung informiert über das Leben dieser beeindruckenden, aber sehr scheuen Vögel. Hier erfährt man, dass der schmetternde Ruf der Grauen Kraniche bis zu zwei Kilometer weit zu hören ist, die langhalsigen und langbeinigen Vögel bis zu 1,25 Meter groß werden, ihre Flügelspanne bis zu 2,45 Meter beträgt, die Pärchen das ganze Leben zusammen bleiben und Kraniche bis zu 25 Jahre alt werden. Hier informiert man auch, wo Aussichtsplattformen stehen, von denen die Kraniche ungestört beobachtet werden können. Die Region Rügen-Bock gehört zu den bedeutendsten Kranichrastplätzen auf dem europäischen Festland.

Vor Groß Mohrdorf biegt eine Straße zum **Schloss Hohendorf** ab, das ein oktogonaler Turm mit Zinnenkranz ziert. Der lässt das Bauwerk in die zweite Hälfte des 19. Jahrhunderts datieren, denn damals war der Tudorstil bei den Bauherren dieser Region beliebt. Nach dem Zweiten Weltkrieg wurde der Schlossbesitzer enteignet und vertrieben. Die Familie hatte innerhalb von 24 Stunden das Schloss zu verlassen, mitnehmen durfte sie nur das, was sie selbst tragen konnte und was auf einem Handwagen Platz fand. Ab 1993 diente das Schloss viele Jahre als Hotel, gegenwärtig erfolgt der Umbau zu einem Wohngebäude mit 33 Eigentumswohnungen.

Stralsund

PLZ: 18439.
Vorwahl: 03831.
Tourismuszentrale, Alter Markt 9, Tel. 24690, www.stralsundtourismus.de.

Öffentlicher Personen- und Nahverkehr, www.stadtwerke-stralsund.de. Sieben Buslinien führen durch die Stadt und ins Umland. In den Abendstunden sowie am Sonntag wird der Linienverkehr durch Anruf-Sammel-Taxen ersetzt, Anmeldung unter Tel. 390101.

Arcona Baltic, Frankendamm 22, Tel. 2040, www.baltic.arcona.de, 129 Zi., DZ/F ab 113 €. Zwischen Altstadt und Hafen, maritime Eleganz und freundliche Farben.
Hotel am Jungfernstieg, Jungfernstieg 1b, Tel. 44380, www.hotel-am-jungfernstieg.de, 36 Zi., DZ/F ab 85 €. In der Nähe des Bahnhofs, 500 m bis ins Zentrum, schick eingerichtete Zimmer.
Hafenresidenz, Seestr. 10–13, Tel. 282120, www.hotel-hafenresidenz.de, 42 Zi., DZ/F ab 99 €. Modernes Stadthotel an der Sundpromenade, Zimmer in warmen Farben.
Kurhaus Devin, Deviner Park 1, Tel. 66763, www.kurhaus-devin.de, 21 Zi., DZ/F ab 64 €. Gemütliche, im Landhausstil eingerichtete Zimmer im Stralsunder Ortsteil Devin.
Altstadt-Hotel Peiß, Tribseer Straße 15, Tel. 303580, www.altstadt-hotel-peiss.de, 15 Zi., DZ/F ab 65 €. Familiäre Atmosphäre, helle große Zimmer.

Hiddenseer Hafenkneipe, Hafenstraße 12, Tel. 2892390, www.hotel-hiddenseer.de, tgl., Hauptgerichte 11–20 €. Maritimes Flair und regionale Gerichte, toller Blick zur Insel Rügen.
Torschließerhaus, Am Kütertor, Tel. 293032, www.torschliesserhaus-stralsund.de, tgl., Hauptgerichte 8–14 €. Deutsche Küche, großer Biergarten.
Braugasthaus Zum alten Fritz, Greifswalder Chaussee 84–85, Tel. 255500, www.alter-fritz.de, tgl., Hauptgerichte 8–15 €. Urgemütliche Braugasthaus-Atmosphäre, regionale Spezialitäten, frisch gebrautes Bier.

Kaffeehaus Strahl, Mönchstraße 46, Tel. 278566, www.kaffeehaus-strahl.de, tgl. Wiener Flair im Kaffeehaus gegenüber dem Meeresmuseum, hauseigene Konditorei.
Café Kniepereck, Schillstr. 34, Tel. 207254, www.kniepereck.de, Mo/Di geschl. Nettes kleines Café, hausgebackene Kuchen, Suppen, Quiches, Kaffee, Tee und Weine. Die große Auswahl an hochwertigen Tees kann man auch kaufen. Veranstaltungen wie Lesungen, kleine Konzerte.

Deutsches Meeresmuseum, Katharinenberg 14–20, Besuchereingang Bielkenhagen, Ecke Mönchstr., Tel. 2650210, www.meeresmuseum.de, tgl. Juni–Sept. 10–18 Uhr, Okt.–Mai 10–17 Uhr.
Kulturhistorisches Museum im Katharinenkloster, Mönchstraße 25–27, Tel. 253617, www.stralsund.de, Di-So 10–17 Uhr; **Museumsspeicher**, Böttcherstr. 23, sowie **Museumshaus**, Mönchstr. 38, Di-So 10–17 Uhr.
Schiffer-Compagnie, Frankenstraße 9, Tel. 290449, Mo-Fr 9.30–11.30, 13–15.30 Uhr.
Ozeaneum, Hafenstraße 11, Tel. 2650610, www.ozeaneum.de, tgl. 15. Sept.–Mai 9.30–19 Uhr, Juni–4. Sept. 9.30–21 Uhr, öffentliche Führung tgl. 13 Uhr.
Gorch Fock 1, An der Fährbrücke, Tel. 666520, www.gorchfock1.de, tgl. April-Okt. 10–18, Nov.–März 11–16 Uhr.
Nautineum, Zum kleinen Dänholm, Tel. 288010, www.meeresmuseum.de, tgl. Juni-Sep. 10–18 Uhr, Mai und Okt. 10–17 Uhr, Nov.-April geschl.
Marinemuseum, Zur Sternschanze 7 (auf dem Dänholm), Tel. 297327, Mai–Okt. Di-So 10–17 Uhr.

Welterbe-Ausstellung, Ossenreyerstr. 1, Tel. 252310, www.stralsund-wismar.de, tgl. 10–17 Uhr. Informationen zum Welterbe Stralsund und Wismar.

Spielkartenfabrik, Katharinenberg 35, Tel. 703360, www.spiefa.de, Mo–Fr 11–13, 15–19 Uhr, jeden 1. Sa im Monat von 11–16 Uhr Linotype-Demo. Museumswerkstatt und Ausstellung von historischen Druckmaschinen und Spielkarten. An Wochenenden Intensivkurse für Typografie und Buchdruck, Papierschöpfen, Druckgrafik.

Kranich-Informationszentrum Groß Mohrdorf, Lindenstraße 27, Groß Mohrdorf, Tel. 038323/80540, www.kraniche.de, März–Mai tgl. 10–16, Juni, Juli Mo–Fr 10–16, Aug. tgl. 10–16.30, Sept., Okt. tgl. 9.30–17.30, Nov. Mo–Fr 10–16 Uhr.

Theater Vorpommern, Olof-Palme-Platz 6, Tickets unter Tel. 2646124, www.theater-vorpommern.de. Mehrspartentheater für die östliche Region des Landes.

Ostseefestspiele, Juni–Aug., www.ostseefestspiele.de. Auf der Seebühne im Hafen Stralsunds kann man stimmungsvolle Theateraufführungen erleben.

Wallenstein-Tage, Juli, historisches Volksfest, gefeiert wird der Sieg Wallensteins über die kaiserlichen Truppen im Dreißigjährigen Krieg.

Sundschwimmen, Anfang Juli, größtes Langstreckenschwimmen Deutschlands, zu bewältigen ist die Strecke von 2,4 km von Altefähr auf Rügen nach Stralsund.

Mecklenburger Radtour, Zunftstraße 4, Tel. 306760, www.mecklenburger-radtour.de. Rad- und Wanderreisen in Mecklenburg-Vorpommern.

Hansedom, Grünhufer Bogen 18–20 Uhr, Tel. 37330, www.hansedom.de, tgl. ab 9.30 Uhr, Freizeiterlebnis auf 13 000 m², Seesterntherme mit Wellenlagune und Rutschenattraktionen, orientalische Saunenwelt, Fitnessclub, Tennis, Squash, Badminton, Kletterwand, Kosmetik, Gesundheitszentrum zur Prävention und Regeneration.

Citymarina Stralsund, Seestraße 14a, Tel. 444978, www.rundtoern-marinas.de. Moderner Bootsanleger mit allem Service.

Kuhnle-Tours, in der City-Marina, Tel. 444978 und 039823/2660, www.kuhnle-tours.de. Bootscharter mit und ohne Führerschein.

Weiße Flotte, Fährstraße 16, Tel. 0180/3212120, www.weisse-flotte.com. Fährverkehr zwischen Stralsund und Altefähr, Hafenrundfahrten (April–Okt. mehrmals tgl.).

Reederei Hiddensee, Fährstraße 16, Tel. 268116, www.reederei-hiddensee.de, April–Okt. werden von Stralsund alle drei Inselhäfen auf Hiddensee angelaufen.

Sail und Surf, Am Fähranleger, Altefähr, Tel. 038306/23253, www.segelschule-ruegen.de. Segel- und Surfschule, Verleih von Katamaran und Seekajaks.

Golfpark Strelasund, Zur Alten Hofstelle 1-4, Süderholz OT Kaschow, Tel. 038326/469250, www.golfpark-strelasund.de. 18-Loch-Mecklenburg-Vorpommern-Platz und 18-Loch-Strelasund-Inselcourse.

Fischhandel und Räucherei Rasmus, Heilgeiststraße 10, Tel. 281538, www.bismarckhering.com. Von hier kommt der Original Bismarckhering; noch heute wird er nach einem Rezept von 1871 hergestellt, mit persönlicher Einwilligung von Otto von Bismarck, ihn so nennen zu dürfen.

Stralsunder Marzipanhaus, Jungfernstieg 1b, Tel. 44380, www.stralsunder-marzipan.de. Handgefertigtes Marzipan aus ausgesuchten Zutaten, ohne Konservierungsstoffe. Regelmäßig Verkostungen, Termine im Internet.

Rügen

Rügen schmückt sich mit bizarren Kreidefelsen im Nationalpark Jasmund und kilometerlangen feinkörnigen Stränden, mit dem noblen Badeort Binz, mit slawischen Burgwällen, den Leuchttürmen am Kap Arkona und dem Jagdschloss Granitz. Rügen, das sind aber auch die traditionsreichen Dörfer des Mönchguts sowie die auf dem Reißbrett konzipierte Stadt Putbus. Überall auf der Insel, so sagt man, rieche man das Meer, da sich kein Ort weiter als sieben Kilometer vom Wasser entfernt befindet. Rügen ist 926,4 Quadratkilometer groß und hat eine 574 Kilometer lange Küste, es ist zehnmal größer als Sylt und Deutschlands größte Insel (69 000 Einwohner). Gemeinsam mit Hiddensee bildet Rügen einen eigenen Landkreis.

Der Strelasund trennt die Hansestadt Stralsund von Rügen. Bis 1936 waren Schiffe die einzige Verbindung zwischen Festland und Insel. 1936 wurde der **Rügendamm** eingeweiht, am 5. Oktober brauste mit dem D14 Berlin–Stockholm der erste Zug über das neue Bauwerk. Der eigentliche Damm misst 1,8 Kilometer, dazu kommen die 1400 Meter lange Ziegelgrabenbrücke zwischen Stralsund und der Insel Dänholm und die 540 Meter lange **Strelasundbrücke**, einst Europas größte durchgängig geschweißte Brücke. Seit 2007 besteht eine zweite Verbindung: Die Rügenbrücke, ein Bauwerk der Superlative. 180 000 Tonnen Beton und 22 000 Tonnen Stahl wurden zur mit 4,1 Kilometern längsten Brücke Deutschlands verbaut, die Kosten betrugen 125 Millionen Euro.

Zentralrügen

Muttland wird der zentrale Inselteil vielfach genannt, nicht etwa, weil es das Mutterland ist, sondern weil man hier einst viele Schweine hielt, die im Niederdeutschen Mutten genannt werden. Die Bewohner nannte man deshalb ›Muttländer‹. Zahlreiche Bodden und Wieken zerklüften das Muttland, mit 285 Quadratkilometern der flächengrößte Teil der Insel, vor dem die Inseln Vilm und Ummanz liegen und an das sich die Halbinseln Wittow, Jasmund und Mönchgut klammern. Der westlichste Ort auf Zentralrügen heißt **Altefähr**. Der Name weist noch auf die ›alte Fähre‹ hin, die jahrhundertelang Rügen mit dem Festland verband. Vom 13. bis zur Mitte des 19. Jahrhunderts war es eine Ruderfähre, die später ein Raddampfer ablöste. In den Ort reinzufahren lohnt nur für diejenigen, die sich am schönen Blick über das Wasser auf die Altstadt von Stralsund erfreuen möchten. Das Bild begeisterte bereits den Naturforscher Alexander von Humboldt, der von den »hohen und gotischen Türmen, dem wunderbar gebauten Giebeln mit durchbrochenem Mauerwerk« schrieb.

Ganz im Süden hängt an Zentralrügen die 18 Quadratkilometer kleine Halbinsel **Zudar**, wohl eine der unberührtesten und idyllischsten Gegenden der Insel. Der Rügische Bodden, die Schoritzer Wiek und der Strelasund umgeben das Eiland, das mit Palmer Ort den südlichsten Punkt Rügens vorweisen kann. Viele lernen Zudar kennen, ohne es zu wissen, denn hier landet die Glewitzer Fähre an.

■ Bergen

Ziemlich genau im geographischen Mittelpunkt Rügens liegt Bergen (13 600 Einwohner), das Verwaltungszentrum der Insel. Der Stadtname wird der Lage gerecht: Bergen entstand auf einer Erhöhung, die man hierzulande Berg nennt. Von welcher Himmelsrichtung man sich

Die kleine Kapelle in Ralswiek

auch der Stadt nähert, den hoch aufragenden Turm der **Marienkirche** (1185) kann man stets schon von weitem sehen. Die ornamentale Raumausmalung aus dem 13. Jahrhundert wurde 600 Jahre später im historischen Stil erneuert. In einem Flügel des Klosterhofes unmittelbar neben der Kirche befindet sich das **Stadtmuseum**, das über die Geschichte Rügens Auskunft gibt und über die des Marienklosters von den Anfängen im 12. Jahrhundert bis zur Reformation; danach bestand die Einrichtung bis 1945 als evangelisches Frauenstift. Im Klosterhof lohnt es sich auch, die Schauwerkstätten zu besuchen.

Unweit der Kirche befindet sich am Marktplatz das 1538 erbaute **Benedix-Haus**, eines der ältesten Fachwerkhäuser auf Rügen. Etwa zehn Minuten zu Fuß entfernt liegt der Rugard, Bergens grüne Lunge mit dem **Ernst-Moritz-Arndt-Turm**. Der 27 Meter hohe Aussichtsturm, finanziert aus Spenden des Volkes – sogar Kaiser Wilhelm I. stiftete 1000 Taler – wurde 1876 eröffnet und nach Rügens größtem Sohn benannt. Auf dem Rugard kann man im Kletterwald seinen Mut beweisen oder auf Deutschlands nördlichster Rodelbahn 700 Meter den Rugard hinunter jagen.

■ Ralswiek

Zu Rügens Geschichte gehört Klaus Störtebeker, der legendäre Seeräuber, der in Ruschvitz geboren worden sein soll. Bereits Ende des 17. Jahrhunderts wurde das Dorf kurz hinter Bobbin in Richtung Glowe wüst, heute stehen hier einige kleine Häuser. An Störtebeker erinnert nichts, kein Denkmal, keine Gedenktafel. In Ralswiek habe sich der Hafen Störtebekers und seiner Mitstreiter befunden, so wird gern erzählt. Das sind für die Rüganer genug Gründe, den Piraten für sich zu vereinnahmen. Jedes Jahr im Sommer, und das schon seit 1993, finden auf der für 8802 Zuschauer ausgelegten Naturbühne am Großen Jasmunder Bodden die **Störtebeker-Festspiele** statt. Tausende pilgern dann jeden Abend, außer sonntags, in das ansonsten verschlafene Dorf. Das von einem Landschaftspark umgebene **Neorenaissanceschloss** (1893/94) oberhalb der Freilichtbühne ließ der Unternehmer Hugo Sholto Graf Douglas im Stil der Renaissanceschlösser an der Loire errichten. Teile der Inneneinrichtung hat vor dem Ersten Weltkrieg Henry van de Velde, der berühmte belgische Jugendstilkünstler und Wegbereiter des Staatlichen Bauhauses, geschaffen. Nach dem Zweiten Weltkrieg wurde das Bauwerk Seniorenheim, später dann Wohnstätte für Behinderte, bis es nach umfangreicher Sanierung 2002 als Hotel öffnete. Die niedliche **Kapelle** am Ortseingang kam 1907 als Geschenk aus Schweden nach Ralswiek.

Klaus Störtebeker – ›Robin Hood‹ der Ostsee

Millionen Besucher sind seit 1993 nach Ralswiek auf Rügen geeilt, um Klaus Störtebeker, den ›Robin Hood der Ostsee‹, zu erleben. Jahr für Jahr stürzt sich hier der legendäre Seeräuber in neue Abenteuer. Die Störtebeker Festspiele sind Deutschlands besucherreichstes Open-Air-Spektakel.

»Störtebeker is'n fein Kirl. Arm Lüd hett he wat gewen, riek Lüd wat namen«, sagen die Alten auf Rügen und sprechen noch heute achtungsvoll von ›ihrem‹ Helden. In dem kleinen Dorf Ruschvitz bei Sagard sei er als Sohn eines Landarbeiters geboren worden, so versichern sie. Aber das behaupten auch weitere elf Städte und Dörfer in Deutschland. Der verwegene Piratenkapitän soll übermenschliche Kräfte besessen haben; Hufeisen habe er mit bloßen Händen gebogen, eiserne Ketten gesprengt und Zinnteller zusammengerollt. Weil er riesige Bierkrüge in einem Zug leeren konnte, verpasste man ihm den Namen Störtebeker – plattdeutsch für ›Stürz den Becher‹. In der Ost- und später in der Nordsee operierte Störtebeker mit seinen Mitstreitern Ende des 14. Jahrhunderts. Ralswiek sei der Hafen der Piraten gewesen, in der Nähe des Königsstuhls sollen sie einen Teil ihrer sagenhaften Schätze versteckt haben. Durch Verrat wurde Störtebeker gefangengenommen und wahrscheinlich 1401 in Hamburg hingerichtet. In den folgenden Jahrhunderten hat die Legende ihn zum Freund der Armen verklärt, verkörpert er doch die jahrhundertelange Sehnsucht der Menschen nach einer gerechteren Welt. Romane, Lieder und Filme entstanden und die ›Ballade von Störtebeker‹, geschrieben vom DDR-Dichter KuBa. 1959 erstmals und 1981 letztmalig wurde sie in Ralswiek mit dem riesigen Aufwand von etwa 1000 Mitwirkenden aufgeführt.

Im Jahr 1993 erlebte Störtebeker am Ufer des Großen Greifswalder Boddens seine Wiederauferstehung. Als fünf Jahre später der Kopf des Freibeuters fiel, sahen viele das Ende der Störtebeker Festspiele. Dem ist aber nicht so. Die Legenden um Störtebeker und die Phantasie der Autoren sind reich, und so werden in Ralswiek jedes Jahr neue spannungsgeladene Geschichten erzählt, von 150 Mitwirkenden, dreißig Pferden, vier Koggen und einem Feuerwerk am Ende jeder Aufführung.

Störtebeker-Festspiele in Ralswiek

Gingst

Wer sich fernab der Touristenhochburgen erholen möchte, fährt in den westlichen Teil Rügens mit seiner schilfgesäumten Küste, mit Halbinseln und Wieken sowie beschaulichen Orten. Gingst (1400 Einwohner), der größte Ort dieser Region, besitzt Rügens zweitgrößte **Kirche** (13./14. Jahrhundert) mit einer barocken Ausstattung, das **Museum Historische Handwerkerstuben** und den **Rügen-Park**. In ihm stehen auf einer 100 mal 60 Meter großen, von Wasser umspülten, künstlich angelegten Insel die bekanntesten Bauwerke Rügens, die Leuchttürme von Kap Arkona ebenso wie das Jagdschloss Granitz. Auf dem 30 000 Quadratmeter großen, parkähnlichen Gelände sind weitere bekannte Bauwerke im Maßstab 1:25 zu sehen, darunter die sieben Weltwunder. Durch die Anlage rollt die **Minibahn Emma**.

Ummanz

Seit 1901 ist Ummanz (600 Einwohner) keine richtige Insel mehr, denn es wurde westlich an Rügen ›festgemacht‹. Eine 250 Meter lange Brücke verbindet das fast baumlose, flache, 19 Quadratkilometer große Eiland mit Zentralrügen. Der Nord- und Südteil von Ummanz gehören zum Nationalpark Vorpommersche Boddenlandschaft. Die **Dorfkirche** von **Waase** hat einen um 1520 in Antwerpen erbauten, reich geschmückten spätgotischen **Flügelaltar**. Das wertvolle Stück erwarb die damals reiche Hansestadt Stralsund für ihre Nikolaikirche, später kam es in die Heilgeistkirche. In die Kirche von Waase gelangte der Altar 1808, weil die Insel Ummanz damals Stralsund gehörte. Bis in die Mitte des 20. Jahrhunderts lebten die Menschen auf Ummanz in großer Abgeschiedenheit, erst 1953 leuchteten in den oft rohrgedeckten Häusern elektrische Glühlampen auf.

Putbus

Auf Rügen entstand die letzte planmäßig erbaute Residenzstadt Europas: Putbus (4300 Einwohner), das europaweit als einzigartiges architektonisches Ensemble des Klassizismus gilt. Fürst Wilhelm Malte I. (1783–1854) ließ die Stadt auf dem Reißbrett gestalten. ›Weiße Stadt‹ oder ›Rosenstadt‹, so die Beinamen von

▲ *Der Circus in Putbus: Klassizismus in Kreisanordnung*

Das Putbusser Schloss vor seinem Abriss

Putbus, denn die meisten Häuser leuchten strahlend weiß, und viele ihrer Besitzer haben eine alte Tradition wieder aufgenommen und davor schmückende Rosenstöcke gepflanzt.

Den architektonischen Mittelpunkt von Putbus bildet der kreisrunde, **Circus** genannte, Platz in der Stadtmitte mit 16 weiß gestrichenen Häusern. Kleine Alleen teilen die Innenfläche des Platzes wie eine Torte. In der Mitte erhebt sich ein schlanker, an die Ortsgründung im Jahr 1810 erinnernder **Obelisk**. Umgeben ist der Platz von repräsentativen Gebäuden, darunter dem **Kronprinzenpalais** (Circus 1) sowie dem ehemaligen königlichen **Pädagogium** (Circus 16), in dem sich jetzt das ›IT-College Putbus‹ befindet. Vom Circus führt die Alleestraße zum Markt mit dem **Kriegerdenkmal** (1885), einer reich dekorierten Säule auf einem quadratischen Postament.

Zu den herausragenden Bauten der Stadt gehört das klassizistische **Theater**, das mit seinen 244 Plätzen eine intime Atmosphäre ausstrahlt. Die Restaurierung Ende des 20. Jahrhunderts stellte den Originalzustand weitestgehend wieder her, gleichzeitig wurde darauf geachtet, dass das Haus den heutigen Anforderungen eines Spielbetriebs genügt.

Der **Schlosspark** gehört an Größe und Baumbestand zu den bedeutendsten im Norden Deutschlands. Inmitten der weitläufigen Wiesen ragen seltene Bäume auf, befinden sich der Schwanenteich, der Rosengarten und das Wildgehege. Zu einem Schlosspark gehört logischerweise ein Schloss, doch in Putbus sucht man es vergebens: Die DDR-Machthaber ließen es aus politischen Gründen sprengen und bis 1962 abtragen. An seinen einstigen Standort erinnert die übriggebliebene Seeterrasse.

Wunderschön restauriert hat man die **Orangerie**, einen Neorenaissancebau, der vermutlich ein Werk von Preußens Stararchitekt Karl Friedrich Schinkel ist. Vor dem Eingang auf der Parkseite fand die Kopie des **sterbenden Kriegers** ihren Platz, die nach dem Original im Museum des Capitols in Rom angefertigt wurde. Bis zum Brand des heute nicht mehr vorhandenen Schlosses 1865 stand sie im Schlosshof. Das Denkmal für Fürst Wilhelm Malte I. im Park ließ seine Witwe 1859 errichten. Im neogotischen **Mausoleum** (1850) stehen die Sarkophage der zwischen 1868 und 1927 verstorbenen Mitglieder des Fürstenhauses. Zum **Spielzeug- und Puppenmuseum** wurde das Affenhaus (1830). Hier sind keine fern-

gesteuerten Autos und Video-Spiele zu sehen, sondern Puppen, Puppenstuben, Zinnsoldaten und Modelleisenbahnen, mit denen früher Oma und Opa spielten. Die **Christuskirche** war einst der Kursalon mit Tanzsaal, 1891/92 wurde er zum Gotteshaus umgebaut.
All diesen kunstgeschichtlichen Bauwerken stiehlt neuerdings ein anderes Gebäude die Schau: das auf dem **Kopf stehende Haus**. Bei dem einem Einfamilienhaus ähnelnden Gebäude befindet sich die Bodenplatte oben und wird als Aussichtsplattform genutzt. In den komplett eingerichteten Zimmern steht auch alles Kopf, Stühle und Schränke, Dusche und Toilette hängen kopfüber von der Decke, oder war es der Fußboden? Ziemlich verwirrend alles. Da das Gebäude auch noch leicht geneigt ist, haben nicht wenige Besucher Probleme mit dem Gleichgewichtssinn. Ein weiteres auf dem Kopf stehendes Haus befindet sich in Trassenheide auf Usedom.

■ Lauterbach

In Lauterbach, heute ein Ortsteil von Putbus, schwebte Fürst Wilhelm Malte I. ein Seebad nach dem Vorbild von Heiligendamm vor. Er ließ ein klassizistisches **Badehaus** (1818) errichten, das mit seiner monumentalen Säulenkolonnade zu den schönsten seiner Art an der Ostseeküste gehört. Nach jahrelangem Leerstand nach der Einheit dient es jetzt als Hotel. Da Lauterbach nur am Bodden liegt, besaß es für Badegäste keine Anziehungskraft, deshalb erwählte der Fürst Binz mit seinem feinen Sandstrand als neues Seebad.

Unter Naturschutz: die Insel Vilm

■ Insel Vilm

Von Lauterbach geht der Blick über das Boddengewässer zur Insel Vilm. Um das landschaftliche Kleinod zu erhalten, dürfen es täglich nur maximal 30 Gäste besuchen. Die eine knappe Viertelstunde dauernde Schiffsfahrt mit der dazugehörenden Inselführung beginnt im Hafen von Lauterbach. Auf Vilm, dessen erste urkundliche Erwähnung von 1249 datiert, wurde Mitte des 16. Jahrhunderts zum letzten Mal Holz geschlagen – seitdem blieb der Wald mit knorrigen Bäumen sich selbst überlassen. Über das Naturkleinod äußerten sich viele schwärmerisch, so Friedrich Preller d. Ä., Direktor der in der Goethezeit gegründeten Weimarer Zeichenschule: »Ich werde in Zukunft meine Studien

▲ *Schwimmende Ferienhäuser in Lauterbach*

wohl nur hier machen, denn reicher habe ich nie ein Land gesehen, selbst Italien nicht...« Preller d. Ä. hielt sich mit seinen Schülern Mitte des 19. Jahrhundert insgesamt viermal auf der Insel Vilm auf. Etwa 150 Jahre später wurde die Insel für die Öffentlichkeit gesperrt: Honecker und andere führende Funktionäre hatten ihre Schönheit und ruhige Lage entdeckt und ließen Ferienhäuser im Stil einer rügenschen Fischersiedlung errichten. Die nutzt seit 1990 die Internationale Naturschutzakademie (INA). Die Insel Vilm ist heute als Kernzone des Biosphärenreservats Südostrügen für den Tourismus tabu.

■ **Vilmnitz**
In der backsteinernen **Dorfkirche** des drei Kilometer östlich von Putbus gelegenen Vilmnitz fanden bis Mitte des 19. Jahrhunderts die Mitglieder des Putbusser Fürstenhauses ihre letzte Ruhestätte. 27 Prunksärge befinden sich in der Familiengruft, darunter auch der des Putbus-Erneuerers Wilhelm Malte I. Durch ein kleines, vergittertes Fenster an der Choraußenseite ist die nicht zugängliche Gruft teilweise einsehbar.

■ **Garz**
Rügens älteste Stadt – 1316 verlieh ihr Rügenfürst Wizlaw III. die Stadtrechte – ist mit 2200 Einwohnern die kleinste der Insel. Die meist eingeschossigen Giebel- und Traufenhäuser werden von der spätgotischen **Backsteinkirche** (14./15. Jahrhundert) überragt, das **Pfarrhaus** datiert von 1750. An die slawische Burg Charenza, auf der zeitweise die Rügenfürsten residierten, erinnert der südlich der Kirche gelegene **Burgwall**. Im **Museum** wird an Ernst Moritz Arndt erinnert, der im fünf Kilometer entfernten **Groß Schoritz** in einem Gutshaus geboren wurde.

Zentralrügen

Touristeninformation Bergen, Markt 23, 18528 Bergen auf Rügen, Telefon 03838/ 811276, www.stadt-bergen-auf-ruegen.de.
Tourismusverein West-Rügen, Infostube Gingst, Karl-Marx-Straße 19, 18569 Gingst, Tel. 038305/535862, www.west ruegen.net.
Ummanz-Information, Neue Straße 63a, 18569 Waase/Ummanz, Tel. 038305/ 53481.
Putbus-Information, Orangerie, Alleestraße 35, 18581 Putbus, Telefon 038301/ 431, www.ruegen-putbus.de.

Romantik Hotel Kaufmannshof Hermerschmidt, Bahnhofstraße 6–8, Bergen auf Rügen, Tel. 03838/80450, www.kauf mannshof.com, 18 Zi., DZ/F ab 90 €. Nostalgisches Ambiente aus alten Kaufmannszeiten mitten in Bergens Altstadt.
Badehaus Goor, Fürst-Malte-Allee 1, Putbus OT Lauterbach, Tel. 038301/88260, www.hotel-badehaus-goor.de, 87 Zi., DZ/F ab 86 €. Im ehemaligen Badehaus des Fürsten zu Putbus etablierte sich mit einem sich harmonisch einfügenden Neubau ein feines Hotel.
Im Jaich Wasserferienwelt, Am Yachthafen 1, 18581 Lauterbach, Tel. 038301/8090, www.im-jaich.de, 20 schwimmende Ferienhäuser, 14 Pfahlhaussuiten, 10 App., FH ab 79 €, App. ab 39 €. Romantische Anlage: Wohnen auf und über dem Wasser in komfortabel ausgestatteten Ferienhäusern im Hafen von Lauterbach. Vielfältige Wassersportmöglichkeiten wie Segeln, Bootscharter, Angeln oder einfach nur Baden.
Boldevitzer Rügenkaten, Dorfstr. 16, Parchtitz OT Boldevitz, Tel. 03838/ 313976, www.ruegenkaten.de, 25 Fewo, ab 60 €. Ländliche Ferienwohnungen in ehemaligen, liebevoll restaurierten Katen.

Ostseecamp Suhrendorf, Suhrendorf/ Ummanz, Tel. 038305/82234, www.ost

seecamp-suhrendorf.de, ganzjährig geöffnet. Ruhiger familienfreundlicher Platz direkt am Wasser, auch Mietwohnwagen und Ferienhäuser. Ideales Surfrevier.

✖

Gutshaus Kubbelkow, Im Dorfe 8, Klein Kubbelkow, Telefon 03838/8227777, www.kubbelkow.de, Di geschlossen. Hauptgerichte 19–28 €. Ausgezeichnetes Gutshausrestaurant mit frischer Regionalküche.
Nautilus, Dorfstraße 17, Neukamp, Tel. 038301/830, www.ruegen-nautilus.de, tgl., Hauptgerichte 10–18 €. Erlebnisrestaurant der besonderen Art: Kapitän Nemo lässt stilgerecht grüßen, man fühlt sich wie ›20 000 Meilen unter dem Meer‹.

☕

Rosencafé, Bahnhofstr. 1, Putbus, Tel. 038301/887290, www.rosencafe-putbus. de, tgl. Frischer hausgemachter Kuchen und leckere Torten nach überlieferten Rezepten, dazu ein schönes Ambiente mit Blick auf den Putbusser Park.

🏛

Stadtmuseum Bergen, Billrothstraße 20a, Bergen auf Rügen, Tel. 03838/252226, Mai–Okt. Di–Sa 10–16.30 Uhr, Nov.–April Di–Fr 11–15, Sa 10–13 Uhr.
Schauwerkstatt im Klosterhof Bergen, Billrothstraße 20a, Bergen auf Rügen, Tel. 03838/828356, April–Okt. Mo–Fr 10–18, Sa 10–16, Nov.–März Mo–Fr 10–16, Sa 10–13 Uhr. Kerzenwerkstatt, unikate Kunstkeramik.
Ernst-Moritz-Arndt-Turm, auf dem Rugard, Bergen auf Rügen, Mai–Okt. tgl. 10–18 Uhr, Nov.–April holt man sich den Schlüssel an der Rezeption des Hotels Rugard.
Museum Historische Handwerkerstuben, Gingst, Tel. 038305/305, www.historische-handwerkerstuben-gingst.de, Juni–Aug. tgl. 10–17 Uhr, Mai, Sept. Mo–Sa 10–17 Uhr, Okt. Mo–Sa 10–16 Uhr, Nov.–April Mo–Fr 10–16 Uhr.

Rügen-Park, Mühlenstraße 22b, Gingst, Tel. 038305/55055, www.ruegenpark. de, April–Juni Di–So 10–18, Juli/Aug. tgl. 10–19, Sept./Okt. Di–So 10–17 Uhr.
Informationsstelle des Nationalparks Vorpommersche Boddenlandschaft, Alte Küsterei, Waase auf Ummanz, Tel. 038300/68041, www.nationalpark-vorpommersche-boddenlandschaft.de, Mai, Juni, Sept., Okt. Fr–So 10–16, Juli, Aug. tgl. 10–17 Uhr.
Rügener Puppen- und Spielzeugmuseum, Kastanienallee, Putbus, Tel. 038301/60959, www.puppenmuseum-putbus.de, tgl. 10–18 Uhr.
Historisches Uhren- und Musikgerätemuseum, Alleestr. 13, Putbus, Tel. 038301/60988, www.uhrenmuseum-putbus.de; tgl. Mai–Okt. 10–18, Nov.–April 11–16 Uhr.
Haus-Kopf-über, Lauterbacher Str. 10, Putbus, Tel. 038301/898366, www.pirateninsel-ruegen.de, tgl. April–Okt. 10–19, Nov.–März 12–16 Uhr.
›Historium‹ Museum Putbus, Lauterbacher Str. 9 a, Putbus, Tel. 038301/898336, tgl. April–Okt. 10–18, Nov.–März 10–16 Uhr. Ausstellung zur Geschichte von Putbus.
Ernst-Moritz-Arndt-Museum, An den Anlagen 1, Garz, Tel. 038304/12212, Mai–Okt. Di–Sa 10–16 Uhr, Nov.–April Mo–Fr 11–15 Uhr.

🎵

Störtebeker Festspiele, Mitte Juni bis Anf. Sept. auf der Naturbühne in Ralswiek, Tickets Tel. 03838/31100, www.stoertebeker.de.
Theater Putbus, Markt 13, Putbus, Tel. 038303/8080, www.theater-vorpommern.de. Das historische Theater ist Spielstätte des Theaters Vorpommern, es wird ein vielseitiges Programm geboten.

🐴

Reitanlage Neuendorf Gut Boldevitz, Neuendorf Nr. 8, Parchtitz, Tel. 0174/9994491, www.boldevitz.de, www.ruegenkaten.de. Großzügige Reitanlage

mit Reithalle, Reitplatz, Reitunterricht, Ausritte, Reitferien.
Weitere Informationen zu Reiterhöfen auf Rügen: www.ruegen.de.

Kletterwald Rügen, Rugardweg 9, Bergen auf Rügen, Tel. 0152/04903263, www.kletterwald-ruegen.eu, Mai–Okt. tgl. 10–18 Uhr.
Inselrodelbahn, Bergen auf Rügen, Tel. 03838/828282, www.inselrodelbahn-bergen.de, tgl. April–Juni, Sept.–Okt. 10–18 Uhr, Juli–Aug. 10–19 Uhr, Nov.–März 13 Uhr–Einbruch der Dunkelheit.
Pirateninsel Rügen, Lauterbacher Str. 10, Putbus, Tel. 038301/898366, www.pirateninsel-ruegen.de, Mo–Fr 13–19, Sa/So 10–19, Ferienzeit in Mecklenburg-Vorpommern tgl. 10–19 Uhr. Rügens größter Indoor-Spielplatz mit 2000 m² Fläche und vielen Attraktionen.

Windsurfcenter, auf dem Campingplatz ›Ostseecamp Suhrendorf‹, Ummanz, Tel. 038305/82240, www.surfen-auf-ruegen.de, Ostern–Mitte Okt. Deutschlands größtes Stehrevier, Windsurfen für Anfänger, Kinder, Könner, Surfcamps. Vermietung von Surfbrettern und Kanus.

Schiffsfahrten zur Insel Vilm und Führungen ab Hafen Lauterbach, Tel. 038301/61896, www.vilmexkursion.de.

Boddenkreuzfahrten durch das Biosphärenreservat Südost-Rügen und um die Insel Vilm, Robbenfahrten ab Hafen Lauterbach, Tel. 03831/26810, www.weisse-flotte.de.

Golf-Centrum Schloss Karnitz, Am Golfplatz 2, Garz OT Karnitz, Tel. 038304/82470, www.golfcentrum-schloss-karnitze.de. 18-Loch-Meisterschaftsplatz, 9-Loch-Platz, Driving-Range mit Putting Green und Übungsplatz.

Alte Pommernkate/Rügener Bauernmarkt, Hauptstraße 2a, Rambin, Tel. 038306/62630, www.altepommernkate.de, tgl. 8–19 Uhr. Regionale und traditionelle Erzeugnisse von Rügen, Hofcafé und Hof-Grill, wechselnde Mittagsgerichte.
1ste Edeldestillerie auf Rügen, Lieschow 17, Ummanz, Tel. 038305/55300, www.1ste-edeldestillerie.de. Verarbeitung alter Rügener Obstsorten zu Edelbränden mit Verkauf, auch in Bio-Qualität.
Erlebnis-Bauernhof Kliewe, Murseiwek 1, Ummanz, Tel. 038305/8130, www.bauernhof-kliewe.de. Regionale Produkte im Hofladen, Restaurant.
Bauer Lange, Hof Nr. 37, Lieschow auf Rügen, Tel. 038305/55117, www.bauerlange.de. Erlebnisbauernhof mit Hofladen, Erlebnisscheune mit Schweinekino, Restaurant, Ferienwohnungen, Maislabyrinth, Dumperfahrschule und Veranstaltungen.

Wittow und Jasmund

Die Halbinsel Wittow ist Rügens nördlichster Teil. Weil über den flachen Landstrich der Wind ungehindert hinweg pfeift, wird er auch Windland genannt. Der nördlichste Punkt, zugleich der nördlichste des gesamten Bundeslandes, heißt **Gellort** und liegt etwa einen Kilometer nordwestlich von Kap Arkona. Die **Wittower Fähre** stellt seit Jahrhunderten die Verbindung zwischen der Halbinsel Wittow und dem Inselfestland her. Bereits im Mittelalter setzten an dieser Stelle Boote über, ein leistungsfähiger und regelmäßiger Fährverkehr begann Ende 1896, als die Schmalspurbahnstrecke Bergen–Altenkirchen eröffnet wurde. Die Fähre trajektierte Bahnwaggons bis zur Einstellung der Schmalspurstrecke 1968.

Die schmale Nehrung der etwa zwölf Kilometer langen und bis zu zwei Kilometer breiten **Schaabe** verbindet die Halbinsel

Wittow mit der Halbinsel Jasmund. Jasmund und das Festland wiederum sind durch einen Damm verbunden, den man zwischen dem Großen und dem Kleinen Jasmunder Bodden bei Lietzow errichtete. Den Damm gibt es seit 1868, bis dahin musste man den Umweg über die Schmale Heide nehmen, die durch Prora Bekanntheit erlangte.

■ Wiek

Wiek (1100 Einwohner), das erste Dorf auf Wittow, überrascht mit einer wuchtigen spätgotischen **Backsteinhallenkirche** aus der Zeit um 1400. Aus der reichen Ausstattung ragen der barocke Altar (1747/48), der spätromanische Taufstein und der heilige Georg zu Pferde heraus, eine wertvolle Holzplastik aus dem 15. Jahrhundert. Am Boddenufer entstand um 1930 nach Plänen des Bauhaus-Schülers Waldo Wenzel ein **Kinderkurheim**, heute das größte seiner Art in den östlichen Bundesländern, dessen langgestreckte weiße Holzgebäude mit durchgängigen Kolonnaden dem Baustil in Florida ähneln. Die ruinöse **Verladebrücke**, die das Gesicht des Hafens prägt, wurde vor dem Ersten Weltkrieg zur Verladung von Kreide aus der Kap-Arkona-Region gebaut, aber nie benutzt. Der Hafen erhielt in den vergangenen Jahren ein schmuckes Aussehen, bald soll auch die historische Kreidebrücke an der Reihe sein. Ende 2013 verkündete das Wirtschaftsministerium, es stelle 2,3 Millionen Euro für die Umgestaltung der Brücke zu einer ›schwebenden Promenade‹ bereit.

■ Dranske

Das ehemalige Fischerdorf (1200 Einwohner), von Wiek etwa acht Kilometer entfernt, war von 1917 bis 1991 ein militärisch geprägter Ort. In den 1930er Jahren schleifte man die 13 Gehöfte des Ortes, und es entstanden Häuser für Armeeangehörige. Kurz hinter dem westlichen Ortsausgang verhindert ein Schlagbaum die Weiterfahrt, denn die schmale, acht Kilometer lange **Halbinsel Bug** ist aus Sicherheitsgründen für individuelle Wanderungen gesperrt. Selbst viele Rüganer kannten den Bug bis zum Abzug der Militärs nicht, in deren Hand er Jahrzehnte war. Nach der Einheit nahmen auch zahlreiche Einheimische an organisierten Führungen teil, um diesen Teil ihrer Halbinsel kennenzulernen, die an der schmalsten Stelle nur 55 Meter misst.

■ Altenkirchen

Der Ort Altenkirchen (1000 Einwohner) besitzt mit der **Dorfkirche** ein Kleinod unter den norddeutschen Backsteinkirchen. Nach dem Gotteshaus in Bergen ist es das zweitälteste der Insel, um 1200 wurde mit dem Bau begonnen. In der östlichen Vorhallenwand hat man einen slawischen Grabstein aus der Zeit vor 1168 eingemauert. Gotländische Bildhauer haben die Kalksteintaufe um 1240 gefertigt. Neben der Kirche liegt Ludwig Gotthard Kosegarten (1758–1818) begraben. Der Pfarrer von Altenkirchen, der viele Geistesgrößen seiner Zeit um

▲ *Die Wittower Autofähre*

Karte: hintere Umschlagklappe

Wahrzeichen Kap Arkonas: die beiden Leuchttürme

sich versammelte, war ein zu seiner Zeit vielgelesener Schriftsteller, der mit Goethe und Herder Briefwechsel pflegte. Kosegarten ist aber auch durch seine Uferpredigten für die Fischer und den Bau der Kapelle in Vitt in die Inselgeschichte eingegangen. Ab 1808 wirkte er als Geschichtsprofessor an der Universität Greifswald.

■ Kap Arkona

Neben dem Königsstuhl im Nationalpark Jasmund und dem Baumwipfelpfad in Prora gehört Kap Arkona zu den beliebtesten Ausflugszielen der Insel. Das Kap – in Altenkirchen folgt man der Ausschilderung – ist autofreie Zone. Busse und Pkw müssen in Putgarten auf dem Parkplatz stehen bleiben, von hier geht es zu Fuß, per Fahrrad, Pferdekutsche oder mit der kleinen Parkbahn weiter, entweder zu den Leuchttürmen oder zum verträumten Dörfchen Vitt.

Vom Parkplatz führt der Weg vorbei am **Rügenhof Arkona**. Im einstigen, völlig umgebauten Kuh- und Schafstall haben sich mehrere Kunsthandwerker niedergelassen, die ihre Produkte anbieten.

Es wurden Ferienwohnungen eingerichtet, im Gutshaus befindet sich ein Café. Das Kap Arkona ist der einzige Ort an der Ostsee mit zwei **Leuchttürmen**. Der viereckige Backsteinturm entstand 1826/27 nach einem Entwurf des preußischen Baumeisters Karl Friedrich Schinkel. Zwei im Original erhaltene gusseiserne Treppen führen zum Umgang nach oben. Der 19,3 Meter hohe Schinkelturm, wie das Leuchtfeuer nach seinem Baumeister heißt, hat ausgedient und genießt als Denkmal seinen Lebensabend. Der daneben stehende runde Leuchtturm darf ebenfalls bestiegen werden. Sein Mauerwerk verjüngt sich nach oben und verleiht dem Turm somit ein schlankes Aussehen. Er wurde 1902 gebaut, hat eine Höhe von 35 Metern und sendet bis heute sein Licht in der Dunkelheit weit hinaus aufs Meer. Der dritte Turm am Kap steht etwas abseits, es ist ein ausgedienter **Peilturm** der Marine von 1927. Dessen Aussichtsplattform unterhalb der neuen Glaskuppel bietet ebenfalls einen schönen Blick.

Das Meer hat in den vergangenen Jahrhunderten die slawische Jaromarsburg verschlungen, darunter auch den Tempel für den Gott Swantevit in der Mitte, der vom 9. bis zum 12. Jahrhundert das

Die Backsteinkirche in Altenkirchen

religiöse Zentrum der heidnischen Ostseeslawen bildete. Erhalten geblieben sind große Teile des **Burgwalls**. Auch heute noch kommt es am Kap Arkona immer wieder zu Abbrüchen an der Steilküste, im Jahr 2011 gab es sogar ein Todesopfer. Es ist deshalb besondere Vorsicht geboten.

Das Kap zog seit jeher das Militär an, das Bunker errichtete. Der kleinere Bunker entstand vor dem Zweiten Weltkrieg und dient heute als **Kunstgalerie**, den größeren Bunker legte die NVA der DDR an. In ihm ist heute eine **Ausstellung** zur ›Geschichte der 6. Flottille/Bug und der Volksmarine der DDR‹ zu sehen.

Vom Kap führt ein Weg ins kleine Fischerdorf **Vitt**. In einer malerischen Schlucht, hier Liete genannt, verstecken sich 13 rohrgedeckte Häuschen. Erst 1946 erhielt das Dorf elektrisches Licht, und erst 1980 erfolgte der Anschluss an die zentrale Wasserversorgung. Am Ortseingang steht auf dem Steilufer eine schlichte, achteckige **Kapelle** (1816), für deren Bau Pfarrer Kosegarten sogar den König von Sachsen, den Herzog von Sachsen-Weimar, die Stadt Stralsund und die Universität Greifswald als Spender gewinnen konnte. Seit 1990 schmückt ein Bild des italienischen realistischen Malers Gabriele Mucchi (1899–2002) die Kapelle.

■ Breege-Juliusruh

Breege und Juliusruh (800 Einwohner), drei Kilometer von Altenkirchen entfernt, wurden 1928 zu einem Doppelort zusammengeschlossen. Breege erstreckt sich in Richtung Bodden, Juliusruh zieht sich am Ostseestrand entlang. In Breege sieht man noch viele alte **Kapitänshäuser**, denn der Ort hatte einen wichtigen Segelschifffahrtshafen. In Juliusruh besitzt der 1795 vom Gutsbesitzer Julius von der Lancken angelegte **Landschaftspark** Bedeutung, der als Kurpark hergerichtet wurde und beide Ortsteile verbindet.

Bei Juliusruh beginnt die fast 10 Kilometer lange **Schaabe**, die Verbindung zwischen den Halbinseln Wittow und Jasmund, mit einem wunderschönen Naturstrand, der sich fast völlig in der Hand von FKK-Anhängern befindet. **Glowe** (1000 Einwohner), der malerische Ferienort am östlichen Ende der Schaabe, besteht aus einigen kleinen Hotels und einer Kurklinik. Im Jahr 2000 kam noch ein Yachthafen dazu, in dem nicht nur Segel- und Motorsportboote ihren Liegeplatz haben, sondern auch Fischerboote.

■ Bobbin

Bobbin erkennt man von weitem an der auf einer Anhöhe hockenden **Feldsteinkirche**. Um 1400 wurde sie als einziges Gotteshaus Rügens aus Granitfindlingen errichtet. Mit dem **Dinosaurierland Rügen** besitzt der Ort seit 2008 nun auch einen touristischen Anziehungspunkt. Auf einem durch die Landschaft führenden, rund 1100 Meter langen Rundweg sind mehr als 100 originalgetreue Nachbildungen von frühzeitlichen Erdbewohnern zu sehen, darunter der 15 Meter

Im Dinosaurierland von Bobbin

lange Tyrannosaurus, einer der größten Fleischfresser, der je auf trockenem Land lebte. Etwa sieben Tonnen wiegt die Nachbildung. Am südlichen Ortsrand, direkt an der Hauptstraße, bietet sich vom **Tempelberg** ein weiter Blick.
Zu Bobbin gehört auch das einsam am Großen Jasmunder Bodden gelegene **Schloss Spyker**, Rügens bedeutendster Profanbau. Ende des 16. Jahrhunderts wurde es als ›Festes Hus‹ mit zwei Ecktürmen im Renaissancestil errichtet, nach 1650 ließ es der schwedische Feldherr Carl Gustav von Wrangel im barocken Stil umbauen und mit der für Schweden typischen roten Fassade versehen. Wrangel war Generalgouverneur des am Ende des Dreißigjährigen Krieges an Schweden gefallenen Vorpommern und hatte das Schloss 1649 von seiner Königin als Geschenk erhalten. Bis heute verstummt das Gerücht nicht, der Stralsunder Scharfrichter habe 1676 in einer Nacht-und-Nebel-Aktion den legendären Feldmarschall des Dreißigjährigen Krieges im Schlosssaal hingerichtet. Der Marschall soll sich geweigert haben, das schwedische Heer in der Schlacht bei Fehrbellin zu befehligen. Zu DDR-Zeiten diente das Schloss dem Gewerkschaftsbund FDGB als Ferienheim, nach der Einheit öffnete es als Hotel.

■ **Dobberworth**
Etwa vier Kilometer vor Sassnitz, kurz nachdem man von Bobbin kommend in Sagard links in die B96 einbiegt, sieht man den Dobberworth, das größte bronzezeitliche **Hügelgrab** an der Ostseeküste. Der Umfang des 3500 Jahre alten Grabes beträgt rund 150 Meter, seine Höhe zehn Meter. Die Legende berichtet, eine Riesin habe den Großen Jasmunder Bodden abriegeln wollen, ihre mit Steinen gefüllte Schürze sei aber an dieser Stelle gerissen, und die Steine wären auf den Boden gefallen.

■ **Sassnitz**
Den Weg nach Sassnitz beschreibt der große Theodor Fontane ganz einfach: »Und dann von Stralsund nach Rügen... und weiter zwischen dem Großen und Kleinen Jasmunder Bodden hin bis nach Sassnitz. Denn nach Rügen reisen, heißt nach Sassnitz reisen.« So Baron Geert von Instetten an seine junge Frau Effi Briest im gleichnamigen Roman. Und Effi ruft aus: »Ach, Geert, das ist ja Capri, das ist ja Sorrent.« Fontane, der Autor des Romans, konnte diese Worte guten Gewissens Effi in den Mund legen, denn vor der Niederschrift hatte er sich ortskundig gemacht: Im September 1884 hielt er sich auf Rügen auf.
Sassnitz (9500 Einwohner), das 1906 durch den Zusammenschluss zweier Dörfer entstand und sich am Südrand der bergigen Stubnitz erstreckt, ist längst nicht mehr Rügens bekanntester Badeort. 1912 zählte Sassnitz, das erst 1957 Stadtrecht erhielt, 42 Hotels und Pensionen, zu DDR-Zeiten gab es lediglich ein Hotel, das zum überwiegenden Teil vom FDGB-Feriendienst zwangsbelegt war; die restlichen Zimmer standen Ausländern zur Verfügung, die mit westlichen Währungen bezahlen konnten. Da Sassnitz keinen schönen Strand besitzt, musste es seine Führungsrolle um 1920 an die anderen Seebäder abtreten. Von da an erlangte es durch Kreidegewinnung und als Fährhafen Bedeutung. 1909 verließ das erste Eisenbahnfährschiff in Richtung Trelleborg den Sassnitzer Hafen und eröffnete die ›Königslinie‹. 1998 verlegte man die Fähren in den Hafen des Stadtteils **Neu Mukran**, der zu DDR-Zeiten entstanden war. Seinerzeit hatte er immense Bedeutung, denn die wirtschaftliche Verflechtung zwischen der DDR und der Sowjetunion war groß. Den Hafen stampfte man in einem gewaltigen Kraftakt aus dem Boden, um

die umfangreichen Warenlieferungen nicht über das seinerzeit politisch unzuverlässige Polen leiten zu müssen. Heute fahren von hier Fähren in mehrere Länder ab, legen Kreuzfahrtschiffe an.
Der **Stadthafen** im Zentrum der Stadt mit Europas längster Außenmole (1450 Meter) hat heute touristische Bedeutung. Hier entstand das **Fischerei- und Hafenmuseum** mit dem Museumsschiff ›Havel‹ als interessantestem Exponat, das am Kai gegenüber dem Museum seinen Liegeplatz hat. Es ist der letzte 26-Meter-Kutter von einer Serie gleicher Schiffe, die bis 1990 dem VEB Fischkombinat Sassnitz gehörten. Für immer fest vertäut im Hafen liegt seit 2002 das einstige britische U-Boot H. M. S. Otus, nunmehr Museum. Das 1962 gebaute Schiff hat 28 Jahre lang in der Royal Navy seinen Dienst versehen. Mit 68 Mann Besatzung war es im Falkland-Krieg und am Persischen Golf im Einsatz.
Nach der Außerdienststellung landete das U-Boot bei einem Schrotthändler im südenglischen Portsmouth. Dort entdeckte es ein deutscher Unternehmer und kaufte es. Zwei Schlepper zogen die ›H. M. S. Ottus‹ durch den Ärmelkanal und den Nord-Ostsee-Kanal nach Stralsund. Hier wurde das U-Boot in der Werft außenbords überholt und wieder mit dem originalen Anstrich versehen.
Zu einem Ostseebesuch sollte auch eine **Schiffsreise** hinaus aufs Meer gehören. In Sassnitz bietet sich dazu die Gelegenheit. Im Hafen starten ehemalige Fischereischiffe zu Ausflugsfahrten, meist wird entlang der Kreideküste gefahren.

■ Die Kreidefelsen

60 Prozent der Deutschen kennen die Kreidefelsen auf Rügen. Diese bis zu 120 Meter aufragende Kreidefelsen landeten in einer Umfrage des Meinungsforschungsinstituts Forsa – gefragt wurde nach den beliebtesten deutschen Nationaldenkmälern – nach dem Brandenburger Tor in Berlin, dem Kölner Dom, der Dresdner Frauenkirche und dem Berliner Reichstag auf Platz fünf.
Von Sassnitz führt oberhalb der imponierenden Steilküste ein Weg zu den berühmten Kreidefelsen. Die oftmals bizarren Naturgebilde, die Caspar David Friedrich mit seinen Bildern weltberühmt gemacht hat, sind das Markenzeichen des **Nationalparks Jasmund**, dem kleinsten deutschen Nationalpark. Die hochhausgroßen Klippen bestehen aus den Resten mikroskopisch kleiner Einzeller, ihre Skelette sammelten sich vor über 70 Millionen Jahren in unglaublich großer Zahl auf dem Grund eines tiefen Meeres an. Pro Jahr kam lediglich ein halber Millimeter hinzu. In der letzten Eiszeit überfuhren schließlich mächtige Gletscher die Ablagerungen, stauchten sie und stellten sie teilweise schräg. Beim Abtauen hinterließen die riesigen Eismassen außerdem große Mengen Gesteinsschutt. So wechseln an diesem Küstenabschnitt heute steil aufragende Felsen und sanft abfallende, sandige Hänge.
Viele Berühmtheiten sind den Hochufer-

Frischer Fisch vom Kutter

Karte: hintere Umschlagklappe

Die berühmten Kreidefelsen

weg von Sassnitz schon gegangen, so auch Elizabeth von Arnim, die 1900 in ihrem Reiseroman ›Elizabeth auf Rügen‹ schwärmte: »Ich glaube, es gibt wenige Wege auf der Welt, die von Anfang bis Ende so vollkommen schön sind.« Lebensgefährlich ist es, sich zu nahe an den Rand des Steilufers zu wagen, weil es oft zu Abstürzen von Uferpartien oder Steinschlag kommt. So sind im Frühjahr 2002 bei den **Wissower Klinken** – eigentlich Klinter, schwedisch für Felsspitzen – mehr als 100 Kubikmeter Kreide abgebrochen und auf den Strand gestürzt. Es wird immer wieder behauptet, dass Caspar David Friedrichs berühmtes Bild ›Kreidefelsen auf Rügen‹ (1818) die Wissower Klinken zeige. Das stimmt aber nicht. Der Künstler hat die **Viktoriasicht** gemalt, wie Skizzen des Künstlers eindeutig belegen. Die zeigt sich heute jedoch durch die Naturveränderungen völlig anders als zu Friedrichs Zeiten. Die Viktoriasicht befindet sich etwa 500 Meter vor dem berühmtesten Kreidefelsen, dem **Königsstuhl**. 1865 gab der preußische König Wilhelm I. dem Aussichtsplatz den Namen seiner Schwiegertochter Viktoria, der Tochter von Queen Victoria. Der Königsstuhl, 1584 erstmals erwähnt, ragt 117 Meter aus der Ostsee auf. Über eine kleine Erhöhung, ein bronzezeitliches Grab, wird die Aussichtsplattform erreicht. Seit wenigen Jahren muss dafür sogar Eintritt bezahlt werden, denn den Kreidefelsen vereinnahmte das Nationalpark-Besucherzentrum Königsstuhl. Nicht wenige ärgern sich darüber, denn von der Plattform ist von dem majestätischen Aussehen das Felsens nichts zu erkennen, man schaut lediglich auf die Ostsee und sieht, mit etwas Glück, eine Fähre. Wer die Schönheit des Kreidefelsens genießen möchte, sollte südlich davon zur Viktoriasicht laufen oder an einem Schiffsausflug von Sassnitz aus teilnehmen. Wie kam es eigentlich zum Namen Königsstuhl? Die Legende berichtet, Schwedenkönig Carl XII. habe 1715 von dem Felsen aus ein Seegefecht während des Nordischen Krieges beobachtet, und so sei der Kreidefelsen zu seinem Namen gekommen. Bei dem berühmtesten Kreidefelsen entstand das **Nationalpark-Besucherzentrum Königsstuhl**, eins der modernsten seiner Art in Deutschland. In ihm kann man eine spannende Zeitreise durch 70 Millionen Jahre Erdgeschichte unternehmen. Unweit vom Königsstuhl versteckt sich der Herthasee im Wald, ringsum breitet sich ein herrlicher **Buchenwald** aus, den die UNESCO 2011 zum Weltnaturerbe erklärte. Da der Wald wegen der Steilhänge weitestgehend unzugänglich ist, wurde er nie forstlich genutzt. Mit dem Auto ist der Königsstuhl nicht zu erreichen. Die Fahrzeuge müssen auf dem gebührenpflichtigen Parkplatz in Hagen abgestellt werden, von dem regelmäßig ein gebührenpflichtiger Bus zur gebührenpflichtigen Plattform des Königsstuhls fährt.

Von 1855 bis 1962 wurde bei **Gummanz** – etwa 15 Kilometer nordwestlich von Sassnitz – Kreide abgebaut. Rund um den einstigen Kreidebruch entstand der **Kreide- und Naturlehrpfad**, der über die Geologie, die historische Kreidegewinnung und die nach dem Abbau auftretenden Naturprozesse sowie die Flora und Fauna informiert. Er beginnt an der Werkhalle des ehemaligen Kreidewerks, heute **Kreidemuseum**, und führt zu dem weithin sichtbaren, etwa 40 Meter aufragenden ›Kleinen Königsstuhl‹. Zahlreiche technische Geräte wie Loren und Schlämmbecken zeigen die schwere körperliche Tätigkeit der Arbeiter. Der einstige Kreide-Tagebau hat sich in einen kleinen See verwandelt, dessen nährstoffreiches Wasser zahlreichen Wassertieren Lebensraum bietet. Die erste Kreide auf Rügen wurde 1720 in einem Waldgebiet der Granitz abgebaut. Die Technologie des Kreideabbaus, wie man sie in Gummanz darstellt, wurde zu Beginn des 19. Jahrhundert entwickelt und blieb bis 1962 fast unverändert.

Wittow und Jasmund

PLZ: 18556 (Dranske, Putgarten, Breege-Juliusruh, Sassnitz), 18551 (Glowe, Lohme, Sagard).
Vorwahl: 038391 (Dranske, Putgarten/Kap Arkona, Altenkirchen, Breege-Juliusruh), 038392 (Sassnitz).
Fremdenverkehrsamt Dranske, Karl-Liebknecht-Straße 41, Dranske, Tel. 89007, www.gemeinde-dranske.de.
Tourismusgesellschaft Kap Arkona/Informationsamt Kap Arkona, Am Parkplatz 1, Putgarten, Tel. 4190, www.kap-arkona.de.
Informationsamt Breege-Juliusruh, Wittower Straße 5, Seebad Juliusruh, Tel. 311, www.breege.de.
Tourist-Service Sassnitz, Bahnhofstraße 19a und im Stadthafen, Strandpromenade 12, Sassnitz, Tel. 6490, www.insassnitz.de.

Zum Kap Arkona, Dorfstraße 22a, Putgarten, Tel. 4330, www.zum-kap-arkona.de, 33 Zi., DZ/F ab 60 €. Familiär geführtes Haus hinter dem Rügenhof im Zentrum von Putgarten.
Aquamaris Strandresidenz Rügen, Wittower Straße 4, Juliusruh, Tel. 08000/140150, www.aquamaris.de, 263 Zi., DZ/F ab 90 €, FW ab 63 €. Im Dünenwald gelegene Ferienanlage mit Hotelzimmern und Ferienwohnungen, Beauty- und Wellness Center ›Aquawell‹, großes Sportangebot.
Jasmar Resort Rügen, Am Taubenberg 1, Sagard, OT Neddesitz, Tel. 038302/95, www.jasmar.de, 139 Zi., 97 App., DZ/F ab 100 €, App. ab 70 €. Bei Familien beliebtes Ferienresort mit Gutshaus, Hotelanlage und großzügigen Apartments. Golf, Tennis, Reiteranlage sowie die ›Jasmar-Therme‹.
Panorama-Hotel Lohme, An der Steilküste 8, Lohme, Tel. 038302/9110, www.lohme.com, 39 Zi., 4 App., DZ/F ab 58 €. Ein traumhafter Blick von der Steilküste auf das Meer, angenehme Zimmer im Haupthaus und den Gästehäusern.
Hotel Meeresgruß garni, Ringstraße 8, Sassnitz, Tel. 661333, www.hotel-meeresgruss.de, 19 Zi., DZ/F ab 70. Oberhalb der Strandpromenade, von der Terrasse schöner Panoramablick auf die Ostsee.
Hotel Staphel, Neu Mukran 27, Sassnitz/OT Staphel, Tel. 66380, www.hotelstaphel.de, 40 Zi., DZ/F ab 46 €, geöffnet April–Okt. Ein wenig abseits von Sassnitz (7 km), dafür preiswerte und nette Zimmer. Schwimmbadnutzung im Rügenhotel in Sassnitz.

Regenbogen-Camp Nonnevitz, Nonnevitz 13, Dranske/OT Nonnevitz, Tel. 0431/2372370, www.regenbogen.ag, geöffnet April–Okt. Am Hochufer direkt am Strand, 550 Stellplätze, auch Mietwohnwagen.
Campingplatz Drewoldtke, Zittkower Weg 27, Altenkirchen OT Drewoldtke, Tel. 12965, www.camping-auf-ruegen.de, Camping von April–Okt., Ferienhäuser und -wohnungen ganzjährig. Weit-

🍽

Panorama-Restaurant Lohme, (s. Hotel), tgl., Hauptgerichte 10–19 €. Das Restaurant hat einen ausgezeichneten Ruf und überrascht mit einer einfallsreichen regionalen und internationalen Küche.
Fischerhus, Hauptstraße 53, Glowe, Tel. 038302/5235, Okt.–April Mo geschl., Hauptgerichte 9–16 €. Eine alte Fischerkneipe in einem neuen Haus. Fangfrischer Fisch, deftige Fleischgerichte.
Ostseeperle, Hauptstr. 42, Glowe, Tel. 038302/563888, www.sandstrand-ostseeperle.de, tgl., Nov.–Weihnachten geschl., Hauptgerichte 10–18 €. Einfache frische Küche mit Produkten aus der Region, ständig wechselnde Karte.
Gastmahl des Meeres, Strandpromenade 2, Sassnitz, Tel. 5170, www.gastmahl-des-meeres-ruegen.de, tgl., Hauptgerichte 9–16 €. Fischspezialitätenrestaurant am Fischereihafen mit kulinarischen Köstlichkeiten aus der Ostsee.

☕

Arkonablick, Am Arkonablick 81, Glowe, Tel. 038302/53025, www.eiscafe-arkonablick.de, tgl., im Winter Fr–So. Nettes Eiscafé an der Promenade, von dem der Blick auf das Meer schweift.
Helene-Weigel-Haus, Dorfstraße 16, Putgarten, Telefon 431007, www.helene-weigel-haus.de, Mai–Okt. Kaffee und Kuchen und gelegentlich Kulturelles im ehemaligen Feriendomizil Helene Weigels, der bekannten Schauspielerin und Ehefrau Bertolt Brechts.

🏛

Marinehistorisches- und Heimatmuseum Dranske, Schulstr. 19, Dranske, Tel. 89007, www.bug-wittow.de, April–Okt. Mo–Sa 11–16 Uhr. Kleines Museum zur Geschichte der Halbinsel Bug-Wittow.
Schinkelturm Leuchtfeuer, Kap Arkona, tgl. 10–18 Uhr.
Peilturm, Kap Arkona, tgl. 10–17 Uhr.
Nationalpark-Zentrum Königsstuhl, Stubbenkammer 2, Sassnitz, Telefon 661766, www.koenigsstuhl.com, tgl. Ostern–Okt. 9–19 Uhr, Nov.–Ostern 10–17 Uhr.
Dinosaurier Land, Am Spyker See 2a, Bobbin/Spyker, Tel. 038302/719874, www.dinosaurierland-ruegen.de, tgl. April–Okt. 10–18 Uhr, Nov.–März Mo–Do, Sa/So 10–15 Uhr.
Museum für Unterwasserarchäologie Sassnitz, Im Stadthafen, Sassnitz, Tel. 32300, www.kulturwerte-mv.de, tgl. Mitte April–Mitte Okt. 10–18 Uhr, Mitte Okt.–Mitte April 13–17 Uhr, z. Zt. wegen Sanierungsarbeiten geschlossen.
Fischerei- und Hafenmuseum Sassnitz, Im Stadthafen, Sassnitz, Telefon 57846, www.hafenmuseum.de, tgl. April–Okt. 10–18 Uhr, Nov.–März 10–17 Uhr.
U-Boot-Museum, Hafenstr. 18, im Stadthafen, Sassnitz, Tel. 67860, www.hms-otus.com, tgl. Mai–Okt. 10–19 Uhr, Nov.–April 10–16 Uhr.
Alaris Schmetterlingspark Sassnitz, Straße der Jugend 6, Sassnitz, Tel. 66442, www.alaris-schmetterlingspark.de, April–Sept. tgl. 9.30–17.30 Uhr, Okt. 10 Uhr–16.30 Uhr. Eine tropische Oase mit Hunderten frei fliegenden Schmetterlingen.
Kreidemuseum Gummanz, Gummanz 3a, Sagard, Tel. 038302/56229, www.kreidemuseum.de, Ostern–Okt. tgl. 10–17 Uhr, Nov.–Ostern Di–So 10–16 Uhr.

🎵

Sassnitz Sail, Mitte Juli im Hafen Sassnitz.

♨

Jasmar-Therme, Neddesitz, Sagard, Tel. 038302/97700, www.jasmar.de, tgl. 8–22 Uhr. Große Bade- und Saunalandschaft mit Innen- und Außenbecken, Strömungskanal und unterschiedlichen Saunen und Dampfbädern. Die zum Hotel Jasmar Resort gehörende Therme ist auch für Nichthotelgäste geöffnet.

Kiteschule Fly a kite, Campingplatz Drewoldtke, Zittkower Weg 27, Altenkirchen OT Drewoldtke, Tel. 760880, www.fly-a-kite.de. Schnupperkurse, Einsteiger- und Aufbaukurse im stehtiefen Wasser, auch Stand-Up-Paddling.

Schiffsfahrten zu den Rügener Kreidefelsen ab Stadthafen Sassnitz oder Ostmole Sassnitz, Tel. 35136, www.reederei-lojewski.de. **Ausflüge** nach Südschweden und Kopenhagen mit der Fähre nach Trelleborg vom Fährhafen Sassnitz/Mukran, Tel. 0180/6020100, www.stenaline.de.
Vom Hafen Breege Mai–Sept. Schiffsverkehr zur Insel Hiddensee, Fahrten auf dem Großen Jasmunder Bodden und zu den Störtebeker-Festspielen nach Ralswiek, Tel. 12306, www.reederei-kipp.de.

Tauchtouren und Tauchsafaris vom **Tauchcamp Herrenhaus Nobbin** in der Tromper Wiek, Tauchlehrgänge Telefon 0173/2025236, www.tauchbasis-sassnitz.de.

Rügenhof Kap Arkona, Dorfstraße 22, Putgarten/Kap Arkona, Tel. 4000, tgl. ab 10 Uhr. Rügener Produkte, Kräutergarten, Sanddornerzeugnisse aus eigener Herstellung, frisch geräucherter Fisch, Schauwerkstätten.
Hofgut Bisdamitz, Dorfstr. 1, Lohme OT Bisdamitz, Tel. 038302/9207, www.hofgut-bisdamitz.de, tgl., Nov.–März geschl. Im Bioladen wird alles verkauft, was selbst produziert wird. Eigene Käserei und Restaurant. Spezialität: Rügener Räucherkäse.

Granitz und Mönchgut

Die **Schmale Heide**, eine 9,5 Kilometer lange und etwa zwei Kilometer breite Nehrung zwischen Neu Mukran bei Sassnitz und dem Ostseebad Binz, verbindet Jasmund mit der Granitz. Hinter dem Parkplatz rechter Hand nach dem Mukraner Fährhafen weist ein Schild zu den **Feuersteinfeldern**, ›steinernes Meer‹ genannt, die sich im Wald verstecken. Sie sind einmalig in Europa und stehen unter Naturschutz. Die Feuersteine entstanden vor 145 bis 66 Millionen Jahren, also noch zur Zeit der Dinosaurier. Sturmfluten schwemmten sie vermutlich vor 4000 Jahren an. Wer meint, er sähe hier sich auftürmende Wälle aus Steinen, der ist beim Besuch gewiss arg enttäuscht. Die Steine liegen wie ein sich leicht wellender Teppich da, sie reichen bis zu vier Meter in die Tiefe. Unseren Vorfahren dienten die Feuersteine nicht nur zum Feuer anzünden, sondern wegen ihrer Härte und Scharfkantigkeit auch als Messer, Äxte und Meißel. Zwischen den grauweißen Steinen wachsen Bäume, Sträucher und Heidekraut, besonders viel Wacholder, der beachtliche Höhen bis zu sechs Meter erreicht. An die Granitz schließt sich das Mönchgut an, eine rund 30 Quadratkilometer große Halbinsel im Südosten Rügens, die am Mönchgraben bei Baabe beginnt. Zum Namen kam die Halbinsel im Mittelalter, als sie dem Kloster Eldena bei Greifswald gehörte. Das Mönchgut präsentiert sich mit einem vielgestaltigen Landschaftsbild, zu dem sandige Nehrungen ebenso gehören wie bis zu 66 Meter hohe Erhebungen.

■ Prora

Prora sollte eine Ferienstadt für 20 000 Menschen werden – seit rund sieben Jahrzehnten wartet sie auf ihre Fertigstellung. Die nationalsozialistische Organisation ›Kraft durch Freude‹ (KdF) begann 1938 an der Prorer Wiek mit dem Bau des ›Seebades der Zwanzigtausend‹, gedacht als Europas größte Ferienanlage. Bei Ausbruch des Zweiten

Granitz und Mönchgut 181

Weltkrieges wurden die Arbeiten an dem Koloss von 4,5 Kilometer Länge eingestellt, mit dem Bau der großen Festhalle für 20 000 Personen war noch nicht begonnen worden. Einige der Bauten versuchte man nach dem Zweiten Weltkrieg zu sprengen, was aber nur teilweise gelang. Seit Jahrzehnten stehen sie als Ruinen am Strand. Seit den 1950er Jahren nutzte die DDR-Armee das Gelände, das für Privatpersonen nicht zugänglich war. Nach der Einheit zog in einen Block die **Kulturkunststatt**, verschiedene Museen, darunter das NVA-Museum, das original eingerichtete Zimmer der Nationalen Volksarmee der DDR zeigt. Viel über die Planung und die Baugeschichte der monströsen Anlage erfährt man im **Dokumentationszentrum Prora**.

Seit kurzem ist Bewegung in den gigantischen Gebäudekomplex geraten. Im nördlichsten Teil, im Block V, öffnete mit 402 Betten eine der größten **Jugendherbergen** Deutschlands. Im Block II entstehen Zwei- bis Dreieinhalb-Raumwohnungen mit einer Fläche von bis zu 100 Quadratmeter, Block I soll folgen.

Seit dem Jahr 2013 hat Rügen mit dem **Baumwipfelpfad** ein neues Highlight. In den Wäldern von Prora kann durch die Wipfel der Bäume spaziert werden! Der breite Weg schraubt sich spiralförmig nach oben und windet sich in vier bis 17 Meter Höhe durch die Baumkronen. Unterwegs darf auf dem 1250 Meter langen Pfad einem Baum ein Schubs gegeben werden. So erfährt man, wie elastisch Bäume sind, um sich gegen Sturm zu behaupten. An einer anderen Station wird gekurbelt, um Wasser von den Wurzeln bis in den Baumwipfel zu pumpen. Rotbuchen können, so lernt man, bis zu 500 Liter am Tag in ihre Krone transportieren. Wenig später lauscht man mit einem grammofonähnlichen Trichter in den Buchenwald, um die Stimmen der Vögel und das Summen der Insekten zu vernehmen. Höhepunkt der ungewöhnlichen Wanderung ist der 40 Meter hohe hölzerne Adlerhorst: ein **Turm**, der sich um eine Buche herum nach oben windet. Auf einer Höhe von 82 Metern über dem Meeresspiegel bietet er einen grandiosen Ausblick, mit etwas Glück sieht man sogar einen kreisenden Seeadler. Mit einem speziell justierten Fernglas wird die Sehleistung des Raubvogels simuliert – und die ist fantastisch! Mit

Der neue Baumwipfelpfad bei Prora

seinen ›Adleraugen‹ könnte er aus 100 Meter Entfernung problemlos Buchstaben in einem Buch entziffern.

Der gesamte Baumwipfelpfad lässt sich ohne große Mühe begehen, er ist komplett barrierefrei und somit auch für Rollstuhlfahrer befahrbar, die maximale Steigung beträgt lediglich sechs Prozent. Zu seinen Füßen lädt das **Informationszentrum Naturerbe Zentrum Rügen** ein. Die Dauerausstellung führt zu den Naturbestätten Rügens, vorgestellt werden die Feuersteinfelder und die reiche Pflanzen-und Tierwelt der Insel.

Binz

Rügens größtes und wohl auch elegantestes Seebad ist Binz (5100 Einwohner), das besonders viele Hotels, Pensionen und Villen im Stil der Bäderarchitektur aufweist. Es liegt an der Prorer Wiek, einer schönen Ostseebucht, und wird von den weitläufigen Waldgebieten der Schmalen Heide und der Granitz flankiert, im Hinterland schmiegt sich der Schmachter See an das Ostseebad. 1318 wurde das kleine Fischerdorf Byntze erstmals urkundlich erwähnt, mit der offiziellen Verleihung des Titels Seebad 1884 begann die rasante Entwicklung zum heute meistbesuchten Ferienort. Auf der **Seebrücke** (1994) kann 370 Meter weit über das Meer hinaus gebummelt werden. Am Rondell vor der Seebrücke hält ein Stein die Erinnerung an ein tragisches Ereignis wach: 1912 zerbrach beim Anlegen eines Dampfers ein hölzerner Querbalken der Seebrücke und riss rund 50 Menschen mit ins Wasser, 17 von ihnen verloren ihr Leben. Daraufhin wurde im folgenden Jahr die Deutsche Lebens-Rettungs-Gesellschaft (DLRG) gegründet.

Dominierend ist das dreiflügelige **Kurhaus** (1906–1910), das ein wenig englische Brighton-Atmosphäre vermittelt; heute ist es eines der nobelsten Hotels von Rügen. Neben dem **Binz-Museum** im Kleinbahnhof lohnt vor allem an

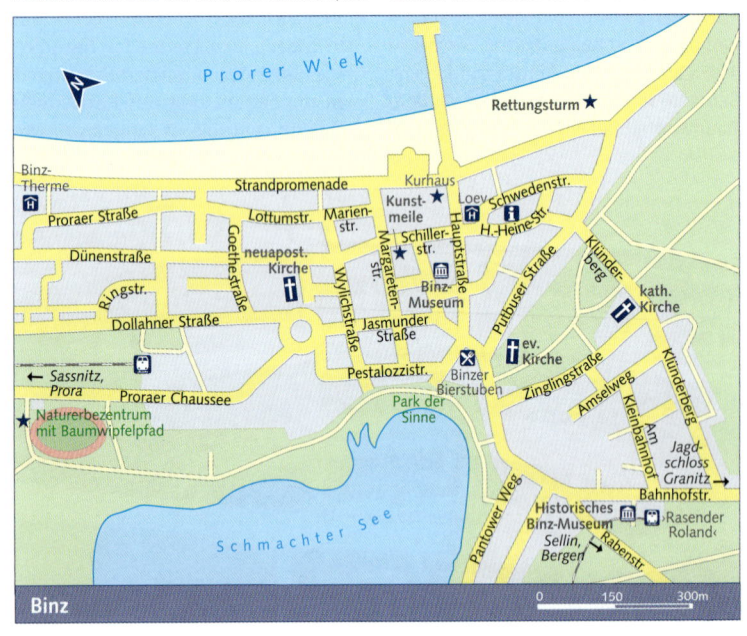

Schlechtwettertagen oder in der kühlen Jahreszeit auch ein Besuch der **Kunstmeile**. In der Margaretenstraße haben sich Galerien und Ateliers, Schmuck- und Keramikwerkstätten sowie eine Glasbläserei angesiedelt. Im Westen des Seebades, am Schmachter See, lädt der **Park der Sinne** zum Bummeln ein. Im Park, der als Außenstandort der Buga 2003 entstand, kann man sich von den Wasserspielen inspirieren lassen und dem Duft und Farbenspiel der Pflanzenblüten hingeben.

Wer den Strand in östlicher Richtung entlangläuft, kommt am Strandzugang 6 zu einem futuristisch anmutenden **Rettungsturm**, der von seinen großen Fensterfronten einen herrlichen Ausblick auf die Ostsee bietet. Das Bauwerk, heute eine Außenstelle des Standesamtes Binz, entstand nach einem Entwurf des Rügener Ingenieurs Ulrich Müther in Hyperschalenbauweise. Müther wurde durch die von ihm entwickelte Leichtbauweise – doppelt gekrümmte Schalendächer aus Beton – weltberühmt. Bauten von ihm befinden sich in Wolfsburg und Helsinki, in Kuweit, Jordanien und Finnland. In Mecklenburg-Vorpommern sind noch das Restaurant ›Ostseeperle‹ in Glowe auf Rügen und der ›Teepott‹ in Rostock-Warnemünde erhalten.

Nach dem östlichen Ortsausgang von Binz sollte das Hinweisschild **Jagdschloss Granitz** Aufforderung sein, auf dem dafür eingerichteten Parkplatz auf der linken Straßenseite einen Halt einzulegen. Das Schloss, das sich Fürst Wilhelm Malte I. 1836 für seine Gäste auf dem Tempelberg hinstellen ließ, ähnelt einer mittelalterlichen Burg. Der nachträglich in den Innenhof gesetzte, 38 Meter hohe **Aussichtsturm** entstand nach einem Entwurf des preußischen Baumeisters Karl Friedrich Schinkel. Im Inneren des Turms schraubt sich eine gusseiserne Wendeltreppe mit 154 filigran durchbrochenen Stufen nach oben. Ein weiter Blick bis nach Hiddensee und Stralsund belohnt aus 144 Metern über dem Meeresspiegel den mühevollen Aufstieg. In den Wirren nach dem Zweiten Weltkrieg ging das Inventar fast vollständig verloren. Anhand von Fotografien und schriftlichen Quellen wie Inventare und Beschreibungen entstand vieles neu. So richtete man den Rittersaal im Erdgeschoss wieder als Prunkraum ein, in dem Teile der fürstlichen Archäologie-Sammlung und wertvolle Waffen gezeigt werden. Im Obergeschoss sind Speisesaal, Empfangszimmer und Damensalon mit den originalen Wandvertäfelungen, Fliesen und Parkettböden sowie eine neue Dauerausstellung zu besichtigen. Sie informiert über die Zeit zwischen 1865 und 1874, in der das Gebäude als Wohnschloss der Fürsten zu Putbus diente.

Faszinierende Architektur am Strand

■ Zirkow

Rohrgedeckte Fachwerk- und Backsteingebäude prägen das Dorfbild von Zirkow. In der Dorfmitte befindet sich der **Museumshof**, ein um 1720 entstandenes Bauensemble mit Wohnhaus, Stallungen, Scheune und Geräteschuppen. Alte

Im Dorfmuseum Zirkow

Maschinen und andere Gerätschaften geben Einblick in das frühere bäuerliche Leben. Die backsteinerne **Dorfkirche** (15. Jahrhundert) birgt beachtliche mittelalterliche Gewölbemalereien. Die Orgel mit dem neogotischen Prospekt kam im 19. Jahrhundert in die Kirche, von dem Vorgängerinstrument aus dem 18. Jahrhundert blieben Fragmente erhalten. Auf dem nicht mehr benutzten Friedhof stehen etwa 60 **Grabstelen** aus der Zeit von 1787 bis 1885. Wagemutige fahren zur **Wasserski- und Wakebordbahn**, um auf Skiern oder mit dem Wakeboard über das Wasser zu gleiten. Familien zieht es zu **Karls Erlebnisdorf** mit Abenteuerspielplatz, Tiergehegen, Traktorbahn, Kartoffelsack-Rutschen und vielem mehr..

■ **Lancken-Granitz**
4000 Jahre alte **Großsteingräber**, stumme Zeugen der Inselgeschichte, haben dem einstigen Fischer- und Bauerndorf Lancken-Granitz (400 Einwohner) an der B196 zu Bekanntheit verholfen. Aus tonnenschweren Steinen haben unsere Vorfahren Grabanlagen errichtet, die der Volksmund Hünengräber nennt, weil man meinte, nur Hünen (Riesen) wäre es möglich gewesen, solch gewaltigen Findlinge zu bewegen. Die fünf Gräber knapp einen Kilometer südwestlich der Ortschaft sind bereits von weitem zu erkennen, da sie alle von Baumgruppen umstanden sind. Anfang des 19. Jahrhunderts hat man auf Rügen 229 Hünengräber gezählt, heute ist nur noch etwa ein Viertel davon erhalten.

■ **Sellin**
Sellin (2400 Einwohner) mit einem besonders schönen **Seebrückengebäude** zählt zu den traditionsreichen Seebädern der Insel. Die Wilhelmstraße, beiderseits von Hotels und Pensionen im Bäderarchitekturstil gesäumt, führt direkt zur Steilküste. Und von dort sind es 87 Stufen hinunter zur 394 Meter ins Meer ragenden Seebrücke, deren Pavillons Restaurants beherbergen. Am Ende der Seebrücke taucht ein gewaltiges Glasei in die Tiefe, eine Art Lift in die Unterwasserwelt. Die **Tauchgondel** bringt 30 Mitfahrer vier Meter unter die Wasseroberfläche. Die Tauchfahrt dauert etwa 30 bis 40 Minuten, bei starkem Seegang fällt der Blick in Neptuns Reich allerdings aus. An Schlechtwettertagen und in der kalten Jahreszeit bietet das **Inselparadies** Badespaß. Oder man besucht das **Bernsteinmuseum** in der Granitzer

Das ›Cliff Hotel‹ an der Steilküste in Sellin

Im Museumshof Göhren

Straße 43, wo man Einblick in die Geschichte und Entstehung des Bernsteins erhält. Im **Museum Seefahrerhaus** in der Seestraße 17 b wird von der Seefahrer- und Fischergeschichte erzählt.
Etwas abseits des Ortes steht das **Cliff-Hotel**, das bis zum DDR-Ende unter dem Namen ›Erholungsheim Baabe des Zentralkomitees der SED‹ firmierte. Bis Ende 1989 versperrte eine Schranke die Zufahrt, Zutritt war nur Parteifunktionären oder Gästen von kommunistischen Parteien anderer Länder gestattet. Als sich die DDR im Zusammenbruch befand, verlangten die Bürger Zugang und staunten nicht schlecht über das riesige Schwimmbad und den Fahrstuhl zum Strand. Heute steht das einstige ›Partei-Erholungsheim‹ – modernisiert und mit fünf Sternen klassifiziert – als Hotel allen offen, die große Schwimmhalle und den Fahrstuhl zum Strand leistet man sich weiterhin.

■ **Baabe**
Das von Laub- und Nadelwald umgebene Seebad Baabe (900 Einwohner) wählen jene, die Ruhe und Entspannung suchen. Eine breite **Allee** gesäumt mit Pensionen und Hotels beiderseits führt schnurgerade zum Strand. An die Fischertradition erinnert das **Mönchguter Küstenfischermuseum**, in dem die ›Ossi‹ steht, ein 9,5 Meter langer Fischkutter aus Groß Zicker. Am alten Ortskern am Selliner See heißt es noch »Fährmann, hol' über!« Wer die Glocke anschlägt, wird von dem kleinen handgeruderten Fährboot in das romantische Moritzdorf übergesetzt, einen kleinen Ort am Fuß des Steilufers mit überwiegend rohrgedeckten Häusern. Die Fährverbindung ohne festen Fahrplan besteht bereits seit 1891.

■ **Göhren**
Göhren (1200 Einwohner) besitzt den schönsten **Kurpark** aller rügenschen Seebäder, auf der Strandpromenade kann man bis ins benachbarte Baabe spazieren. Von der 270 Meter langen **Seebrücke** legen Ausflugsschiffe ab, vom 60 Meter hohen Nordperd bietet sich ein schöner Blick auch zum **Buskam**. Der Findling mit einem Umfang von 40 Metern und somit der größte an der deutschen Ostseeküste ragt etwa 1,5 Meter aus dem Wasser. Über Kultur und Lebensweise der Menschen dieser Region informieren die **Mönchguter Museen**, zu dem das in einem 150 Jahre alten Fischerhaus untergebrachte **Heimatmuseum** gehört, ferner eine bäuerliche **Hofanlage** aus dem 18. und 19. Jahrhundert, das schornsteinlose rohrgedeckte **Rookhus**, in dem der Rauch nicht durch einen Schornstein, sondern durch Löcher und Ritzen im Dach entwich, und der am Südstrand liegende **Motorsegler Luise**. Die ›Luise‹ lief 1906 vom Stapel, heute ist sie das letzte Exemplar der für die flachen Ostseegewässer typischen Schiffe, die bis in die 1930er Jahre eingesetzt wurden. Auf dem eisernen Küstenfrachter lernt man die Arbeits- und Lebensbedingungen der Rügener Küstenschiffer kennen und erfährt, welche Bedeutung die Küstenschifffahrt für die Versorgung der Insel hatte.

Der ›Rasende Roland‹ – im Oldtimer-Zug über Rügen

In Putbus (im Sommer in Lauterbach) befindet sich der Endpunkt des ›Rasenden Rolands‹, wie die von Dampflokomotiven gezogene Kleinbahn mit 750 Millimeter Spurweite seit Jahrzehnten liebevoll-ironisch genannt wird. Die täglich und ganzjährig nach Fahrplan verkehrende Bahn verbindet Putbus mit den Ostseebädern. Einst hatten die Schmalspurbahnen auf Rügen eine Gleislänge von 97,3 Kilometern. Sie wurden gebaut, um die landwirtschaftlichen Gebiete im Westen und Süden verkehrsmäßig zu erschließen, um Kartoffeln, Zuckerrüben und Getreide zu transportieren und um die Feriengäste an die Ostküste Rügens zu bringen. Übriggeblieben ist vom Rügener Schmalspurnetz das 24,2 Kilometer lange Stück von Putbus nach Göhren, das 1999 um 2,6 Kilometer bis zum Hafen von Lauterbach verlängert wurde.

Am 22. Juli 1895 fuhr in Putbus zum ersten Mal ein Zug los, zunächst bis Binz, 1899 endete die Strecke in Göhren. Fürst Malte von Veltheim zu Putbus, einst mächtiger Großgrundbesitzer auf Rügen, konnte auf die Linienführung und den Fahrplan starken Einfluss nehmen, denn er war einer der Hauptaktionäre der Bahn. Der Fürst legte sich sogar einen eigenen Salonwagen zu, um bequem von Putbus zu seinem Jagdschloss Granitz zu gelangen. Von 1928 bis 1939 hängte man einigen Zügen Speisewagen an. Der ›Rasende Roland‹ war so die einzige Schmalspurbahn Deutschlands, in der man während der Fahrt warmes Essen zu sich nehmen konnte. Nach dem Zweiten Weltkrieg, so steht es in der Chronik, musste oft mit Holz geheizt werden, weil es keine Kohlen gab. Dadurch fehlte es an Dampf, und die vollbesetzten Züge schafften manchmal erst nach mehrmaligem Anlauf die wahrlich nicht großen Steigungen auf der Insel.

Die ältesten noch im Dienst stehenden Dampflokomotiven stammen aus den Jahren 1914 und 1925, die ältesten Kleinbahnwagen wurden in den Jahren 1900 bis 1927 gebaut. Der zum Technischen Denkmal erklärte ›Rasende Roland‹, der eine Höchstgeschwindigkeit von 30 Stundenkilometern erreicht, hält nicht automatisch an jeder Station. Wer an den Haltepunkten der Dörfer aussteigen möchte, informiert vorher den Zugbegleiter; wer zusteigen möchte, macht sich durch Winken bemerkbar.

Eine Verschaufpause für den Rasenden Roland

Thiessow und Umgebung

Thiessow (400 Einwohner), ein altes Fischer- und Lotsendorf, ist Rügens südlichster Badeort. Er liegt auf der Halbinsel Mönchgut, die ihren ursprünglichen Charakter weitgehend erhalten konnte. Mönchgut wird als die schönste und abwechslungsreichste Ecke Rügens bezeichnet. Der Name weist auf die einstigen Besitzer der Halbinsel hin, die Mönche des Klosters Eldena bei Greifswald. In Thiessow bietet sich vom rekonstruierten Lotsenturm ein weiter Blick, im Erdgeschoss informiert eine Ausstellung über das Lotsenwesen. Der Thiessower Lotsenturm war von 1909 bis 1977 in Betrieb. Die Straße nach Thiessow führt durch **Middelhagen** mit der 1825 erbauten Dorfschule, heute **Schulmuseum**. Hier findet noch eine historische Schulstunde statt, bei der die Gäste auf den engen Holzbänken Platz nehmen. Am Ende bekommt jeder ein Zeugnis ausgehändigt. Weiter geht es zum um 1920 erbauten Windschöpfwerk in Lobbe, einem technischen Denkmal der Produktionsgeschichte. Solche Schöpfwerke dienten der Entwässerung von vorwiegend landwirtschaftlich genutzten Gebieten. Von den mehr als 30 Windschöpfwerken, die sich zwischen 1900 und 1965 auf Rügen drehten, blieb nur das in Lobbe erhalten. Im drei Kilometer von Thiessow entfernten **Groß Zicker** bildet das 1723 erbaute Pfarrwitwenhaus den Blickpunkt. In dem niederdeutschen Hallenhaus, das besterhaltene auf Rügen in Zuckerhutform, kann man interessante Ausstellungen sehen. Solche Häuser ließen die Kirchgemeinden für mittellose Pfarrersfrauen errichten, die nach dem Tode ihres Mannes das Pfarrhaus für den Nachfolger räumen mussten und ein neues Zuhause benötigten.

Granitz und Mönchgut

PLZ: 18609 (Binz), 18586 (Sellin, Baabe, Göhren, Thiessow).

Kurverwaltung Binz, Heinrich-Heine-Straße 7, Ostseebad Binz, Telefon 038393/148148, www.ostseebad-binz.de.

Kurverwaltung Sellin, Warmbadstraße 4, Ostseebad Sellin, Tel. 038303/160, www.ostseebad-sellin.de.

Kurverwaltung Baabe, Am Kurpark 9, Ostseebad Baabe, Telefon 038303/1420, www.baabe.de.

Kurverwaltung Göhren, Poststraße 9, Ostseebad Göhren, Tel. 038308/66790, www.goehren-ruegen.de.

Kurverwaltung Thiessow, Hauptstraße 36, Ostseebad Thiessow, Tel. 038308/8289, www.ostseebad-thiessow.de.

Seehotel Binz-Therme, Strandpromenade 76, Binz, Tel. 038393/160, www.binz-therme.de, 136 Zi., DZ/F ab 132 €. An der nördlichen Strandpromenade, komfortable Wohlfühl-Zimmer, teilweise mit Balkon.

Loev Hotel Rügen, Hauptstraße 20–22, Binz, Tel. 038393/390, www.loev.de, 77 Zi., DZ/F ab 80 €. Exklusive Lage an der Seebrücke und der Flaniermeile, Zimmer in unterschiedlichen Raumgrößen, auch mit Balkon.

Cliff-Hotel Rügen, Cliff am Meer 1, Sellin, Tel. 038303/8484, www.cliff-hotel.de, 246 Zi., DZ/F ab 130 €. Ein Haus in Traumlage. Großer Beauty- und Spa-Bereich mit 25-m-Schwimmbad, Lift zum Strand, schöner Blick auf die Ostsee oder den Selliner See.

Bernstein, Hochuferpromenade 8, Sellin, Tel. 038303/1717, www.hotel-bernstein.de, 72 Zi., DZ/F ab 110 €. Herrlicher Blick auf die Seebrücke, großer Wellnessbereich mit Schwimmbad und Saunalandschaft.

Villa Granitz, Birkenallee 17, Baabe, Tel. 038303/1410, www.villa-granitz.de, 60 Zi., DZ/F ab 66 €. Villa in Bäderarchitektur mit gemütlichen Zimmer und zum Teil großen Holzbalkonen.

Waldhotel, Waldstraße 7, Göhren, Tel. 038308/50500, www.waldhotelgoehren.

de, 53 Zi., 25 Ap. DZ/F ab 85 €. Ap. ab 70 €. Ferienhotel in einer großen Parkanlage mit Blick auf die Ostsee, modernes Wellnesscenter. Float-Spa.
Stranddistel, Katharinenstraße 9, Göhren, Tel. 038308/5450, www.ruegen-hotel-stranddistel.de, 30 Zi., DZ/F ab 74 €. Ruhige Lage am Nordufer, Balkone mit Seeblick. Schiffsfahrten auf der Ostsee mit der hauseigenen Segelyacht.
Hotel Resort und Spa Fürst Jaromar, Hauptstraße 1, Thiessow, Tel. 038308/345, www.jaromar.de, 40 Zi., DZ/F ab 90 €. Acht rohrgedeckte Häuser in einem Park bilden mit der Jaromar-Vitalwelt das Hotelensemble mit unterschiedlichen Zimmern, Suiten und Wohnungen.
Godewind, De niege Wech 7, Thiessow, Tel. 038308/3420, www.godewind-thiessow.de, 25 Zi./Ap. DZ/F ab 70 €. Familiär geführtes Haus mit gemütlich eingerichteten Zimmern.

Regenbogen Camp Göhren, Am Kleinbahnhof, Göhren, Tel. 0431/2372370, www.regenbogen.ag, ganzjährig geöffnet. Campingplatz mit 440 Stellplätzen und Tipi-Ferienhauspark hinter dem Küstenwald, mit Sportanlagen, Wellnessoase und Restaurant.

Binzer Bierstuben, Bahnhofstraße 2, Binz, Tel. 038393/2678, tgl., Hauptgerichte 9–16 €. Traditionsreiches Restaurant, das vor allem Spezielles aus Mecklenburg-Vorpommern anbietet, jeden Do gibt es Riesenkohlroulade ›du Chef‹.
Fischmarkt, Strandpromenade 33, Binz, Tel. 038393/3810, www.strandhotel-binz.de, tgl., Hauptgerichte 12–18 €. Traditionsreiches Fischrestaurant, das fangfrischen Fisch in bester Qualität verarbeitet, dazu ein maritimes Ambiente.
Seebrücke Sellin, Seebrücke 1, Sellin, Tel. 038303/929600, www.seebrueckesellin.de, im Winter Mo/Di geschl., Hauptgerichte 10–18 €. Über den Ostseewellen speisen in den Restaurants im romantischen Brückengebäude.
Meeresblick, Friedrichstraße 2 (im gleichnamigen Hotel), Göhren, Tel. 038308/565514, www.meeresblick-goehren.de, tgl., Hauptgerichte 12–22 €. Eine frische Inselküche mit viel Fisch und regionalen Produkten.
Kliesows Reuse, Dorfstraße 23a, Alt Reddevitz, Tel. 038308/2171, www.kliesowsreuse.de, Di geschl., Hauptgerichte 8–20 €. Traditionell zubereitete Gerichte mit frischen Zutaten aus der Region in einem historischen Dreiseitenhof.

Café Confiserie Schokolat, Binzer Straße 50, Zirkow, Tel. 038393/665919, www.schokolat.de, Verkauf Mi–Sa 11–17 Uhr, Sa ab 15 Uhr Kaffee-Nachmittag. Handgefertigte Trüffel und Schokoladen, im fein dekorierten Café mundet besonders die heiße Schokolade.
Teestube Baabe, Strandstraße 30, Baabe, Tel. 038303/12171, www.teestubebaabe.de. Angenehmes Teestuben-Ambiente, wählen kann man aus rund 40 Sorten Tee, den man auch für zu Hause kaufen kann. Tgl. wechselndes Kuchen- und Tortenangebot, Salate und kleine Speisen.

Globetrotter-Bar, Katharinenstraße 5, Göhren, Tel. 038308/25414, www.globetrotterbar.de, Di–So ab 19 Uhr, im Winter nur Fr/Sa. Leckere Cocktails und je nach Lust und Laune (Sitzplatz) karibisches, mexikanisches, afrikanisches oder kanadisches Flair.

Naturerbe-Zentrum mit Baumwipfelpfad, Forsthaus Prora 1, Binz OT Prora, Tel. 038393/662200, www.nezr.de, tgl. Mai–Sept. 9.30–19, April/Okt. 9.30–18, Nov.–März 9.30–17 Uhr.
Dokumentationszentrum Prora, Objektstraße (Block 3, Querriegel), Prora, Tel. 038393/13991, www.dokumentations

zentrum-prora.de, tgl. März–Mai, Sept./Okt. 10–18 Uhr, Juni–Aug. 9.30–19, Nov./Jan. 11–16, Febr. 10–17 Uhr, Führungen tgl. 11.45 und 14.30 Uhr.
KulturKunststatt – Zeitfenster Prora 1934-2002: KdF-Museum, NVA-Museum Prora, Rügen-Museum, Technik-Sonderausstellungen, Museum-Freundschaften, Motorradwelt DDR, Bilder-Galerie: Objektstraße, Block 3, Prora, Tel. 038393/32696, www.kulturkunststatt.de, tgl. Sommer 9–19, Winter 10–17 Uhr.
Historisches Binz-Museum, Bahnhofstr. 54 (Kleinbahnhof), Binz, Tel. 038393/502222, April-Okt. tgl. 10–18 Uhr, Nov.–März Di–So 10–16 Uhr.
Jagdschloss Granitz, Binz, Tel. 038393/663814, www.granitz-jagdschloss.de, Mai–Sept. tgl. 9–18 Uhr, Okt./April tgl. 10–16, Nov.–März Di–So 10–16 Uhr.
Museumshof Zirkow, Binzer Straße 43a, Zirkow, Tel. 038393/32824, Mai-Okt. Di–Sa 10–17 Uhr, Nov.–April Mo–Fr 10–16 Uhr.
Bernsteinmuseum Sellin, Granitzer Straße 43, Sellin, Tel. 038303/87279, April–Okt. Mo–Fr 10–12, 14–17.30, Sa 10–12 Uhr.
Museum Seefahrerhaus, Seestr. 17b, Sellin, Tel. 038303/371105, Di 12.30–14, Mi 10–14, Do 10–13.30, Fr/Sa 10–16 Uhr.
Tauchgondel Sellin, An der Seebrücke, Sellin, Tel. 038303/9277, www.tauchgondel.de, April/Mai, Sept./Okt. tgl. 10–19 Uhr, Juni–Aug. tgl. 10–21 Uhr, Nov.–April Mi–So 11–16 Uhr. Bei schlechtem Wetter sind keine Tauchgänge möglich, unbedingt vorher anrufen!
Mönchguter Küstenfischermuseum, Bollwerkstraße/Dorfstraße, Baabe, Tel. 038303/1420, tgl. 9–20 Uhr.
Mönchguter Museen Rügen, www.moenchguter-museen-ruegen.de; **Heimatmuseum**: Strandstr. 1, Göhren, Tel. 038308/25627, Mai-Okt. Di–So 10–17, Nov.–April Fr–So 10–16 Uhr; **Museumshof**: Strandstr. 4, Göhren, Tel. 038308/2175, April Fr–So 10–16, Mai-Okt. Di–So 10–17 Uhr; **Rookhus (Rauchhaus)**: Thiessower Straße 7, Göhren, Tel. 038308/2175, Mitte Jan.–April, Nov.–Mitte Dez. Di–Do 10–16, Mai–Okt. Di–So 10–17 Uhr; **Museumsschiff ›Luise‹**: Am Südstrand 1a, Göhren, Tel. 038308/2175, Di–So Mai–Juni, Sept.–Okt. 10–16, Juli–Aug. 10–17 Uhr (bei Regen geschlossen).
Schulmuseum Middelhagen, Dorfstraße 1, Middelhagen, Tel. 038308/2478, April/Okt. Di–So 10–15 Uhr, Mai/Sept. tgl. 10–16 Uhr, Juni–Aug. tgl. 10–17 Uhr, Historische Schulstunde April/Okt. Mi 11 Uhr, Mai–Sept. Mi 10 Uhr, Juli–Aug. zusätzlich Di 10 Uhr.
Pfarrwitwenhaus, Boddenstraße 35, Groß Zicker, Tel. 038308/8248, Groß Zicker, April/Mai, Sept./Okt. Mo–Sa 10–17, So 13–17 Uhr, Juni–Aug. Mo–Sa 10–18, So 13–18 Uhr.
Lotsenturm und Wache, Lotsenberg 1, Thiessow, Tel. 038308/8280, Lotsenturm jederzeit zugänglich, Ausstellung April-Okt. tgl. 9–18 Uhr.

Kabarett-Theater Lachmöwe, Strandstraße 26, Baabe, Tel. 038303/99075, www.kabarett-theater-lachmoewe.de. Ostern–Okt. und Jahreswechsel nach Spielplan, Mitte Juni–Mitte Sept. tgl. 20.30 Uhr Aufführungen.
Blue Wave Festival, Binz, www.bluewave.de, Mitte Juni. Von Ragtime über Soul bis Rock´n Roll an vielen Orten in Binz.

Wassersportcentrum Zirkow, Am Kapellenberg 1, Zirkow, Tel. 038393/131470, www.wasserskiruegen.de, Mai–Aug. tgl. ab 11 Uhr bis Sonnenuntergang, April/Sept./Okt. eingeschränkt geöffnet, vorher informieren! Wasserski und Wakeboard am Lift für Jedermann.
Surf & Sail Baabe, Am Fischerstrand 1, Baabe, Tel. 0172/3257762, www.windrider.de. Segel- und Surfkurse, Stand-Up-Paddle, Kurse für Katamaran- und Motorbootfahren.
Proboarding Kitesurfschule, Dörpstrat 35, Thiessow OT Klein Zicker, Tel.

038308/85916, www.proboarding.de. Für Anfänger und Fortgeschrittene, auch Schnupperkurse.
Sail und Surf in Thiessow offeriert Kurse für Anfänger und Fortgeschrittene, Segel- und Surfschule, Tel. 038308/30360, www.segelschule-ruegen.de
Seekajakzentrum Gager, Zum Höft, Gager, Tel. 038308/34880, www.seekajakreisen.de. Geführte Kajaktouren durch das Biosphärenreservat Rügen.

Seilgarten Prora, Objektstraße TH52 Block 3, Prora, Tel. 038393/3569473, www.seilgarten-prora.de, April/Mai/Okt. Di–So 10–17, Juni/Sept. Di–So 10–18, Juli/Aug. tgl. 10–19 Uhr. Klettererlebnis auf 13 Parcours bis zu 10 m Höhe, 17 Seilbahnen, Tarzanjump.

Binz-Therme, im gleichnamigen Hotel, über 30 Grad warmes Thermalwasser, drei Thermalbecken mit Heilwasser, Sole-Schwebebecken, Saunalandschaft. Auch für Nichthotelgäste.
Inselparadies Sellin, Badstraße 1, Sellin, Tel. 038303/1230, www.inselparadies.de, tgl. März–Okt. 9–22, Nov.–Febr. 14–21 Uhr. Spaß- und Erlebnisbad mit Rutschen, Saunalandschaft mit 6 verschiedenen Saunen, Wellnessbereich mit Massagen, Packungen, Kosmetik.

Schiffsfahrten ab den Seebrücken Binz, Sellin, Baabe, Göhren und Gager, Infos unter www.ruegen-schifffahrt.de oder in den Kurverwaltungen.
Schiffstouren mit dem MS Lamara, Tel. 038303/909951, www.ms-lamara.de, Karfreitag–Okt. tgl., ab Bollwerk Baabe durch das Biosphärenreservat Südost-Rügen und rund um die Insel Vilm.

Kunstmeile Binz, Margaretenstr. 16–22, www.kunstmeile-binz.de. Verschiedene Galerien, Ateliers, Schmuck- und Keramikwerkstätten laden zum Bummeln und Stöbern ein.
Rügen-Markt Thiessow, am Hafen, Tel. 0176/10423837, www.ruegen-markt.com, Mai–Okt. jeden Di und Fr 10–17 Uhr. Mehr als 50 Produzenten und Kunsthandwerker aus der Region verkaufen ihre Qualitätsprodukte.

▲ *Mönchguter in ihren Trachten*

Karte: hintere Umschlagklappe

Hiddensee

Die Einheimischen nennen ihre Insel liebevoll das ›söte Länneken‹ (das süße Ländchen). Das 16,8 Kilometer lange und maximal 3,7 Kilometer breite Hiddensee (1100 Einwohner) liegt wie ein Wellenbrecher vor der Westküste Rügens. Es ist ein wahrlich traumhaft schönes Eiland, ein Paradies für Naturfreunde im Nationalpark Vorpommersche Boddenlandschaft, eben ein süßes Ländchen. Im 19. Jahrhundert haben die ersten Feriengäste Hiddensee entdeckt, das sich durch seine abgeschirmte Insellage viel Ursprüngliches bewahren konnte. Vornehmlich Künstler verlebten einst die Sommermonate auf der Insel, Max Reinhardt und Thomas Mann ebenso wie Heinrich George und Asta Nielsen. Der prominenteste ist Nobelpreisträger Gerhart Hauptmann. 1899 äußerte er: »Hiddensee ist eins der lieblichsten Eilande, nur stille, stille, dass es nicht etwa ein Weltbad werde!« Das ist Hiddensee glücklicherweise nicht geworden. Hotels aus Stahl und Beton gibt es auf der Insel ebenso wenig wie Kurpromenaden, Diskotheken und Campingplätze. Die Insel blieb ein Naturkleinod. Privater Autoverkehr ist nicht zugelassen, auf Hiddensee wird gewandert, mit dem Fahrrad oder der Pferdekutsche gefahren.

Die meisten Gäste bringt die Fähre von Schaprode auf Rügen, sie gehen in Neuendorf im Süden, in Vitte in der Inselmitte oder in Kloster im Norden an Land. Diese drei Inseldörfer haben kleine Häfen, die seit jeher Bollwerk genannt werden. Erfahrungsgemäß beginnen die meisten die Wanderung in Kloster. Einmal gab es Autostraßen zur Insel, nämlich im strengen Winter 1969/70. Auf dem zugefrorenen Strelasund und dem Schaproder Bodden fuhren viele an den Wochenenden mit dem Pkw nach Hiddensee. Die Rüganer setzten in Schaprode aufs Eis und waren in fünf Minuten in Neuendorf – die Personenfähre benötigt für diese Strecke 30 Minuten.

In der Kirche von Kloster

Hiddensee gehört zu den sonnenreichsten Gegenden Deutschlands. Wenn im Frühjahr auf dem Festland die Sonne mächtige Schauerwolken erzeugt, bleibt es über dem noch relativ kalten Ostseewasser schön und trocken. Und wie auf Inseln allgemein üblich, sind auch auf Hiddensee keine großen Temperatursprünge zu verzeichnen.

Kloster

Der nördliche Inselort geht auf die 1296 gegründete Abtei zum heiligen Nikolaus zurück. Erhalten geblieben ist davon nichts. Erst als der Ferienverkehr begann, entwickelten sich Kloster und das benachbarte Grieben, viele kleine Häuschen entstanden, in denen es Zimmer zum Mieten gab und gibt. Vor allem in den Sommermonaten werden im kleinen Hafen Hunderte von Tagesbesuchern von den Fähren an Land gespült. Abends, wenn sie Hiddensee wieder verlassen haben, kehrt Ruhe in dem kleinen Ort ein.

Der Leuchtturm an der Nordspitze der Insel ist das Wahrzeichen Hiddensees

Kloster

■ Sehenswürdigkeiten

Ältestes Gebäude des Ortes ist die spätgotische **Dorfkirche** an der Hauptstraße, wie überall in Kloster ein zugepflasterter Weg. Der weißgetünchte rechteckige Backsteinbau wurde 1332 geweiht, das hölzerne Tonnengewölbe von Ende des 18. Jahrhunderts bekam die freundliche Deckenbemalung mit über 1000 Rosen aber erst 1922. Das älteste Ausstattungsstück stammt aus der Klosterzeit, es ist die mannshohe Sandstein-Grabplatte für Abt Johannes Runnenburg. Jahrhunderte lag sie im Fußboden der Kirche, 1922 brachte man sie an ihren jetzigen Standort. Die Orgel (1943) fertigte die bekannte Potsdamer Orgelbaufirma Schuke. Die Glocken, eine von 1702, die andere von 1993, hängen im Vorraum. Vor dem Eingang zur Kirche stehen mehrere verwitterte Grabsteine aus dem 18. und 19. Jahrhundert. Links hinter der Kirche fällt das von Efeu umrankte **Grab Gerhart Hauptmanns** auf, des 1946 verstorbenen Nobelpreisträgers. Der Efeu stammt vom Landsitz des ersten US-Präsidenten George Washington, Hauptmann bekam bei seinem US-Besuch 1932 einen Ableger geschenkt. Im Juli 1885 reiste Hauptmann das erste Mal nach Hiddensee, in den späteren Jahren wohnte er unter anderem oberhalb von Kloster in der im Stil eines englischen Landsitzes erbauten trutzigen Lietzenburg (1904/05). Die hatte sich der Kunstmaler Oskar Kruse erbauen lassen, der sie später seinem Bruder und dessen Frau, der berühmten Puppenmacherin Käthe Kruse, vermachte. 1930 kaufte Hauptmann das Haus Seedorn (um 1920) und ließ es nach seinen Vorstellungen erweitern. Heute ist es Heimat des **Gerhart-Hauptmann-Hauses**; in fünf Räumen blieb die Einrichtung original erhalten, darunter das Arbeitszimmer mit dem großen Schreibtisch und dem Stehpult. Hauptmanns Werke wurden in 43 Sprachen übersetzt, 1912 bekam er den Nobelpreis für Literatur. Hiddensee hat ihn sehr inspiriert, so äußerte er 1942: »Hiddensee hat sich mir geschenkt, und sein Zauber verjüngt mich jedesmal, wenn meine Sohlen seinen geliebten Boden berühren.« Über seinen Roman ›Die Insel der Großen Mutter‹ äußerte der Nobelpreisträger, er hätte ihn wohl nie geschrieben, wenn er »nicht jahrelang auf Hiddensee die vielen schönen, oft ganz nackten Frauenkörper gesehen und das Treiben dort beobachtet« hätte. Das Hauptmann-Haus soll zum Verweilen, Lesen, Hören und Sehen einladen; seit Ende 2013 wird eine neue Dauerausstellung gezeigt.

Das **Heimatmuseum** richtete man in der alten Seenotrettungsstation ein, gezeigt wird unter anderem die verkleinerte Nachbildung des berühmt gewordenen Hiddenseer Goldschmucks, das Original besitzt das Kulturhistorische Museum in Stralsund. Den Goldschmuck hatten schwere Sturmfluten 1872 und 1874 in Neuendorf an den Strand gespült, entweder aus einem wikingerzeitlichen Wrack oder aus einem jahrhundertealten Versteck an der Küste. Der Fund besteht aus einem großen geflochtenen Halsring, einer flach gewölbten Scheibenfibel und 14 Hängekreuzen einer Kette; insgesamt hat das Goldgeschmeide ein Gewicht von 596,2 Gramm. Wissenschaftler datieren die Herstellung des Schmucks auf das Ende des 10. Jahrhunderts in Dänemark.

■ Die Umgebung

Nördlich von Kloster steigt das Land zum hügeligen **Dornbusch** an, einer Endmoräne, die die Eismassen der letzten Eiszeit vor etwa 12 000 Jahren bis zu 72 Meter hoch schoben. Besonders im Frühling sieht der Dornbusch zauberhaft aus, wenn ihn der Ginster mit seinen wogenden Blüten gelb überzieht. In die Steilkanten am Dornbuschkliff haben Uferschwalben Hunderte bis zu zwei Meter tiefe Bruthöhlen gegraben. Die höchste Erhebung des Dornbuschs, den Schlückswieck, bekrönt das blinkende Wahrzeichen von Hiddensee, der 28 Meter hohe **Leuchtturm**. Er sendet seit 1888 seine Lichtsignale aus und zeigt den Schiffen den Beginn der Fahrrinne nach Stralsund. 2,4 Sekunden leuchtet er, 7,6 Sekunden bleibt es dunkel. Bei klarer Sicht reicht der Lichtstrahl etwa 44 Kilometer weit. »Und des Leuchtturms Strahlen segnen eine freundliche Gesundheit...« – so schwärmte einst Joachim Ringelnatz nach einem herrlichen Sommer. 1927 legte man dem Turm einen Eisenbetonmantel an, denn der Baugrund hatte sich gesenkt, was im Mauerwerk zu Rissen führte. Dank der exponierten Lage auf dem Dornbusch kommt der Turm auch bei Tageslicht bestens zur Geltung. Wer bis zur Aussichtsplattform hoch steigt, genießt bei schönem Wetter einen herrlichen Rundblick. Eine Prise Ostseeluft gibt es gratis dazu. Seit 1996 steht der Leuchtturm für Besucher offen. Damit es auf der Galerie nicht zu eng wird, dürfen jeweils nur 15 Personen hinauf. Und sobald auf dem Dornbusch Windstärke 6 oder mehr herrscht, bleibt der Turm geschlossen. Inzwischen ist er durch das ARD-Wetterstudio bundesweit bekannt geworden.

Gerhart Hauptmann äußerte sich einst begeistert von der ›Freiheit des Wanderns über die pfadlose Grastafel‹ des Dornbuscher Hügellands. Das ist heute bei Zehntausenden Besuchern nicht mehr möglich, denn wo ein Trampelpfad entsteht, wächst am Ende der Saison nichts mehr. Deshalb gibt es seit Jahren angelegte Wege, die nicht verlassen werden dürfen. Die Natur modelliert ständig an der Küste von Hiddensee. In manchen Jahren kommt es zu bedeutenden Uferabbrüchen an der bis zu 60 Meter hohen und etwa vier Kilometer langen Steilküste. So stürzten im April und Mai 2000 auf einer Länge von etwa 160 Metern und einer Breite von rund 20 Metern fast 120 000 Kubikmeter Gesteinsmassen ab, darunter Teile des Hochuferweges. Aufwendige Küstenschutzmaßnahmen sind notwendig, um Hiddensee vor den Naturgewalten zu schützen. Daher entstand beispielsweise 1937 bis 1939 nördlich von Kloster die 400 Meter lange sogenannte Huckemauer, und zwischen Kloster und Vitte wurde ein Boddendeich errichtet.

Vitte

Auf dem asphaltierten Ostsee- oder dem Boddendamm oder auf dem Weg, den die Pferdekutschen entlang zuckeln, wandert oder radelt man von Kloster in das zwei Kilometer entfernte Vitte. Der Ort ist die Inselhauptstadt, hier hat die Verwaltung ihren Sitz. ›Vitten‹ nannte man einst Niederlassungen, die nur zur Heringszeit benutzt wurden. Hier ließen sich die Fischer nieder, um ihren Fang an Land zu bringen, zu salzen, zu lagern und an Fischhändler zu verkaufen. Die Vitten waren bedeutende Handelsplätze, die sich nach und nach zu richtigen Ansiedlungen entwickelten. Gaststätten und Cafés hat Vitte eine Menge vorzuweisen. In vielen wird Sanddorntorte, Sanddornlikör und Sanddorneis angeboten. Die buschigen Sanddornsträucher wachsen auf der Insel in Hülle und Fülle, im Herbst leuchten ihre kleinen Beeren mit dem hohen Vitamin-C-Gehalt orange-gelb.

■ Sehenswürdigkeiten

Linker Hand am Ortseingang von Vitte, ein wenig abseits vom Weg, fällt das nahezu quadratische, eingeschossige Haus mit der Aufschrift **Karusel** (1922) auf, das der Bauhausarchitekt Max Taut entworfen hat. Um 1925 kaufte es die dänische Stummfilmdiva Asta Nielsen, die von da an die Sommermonate auf Hiddensee verbrachte; 1933 war sie zum letzten Mal auf der Insel. Namhafte Künstler waren bei der Nielsen zu Gast, am häufigsten der Schriftsteller Joachim Ringelnatz (›Kuttel-Daddeldu‹) mit seiner Frau. Im Haus nebenan mit dem weit überkragenden Walmdach soll der Filmstar Henny Porten gewohnt haben, erzählt man sich. Im rohrgedeckten **Nationalparkhaus** gibt es Informationen zum Nationalpark Vorpommersche Boddenlandschaft, zu dem Hiddensee, mit Ausnahme der Orte, gehört. Das meistfotografierte Haus auf Hiddensee jedoch ist die **Blaue Scheune** aus der ersten Hälfte des 18. Jahrhunderts. Seinen blauen Anstrich bekam das Bauwerk um 1935 von zwei auf der Insel lebenden Malerinnen, die die Scheune zu ihrem Domizil gewählt hatten. Eine neue Heimat in einem architektonischen Kleinod fanden rund 1000 von Künstlern geschaffene Figurenpuppen im **Puppenmuseum Homunkulus**.

Neuendorf

Durch die Dünenheide wandernd erreicht man Neuendorf mit dem alten Ortsteil Plogshagen, Hiddensees ruhigsten Ort. Die Wanderung bietet dem Auge besonders im August und September schöne Bilder, wenn die Heide violett blüht. Wer Glück hat, sieht Feldhasen, Füchse, Rehe oder das 1988 ausgesetzte Muffelwild. In Neuendorf und Plogshagen stehen die weiß getünchten, meist rohrgedeckten Häuser mitten auf der grünen Wiese, Hausgärten und Zäune gibt es nicht. An vielen Türen – aber auch als Hinweisschilder für Einheimische – sind neben der Hausnummer **runenartige Hausmarken** angebracht, Symbole, mit denen die Familien ihren Besitz kennzeichneten, als Lesen und Schreiben noch weitgehend unbekannt waren. Die Symbole gehen auf germanische Schrift- und Zauberzeichen zurück. Beim Tod des Hausherrn übernahm sie der älteste Sohn; hatte er Geschwister, fügten sie dem Symbol weitere Zeichen hinzu. Heute haben die Hausmarken nur noch eine schmückende Funktion. Neuendorf, das lediglich über

Nomen est omen: die ›Blaue Scheune‹ in Vitte

eine befestigte Straße verfügt, die vom nördlichen Eingang zum Hafen führt, steht unter Denkmalschutz.

Wer am Strand entlang bummelt, findet mit etwas Glück Bernstein oder auch Hühnergötter, wie die Feuersteine genannt werden, die ein durchgehendes Loch haben. Einst glaubten die Menschen an der Küste, sie würden die Gesundheit des Federviehs verbessern und die Legefreudigkeit der Hennen anregen. Also legte man die Steine den Tieren ins Nest oder befestigte sie an den Hühnerstangen.

■ Die Umgebung

Wandert man von Neuendorf parallel zum Strand weiter in Richtung Süden, kommt man zum zwölf Meter hohen **Leuchtfeuer Gellen**, das auf der einen Inselseite wichtig für die Schifffahrt nach Stralsund und auf der anderen für die nach Schaprode (Rügen) ist. An dieser Stelle gab es bereits vor 700 Jahren ein Leuchtfeuer – die Luchte –, um die Einfahrt nach Stralsund zu sichern. Ein Mönch des Klosters sorgte mit Holz und Teer von September bis Mai für ein weithin sichtbares Feuer. Der heutige kleine Turm wurde 1905 aufgestellt und besteht aus rot und weiß angestrichenen Eisensegmenten. Das macht ihn zu einem beliebten Fotomotiv. Die Südspitze des Gellen darf nicht betreten werden, sie ist Vogelparadies und gehört zur Kern-

Idylle an Hiddensees Ostseite

zone des Nationalparks Vorpommersche Boddenlandschaft. Der Gellen zählt zu den Anlandungsbereichen an der Ostseeküste und wächst jährlich etwa um fünf Meter.

Der Blick auf die Uhr darf nicht vergessen werden, denn die letzte Fähre wartet nicht. Wer sie verpasst, dem bleiben nur zwei Möglichkeiten: eine Übernachtungsmöglichkeit zu finden, was in den Sommermonaten schwer sein wird, oder ein Wassertaxi zu rufen, das auch nachts über den Bodden nach Schaprode auf Rügen jagt.

ℹ️ Hiddensee

PLZ: 18565.
Vorwahl: 038300.
Insel Information Hiddensee, Norderende 162, Vitte, Tel. 6420, www.seebad-hiddensee.de.

🚌

Der Inselbus, Linie 59, verkehrt Mo–Fr zwischen den Inselorten.

🛏️

Hotel Heiderose, In den Dünen 127, Vitte, Tel. 630, www.heiderose-hiddensee.de, 34 Zi., 38 Ferienwohnungen, DZ/F ab 75 €, FW ab 47 €. Zwischen Vitte und Neuendorf in der Natur gelegene Ferienanlage, auch Ferienwohnungen und Apartments in rohrgedeckten Häusern.

Hotel Enddorn, Dorfstraße 6, Grieben, Tel. 460, www.enddorn.de, 20 Zi., DZ/F

ab 79 €, Nov.–April geschl. Die Zimmer im Erdgeschoss sind von außen begehbar und verfügen über eine Terrasse.
Hotel Godewind, Süderende 53, Vitte, Tel. 6600, www.godewind.com, 20 Zi., DZ/F ab 49 €. Mitten in Vitte gelegen, komfortable Zimmer.

Zelten und freies Camping sind auf der Insel nicht gestattet.

Altes Gasthaus zum Enddorn, Dorfstraße 8, Grieben, Tel. 60833, www.gasthaus-zum-enddorn.de, tgl., Hauptgerichte 8–14 €. Maritimes Ambiente und Ostseefisch in allen nur möglichen Variationen.
Hitthim, Hafenweg 8, Kloster, Tel. 6660, www.hitthim.de, tgl., Hauptgerichte 11–17 €. Rustikales Restaurant mit großem Fischangebot, hausgemachte Sanddornspezialitäten.
Seepferdchen, Süderende 84, Vitte, Tel. 266, tgl., Nov.–April geschl., Hauptgerichte 7–13 €. Leckere Fischgerichte, hausgebackener Kuchen.
Feuerstübchen, Süderende 192, Vitte, Tel. 438, www.hiddensee.de/feuerstuebchen, tgl., Hauptgerichte 8–14 €. Fischgaststätte mit hübschem Wintergarten, serviert werden frische Fischgerichte.

Gerhart-Hauptmann-Haus, Kirchweg 13, Kloster, Tel. 397, www.hauptmannhaus.de, Mai–Okt. Mo–Sa 10–17. So 13–17 Uhr, Nov. Di–Sa 11.30–15 Uhr, Dez.–April Zeiten erfragen.
Heimatmuseum Hiddensee, Kirchweg 1, Kloster, Tel. 363, www.heimatmuseum-hiddensee.de, April–Okt. tgl. 10–16 Uhr, Nov.–März Do–Sa 11–15 Uhr.
Leuchtturm Dornbusch, Im Dornbuschwald 1, Kloster, Mai–Okt. tgl. 10.30–16 Uhr, Nov.–April Do 11–14 Uhr (nur bis Windstärke 5 geöffnet).
Puppenmuseum Homunkulus, Norderende 181, Vitte, Tel. 60563, www.homunkulus.de, tgl. 11–17 Uhr. Fischereimuseum, Pluderbarg 7, Neuendorf, Mai–Okt. Mo–Sa 14–17, Mo/Fr 11.30–12.30 Uhr.

Gerhard-Hauptmann-Tage, Anfang Juni, Lesungen, Filme, Theateraufführungen an unterschiedlichen Orten der Insel.
Palucca-Woche, Ende Juli, Tanzaufführungen von Schülerinnen der Palucca-Schule Dresden an ausgewählten Orten auf der Insel.
Jazz und Mee(h)r-Woche, Mitte Juli, www.jazzundmehr.org, Programm für Jazz-Liebhaber im Henni-Lehmann-Haus in Vitte.
Seebühne Hiddensee, Wallweg 2, Vitte, Tel. 60593, www.hiddenseebuehne.de. Das maritime Kammertheater spielt im Sommer und zum Jahreswechsel Stücke für Erwachsene und Kinder.

Wassersportschule Surf und Segel Hiddensee, Tel. 0170/8325285, www.surfundsegelhiddensee.de. Segel- und Surfkurse für Erwachsene und Kinder, Stand-Up-Paddling, Vermietung von Kajaks, Segeljollen, Katamaren.

Regelmäßiger **Fährverkehr** nach Hiddensee in alle drei Häfen (Neuendorf, Vitte, Kloster) ab Schaprode, im Sommer bis zu 16-mal tgl.; von April bis Okt. bis zu 3-mal tgl. von Stralsund nach Hiddensee.
Ausflugsfahrten ab Hiddensee nach Stralsund, Wiek, Boddenfahrten ohne Landgang, im Herbst Kranichfahrten, Tel. 0180/3212150, www.reederei-hiddensee.de
Wassertaxi-Schnellverkehr rund um die Uhr, Tel. 210, www.reederei-hiddensee.de, ›Pirat‹ Tel. 0171/7457713, ›Störtebeker‹ Tel. 0171/7457710, ›Anna Maria‹ Tel. 0171/6428021.
Segeltörns mit dem Zeesboot ›Sophia Theresa‹, Tel. 0172/3826404, www.hiddensee-segeln.de, Juli–Sept., von Vitte.

Von Greifswald mit seinen wuchtigen Kirchen ist es nicht mehr weit bis Usedom mit einem 42 Kilometer langen, feinsandigen Strand, Dünenwald, kleinen Seen, quirligen Ostseebädern und stillen Dörfern im Achterland mit rohrgedeckten Häuschen. Deutschlands zweitgrößte Insel bietet für jeden etwas. Vorgelagert sind die Mini-Eilande Ruden und Greifswalder Oie, zwei grüne Tupfer in der blauen See.

Am Strand von Zinnowitz

GREIFSWALD
USEDOM
STETTINER HAFF

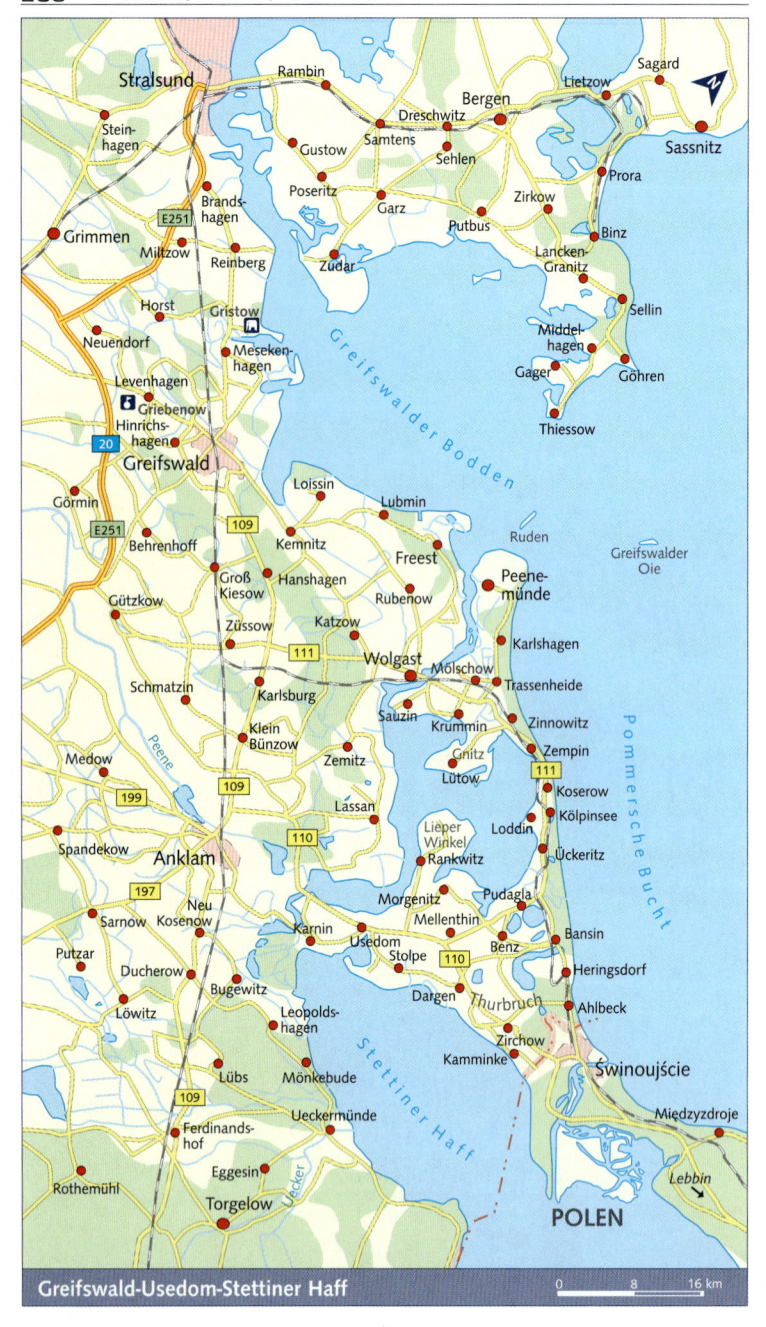

200 Greifswald, Usedom, Stettiner Haff

Greifswald-Usedom-Stettiner Haff

0 — 8 — 16 km

Greifswald

Dank seiner zahlreichen backsteinernen Zeugen aus der Hansezeit gehört Greifswald (53 000 Einwohner) zu den schönsten und sehenswertesten Städten im Ostseeraum – und durch die vielen Studenten zu einer der quirligsten. Die planmäßige Anlage ist noch heute an dem regelmäßigen Gitternetz der Straßenzüge erkennbar.

Greifswald besann sich nach der Einheit Deutschlands auf seine reiche Vergangenheit und nennt sich wieder Hansestadt. In jüngster Zeit entwickelte es sich zum Technologiestandort Mecklenburg-Vorpommerns. So sind das Max-Planck-Institut für Plasmaphysik, das Alfred-Krupp-Wissenschaftskolleg, das Biotechnikum und das Technologiezentrum Vorpommerns hier beheimatet.

Geschichte

Der Ort unweit des Greifswalder Boddens wurde in der ersten Hälfte des 13. Jahrhunderts gegründet. In den Chroniken taucht er erstmals 1248 als ›Gripheswald‹ auf, zwei Jahre später bekam er das lübische Stadtrecht verliehen. 1278 umgab Greifswald eine Stadtmauer mit zahlreichen Wiekhäusern, drei Land- und sechs Wassertoren. Nach der Hansezeit träumte die Stadt rund 500 Jahre lang vor sich hin, geprägt vom Leben der Universität. Durch die kampflose Übergabe an die Rote Armee am Ende des Zweiten Weltkrieges blieb Greifswald von Zerstörungen verschont. Zu verdanken ist das dem mutigen Einsatz des damaligen Rektors der Universität, Carl Engel, und des Stadtkommandanten Rudolf Petershagen. Zu DDR-Zeiten entstanden im Osten und Südosten zahlreiche neue Wohngebiete. Wie in vielen anderen Städten, fehlte es damals aber auch in Greifswald an Material und Geld, um die vielen historischen Häuser instandzusetzen. Die einfachste Lösung hieß: Abriss! Und so verschwanden zwischen Langer Straße und dem Flüsschen Ryk die Häuser ganzer Straßenzüge. Ersetzt wurden sie mit Plattenbauten, die man glücklicherweise nicht so einfallslos errichtete wie anderswo. Insofern lohnt es sich durchaus, dieses ›Rekonstruktionsviertel‹ genannte Areal anzuschauen.

Die Stadtsilhouette von Greifswald, wie sie Caspar David Friedrich schon malte

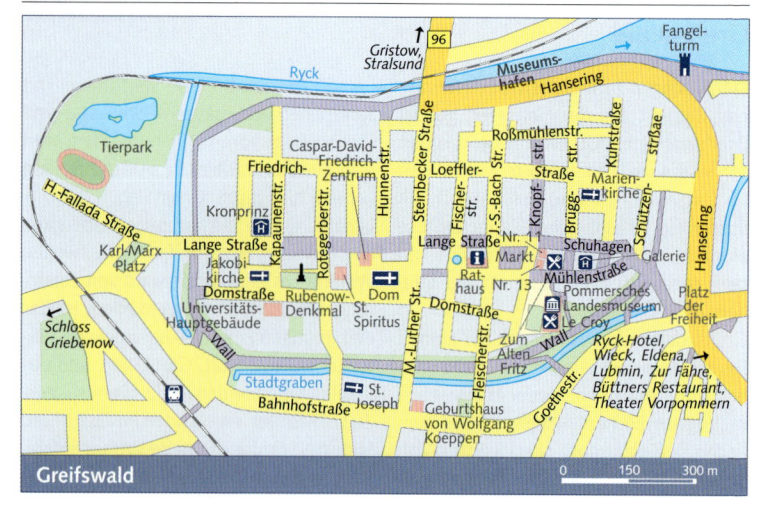

Ein Stadtrundgang

Die Stadtsilhouette blieb im Wesentlichen so erhalten, wie sie der 1744 in Greifswald geborene Caspar David Friedrich oft gemalt hat. Wer auf den Besuch der Kirchen oder des Museums verzichtet, hat die wichtigsten Sehenswürdigkeiten zu Fuß in einer reichlichen Stunde kennengelernt. Man sollte aber nicht nur auf die Uhr schauen, sondern die Atmosphäre der Stadt auf sich wirken lassen, denn Greifswald ist auch eine lässige Studentenstadt.

■ Marktplatz

Den Marktplatz säumen heute noch wie zu Friedrichs Zeiten prachtvolle Bürgerhäuser aus Gotik, Renaissance und Barock, so das spätgotische backsteinerne Wohnspeicherhaus Nr. 11 aus dem 15. Jahrhundert, das als hervorragendes Beispiel bürgerlicher Repräsentationsarchitektur gilt, sowie das nicht minder beeindruckende Wohnspeicherhaus Nr. 13 aus dem 14./15. Jahrhundert. Das im Kern spätmittelalterliche dominante Rathaus an der Westseite wurde 1713 und 1736 umgestaltet. Im Inneren ist die heute als Trauzimmer genutzte alte Ratssitzungsstube mit wertvoller barocker Ausstattung erhalten geblieben. Die Bronzereliefs (1966) von Jo Jastram an der Haupteingangstür erinnern an die kampflose Übergabe der Stadt an die Rote Armee am 30. April 1945. Hinter dem Rathaus, auf dem Fischmarkt, findet man den Fischbrunnen (1999), dessen Bronzefiguren der Fischerei gewidmet sind. Er wurde ebenfalls von dem Mecklenburger Künstler Jo Jastram gestaltet.

■ Pommersches Landesmuseum

Das wenige Schritte vom Markt entfernte Pommersche Landesmuseum ist ein absolutes Muss, es widmet sich der Landesgeschichte von der Eiszeit bis zur Gegenwart. Auf dem ehemaligen Areal des Franziskanerklosters wurden historische Gebäude mit der lichtdurchfluteten multifunktionalen Museumsstraße verbunden. Der reich ornamentierte Rektorenmantel von 1619 sowie der 6,90 Meter breite und 4,46 Meter hohe Croy-Teppich, ein vielfarbiger Gobelin aus dem Jahr 1554, gehören zu den Schätzen des Museums von internationalem Rang. In der Gemäldegalerie sind hochkarätige Werke zu sehen, darunter von Rembrandt, van Gogh, Runge, Liebermann, auch acht Ölgemälde und Aquarelle von Caspar David Friedrich, unter anderem sein bekanntes Aquarell ›Marktplatz von Greifswald mit der Familie Friedrich‹ (um 1818). Der überwiegende Teil der Werke stammt aus der Sammlung des Städtischen Museums in Stettin. 1945 waren sie zur Sicherheit vor der anrückenden Front nach Coburg ausgelagert worden, nach dem Zweiten Weltkrieg gelangten die Bilder in die Obhut der Stiftung Pommern nach Kiel, im Jahr 2000 kehrten sie wieder nach Pommern zurück.

■ **Kirchen**

Die Türme dreier gotischer Kirchen bestimmen die Stadtsilhouette: der ›kleine Jakob‹ (St. Jakobi), die ›dicke Marie‹ (St. Marien) und der ›lange Nikolaus‹ (Dom St. Nikolai), wie die Greifswalder liebevoll ihre Kirchen nennen. Die drei Backsteinbauten, im Zentrum dicht beieinander stehend, künden von dem beträchtlichen Wohlstand, zu dem Greifswald zur Blütezeit der Hanse gelangt war.

Die nach 1250 begonnene **Jakobikirche**, eine dreischiffige Hallenkirche, erhielt ihr heutiges Aussehen in der Mitte des 14. Jahrhunderts. Die mittelalterliche Farbigkeit wurde dem Innenraum des Gotteshauses bei der Restaurierung 1956/57 zurückgegeben. Die im Wesentlichen aus dem 14. Jahrhundert stammende **Marienkirche** gehört mit ihrem gestaffelten Ostgiebel zu den reifsten Leistungen der norddeutschen Backsteingotik. Der gedrungene Turm und das Langhaus mit seinem hohen Satteldach verhalfen ihr zu dem Spitznamen ›dicke Marie‹. Das fast quadratische Innere der monumentalen dreischiffigen Hallenkirche besitzt eine gewaltige Raumwirkung. Bedeutend sind die Renaissancekanzel (1587), die an der Rückwand Bildnisse der Reformatoren Luther, Melanchthon und Johannes Bugenhagen zeigt. Die wichtigsten der 300 einst in den Fußboden eingelassenen Grabplatten (14. bis 18. Jahrhundert) findet man in den Seitenschiffen.

Unweit der Marienkirche, am Hansering, steht als Rest der Stadtbefestigung der Fangelturm, ein dreigeschossiger Rundturm mit Zinnenkranz. Von dort zieht sich bis zur Stralsunder Straße der Museumshafen am Ryk hin, in dem historisch interessante Schiffe vertäut sind.

Beim **Dom St. Nikolai** hat man sicherlich während der Bauphase nicht aufgepasst, denn ansonsten wäre der Turm gewiss noch drei Zentimeter verlängert worden. Dann könnte der Dom mit einem 100 Meter hohen Turm protzen, so sind es ›nur‹ 99,97 Meter. Das Gotteshaus gehört zu den schönsten Sakralbauten Norddeutschlands. Der Anfang des 15. Jahrhunderts zur langgestreckten Basilika umgebaute Dom schmückt sich seit

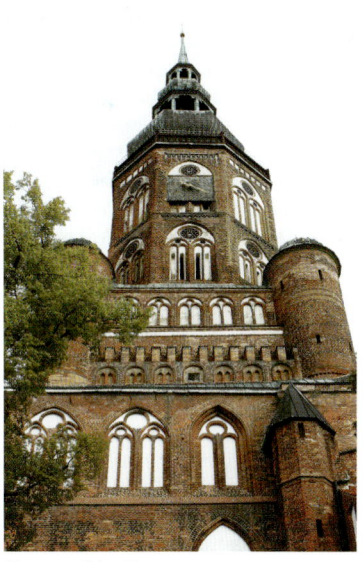

Der gewaltige Dom

Anfang des 19. Jahrhunderts mit einer romantisch-neogotischen Innenraumgestaltung. Als Karl Friedrich Schinkel, Preußens berühmtester Baumeister des Klassizismus, die Kirche betrachtete, hat er sie angeblich als die »schönste Kirche, die ich kenne« bezeichnet und seinen Schüler Gottlieb Christian Giese umarmt, der die Arbeiten ausführte. So jedenfalls berichten es die Chroniken. Im Dom wurde am 17. Oktober 1456 von Herzog Wartislaw IX. die Gründungsurkunde der ›alma mater gryphiswaldensis‹ verlesen. Eine grundlegende Erneuerung erfuhr das Bauwerk 1978–1989 unter der Leitung des Hamburger Architekten Friedhelm Grundmann. Bei diesen Restaurierungsarbeiten legte man in den Seitenkapellen und im Altarraum wertvolle spätgotische Fresken aus der Zeit um 1430 frei. Das Rubenowbild, 1460 vom Bürgermeister und ersten Uni-Rektor gestiftet, gilt als eines der ältesten Gruppenporträts Deutschlands. Es zeigt die ersten Professoren der Greifswalder Universität vor der Jungfrau Maria, ganz links Rubenow selbst.

Hinter dem Dom erstreckt sich der Gebäudekomplex St. Spiritus von 1630/31, ein ehemaliges Altenheim, dessen Fachwerkhäuser im romantischen Innenhof aus dem 17. Jahrhundert stammen und die somit zu den ältesten der Stadt gehören. Die klassizistischen Wohnhäuser an der Langen Straße dagegen entstanden erst Anfang des 19. Jahrhunderts.

■ Caspar-David-Friedrich-Zentrum

Im Geburtshaus des Künstlers der Frühromantik wird vor allem das Leben der Familie Friedrich vorgestellt. Der Vater des berühmten Malers war in diesen Räumen als Seifensieder tätig. Diese Seifensiederei im Hinterhaus ist das einzige Gebäude mit authentischen Räumen aus der Friedrichzeit. Viele Generationen lang, bis Mitte des 20. Jahrhunderts, wurden hier Seifen und Kerzen hergestellt und verkauft. Das Anwesen hatte Friedrichs Vater 1765 gekauft. Bis in die 1970er Jahre befand es sich im Besitz von Nachfahren des Künstlers.

■ Universität

Die Universität trägt den Namen von Ernst-Moritz Arndt, einem ihrer berühmtesten Professoren. Nach der Rostocker Hochschule ist es die zweitälteste Uni Nordeuropas. Das barocke Hauptgebäude am Rubenowplatz entstand 1747–1750. Die über zwei Geschosse reichende Aula, ein architektonisches Kleinod in einer intensiven roten Wandfarbe und einer hell kontrastierenden Säulengalerie, gehört zu den schönsten spätbarocken Sälen Norddeutschlands. Noch vorhanden ist auch einer der Universitäts-Karzer. Hier wurde einst eingesperrt, wer mit ›liederlichen Weibsbildern‹ Umgang pflegte oder sich duellierte. Viele legten es darauf an, denn es galt als Ehrensache, während der Studentenzeit einmal im Karzer gesessen zu haben. Die Karzerhaft wurde 1914 abgeschafft, seitdem hat sich der Raum kaum verändert.

Studenten prägen die Atmosphäre in Greifswald

Eine hölzerne Klappbrücke verbindet die Stadtteile Eldena und Wieck

Vor dem Uni-Hauptgebäude steht das zwölf Meter hohe, im Zinkgussverfahren hergestellte neogotische Rubenowdenkmal (1856). Gewidmet ist es dem Universitätsgründer, Bürgermeister Heinrich Rubenow. Den Entwurf lieferte Friedrich August Stüler, ein Schüler Schinkels. Zu sehen sind vier Professoren (sitzend) und vier Pommernfürsten (stehend), die sich um die Universität verdient gemacht haben.

Greifswald ist die Geburtsstadt des Schriftstellers Wolfgang Koeppen (1906–1996). Nobelpreisträger Günter Grass setzte sich für eine würdige Koeppen-Gedenkstätte ein. In dessen Geburtshaus Bahnhofstraße 4 entstand daraufhin das Literaturzentrum Vorpommern mit einem Literaturcafé. Über Koeppen, Autor unter anderem der Trilogie ›Tauben im Gras‹ (1951), ›Das Treibhaus‹ (1953) und ›Der Tod in Rom‹ (1954), informiert eine Kabinettausstellung.

■ Klosterruine Eldena

Caspar David Friedrich hat die Klosterruine mit seinen Bildern aus ihrem Dämmerschlaf geholt. Die Reste des ab 1199 errichteten Klosters Eldena liegen in einer romantischen Parkanlage am Stadtrand. Nach der Reformation nutzten es die pommerschen Herzöge als Quartier, im Dreißigjährigen Krieg ließen die Truppen Wallensteins hier ihre Zerstörungswut aus, danach verwendeten die Schweden Steine der Gebäude für die Erweiterung der Greifswalder und Stralsunder Befestigungsanlagen. Hätte Caspar David Friedrich die Klosterreste nicht in den Blickpunkt der Öffentlichkeit gerückt, wäre wohl heute kaum noch etwas erhalten. Der Stadtteil Eldena ist seit 1887 mit dem Stadtteil Wieck durch eine hölzerne, nach holländischem Vorbild errichtete **Klappbrücke** verbunden, die über den Ryck führt, der wenige hundert Meter weiter in den Greifswalder Bodden mündet. Die 55 Meter lange und 7,50 Meter breite Brücke wird mehrmals am Tag, in den Sommermonaten bis zu elf Mal, für den Schiffs- und Bootsverkehr geöffnet. Viel Streit gab es um den ›Brückenzoll‹: Bis 1939 und noch einmal von 1990 bis zum Jahr 2000 musste pro Kraftfahrzeug bezahlt werden. Danach durften nur noch die Anwohner mit einer Sondergenehmigung für 80 Euro pro Jahr die Überführung mit ihren Pkw passieren. Von 2006 bis 2010 betrug die Gebühr pro Überfahrt 50 Cent, heute muss nichts mehr bezahlt werden.

Greifswald

■ Die Umgebung

Etwa 300 Tiere, darunter Lamas, Esel, Pferde, Steppen- und Hochlandrinder, fühlen sich im **Naturerlebnispark Gristow** wohl, der direkt an der B96 zwischen Greifswald und Stralsund liegt. Besonders putzig anzuschauen sind die Ferkel der Hängebauchschweine. Der Kakadu hat sogar sprechen gelernt. Vorhanden sind ein Bauerngarten, Spielplätze für Kinder und eine Trimmstrecke.

Schloss Griebenow, ein beeindruckendes Herrenhaus acht Kilometer westlich von Greifswald, ließ sich der schwedische Feldmarschall Carl Gustav von Rehnskiöld 1707–1709 erbauen. Das war zu jener Zeit, als Vorpommern zu Schweden gehörte und von Rehnskiöld der Finanzverwalter der Besatzer war. Hinter dem beindruckenden Barockbau, den man für kulturelle Veranstaltungen und Ausstellungen nutzt, erstreckt sich ein großer **Park**.

Das Kleinod von Griebenow ist auf der anderen Seite zu sehen: die kleine Schlosskirche, ein fünfzehnseitiger Zentralbau aus Fachwerk mit Ziegelfüllung, eine Seltenheit in Vorpommern. Das rot gestrichene Kirchlein mit den hölzernen weißen Ecksäulen ist älter als das Schloss, es stammt von 1653/54. Neben der Kirche bekam der freistehende hölzerne Glockenstuhl seinen Platz, in dem Glocken von 1653 und 1655 hängen.

■ Seebad Lubmin

Feinen Sandstrand an einer Kliffküste, eine Promenade und eine 350 Meter lange Seebrücke (1992), an der Schiffe zu Ausflugsfahrten ablegen, hat das **Seebad Lubmin** (2000 Einwohner) am Greifswalder Bodden zu bieten. Es liegt von Greifswald rund 15 Kilometer in östlicher Richtung. Segler und Surfer finden hier eines der schönsten Reviere. Die Lubminer **Dorfkirche** an der Freester Straße ist ein schlichter Backsteinbau mit Rauputz, aber dennoch bedeutend: Sie entstand 1957 und gehört somit zu den wenigen Kirchenneubauten in der DDR-Zeit.

Lubmin erlangte durch das 1990 abgeschaltete Kernkraftwerk überregionale Bekanntheit. In dem seit seiner Stilllegung zurückgebauten Kraftwerk befindet sich am Haupteingang ein Informationszentrum, das über die Vergangenheit und die Zukunft des Standortes Auskunft gibt. Auf der Freifläche vor dem Info-Zentrum sind Originalbauteile ausgestellt.

Ein Spaziergang am Strand von Lubmin in westliche Richtung führt zum **Teufelsstein**, einem etwa einen Meter aus dem Wasser ragenden Granitblock. Der als Naturdenkmal geschützte Brocken mit einem Umfang von fast 17 Metern ist 1906 aus dem Steilufer herausgefallen, heute liegt er schon fast 30 Meter vom Klifffuß entfernt. Ein Beweis dafür, wie sich das Wasser immer weiter ins Land frisst.

🛈 Greifswald und Umgebung

PLZ: 17489.
Vorwahl: 03834.
Greifswald-Information, Rathaus/Markt, Tel. 521380, www.greifswald.de.
Kurverwaltung Seebad Lubmin, Freester Straße 8, 17509 Seebad Lubmin, Tel. 038354/22011, www.lubmin.de.

Hotel Kronprinz, Lange Str. 22, Tel. 7900, www.hotelkronprinz.de, 31 Zi., DZ/F ab 95 €. Zeitgemäß eingerichtete Gästezimmer mitten im Zentrum.
Hôtel Galerie, Mühlenstr. 10, Tel. 7737830, www.hotelgalerie.de, 11 Zi., DZ/F ab 98 €. Modern gestaltetes kleines Hotel mit viel Kunst.
Ryck-Hotel, Rosenstraße 17b, Greifswald/OT Wieck, Telefon 83300, www.ryck-hotel.de, 25 Zi., DZ/F ab 90 €. Im ehemaligen Fischerdorf Wieck am Stadtrand, komfortable Zimmer und Wellnessbereich mit Schwimmbad.

Ferienanlage Blaumuschel, Goethestr. 8a, Lubmin, Tel. 038354/300, www.fewo-blaumuschel.m-vp.de, 10 Fewo, ab 35 €. Direkt am Ostseestrand gelegene Anlage mit Ferienwohnungen von 2 bis 5 Personen.

❌

Le Croy, Rakower Str. 9, Tel. 775845, www.le-croy.de, Mo geschl., Hauptgerichte mittags 12–18 €, abends 18–23 €, Gourmetmenü 3 Gänge ab 49 €, 4 Gänge ab 63 €. Im klassizistischen Bau des Pommerschen Landesmuseums kocht einer der besten Köche Mecklenburg-Vorpommerns. Ein Genuss sind die handgefertigten Pralinen aus der hauseigenen Chokoladenmanufaktur.
Büttners Restaurant, Am Hafen 1a, Greifswald OT Wieck, Tel. 8870737, www.buettners-restaurant.de, Mo geschl., Hauptgerichte 15–24 €. Die Natürlichkeit der Produkte und der Geschmack stehen im Vordergrund der zeitgemäßen Küche. Jahreszeitlicher Wechsel der Speisekarte, auch hausgemachte Torten und Kuchen.
Zur Fähre, Fährweg 2, Greifswald/OT Wieck, Tel. 840049, www.zurfaehre.net, tgl., Hauptgerichte 12–16 €. Gute Küche aus frischen Zutaten, toller Blick auf den Wiecker Hafen und die Zugbrücke.

🏛

Pommersches Landesmuseum, Rakower Str. 9, Tel. 83120, www.pommersches-landesmuseum.de, Di–So Mai–Okt. 10–18 Uhr, Nov.–April 10–17 Uhr.
Caspar-David-Friedrich-Zentrum, Lange Str. 57 (Eingang Turmgasse), Tel. 884568, www.caspar-david-friedrich-gesellschaft.de, Di–So 11–17 Uhr.
Literaturzentrum Vorpommern im Wolfgang-Köppen-Haus, Bahnhofstr. 4–5, Tel. 773510, www.koeppenhaus.de, Di–Sa 14–18 Uhr.
Museumshafen mit Traditionsschiffen, Hafenstr. 31, www.museumshafen-greifswald.de, Gelände tgl. geöffnet, historischer Fangenturm tgl. 9–11 Uhr besetzt, Führungen und Mitsegeln nach Anmeldung.
Naturerlebnispark Gristow, An der Mühle 2, 17498 Gristow, Tel. 038351/240, www.naturerlebnispark-gristow.de, tgl. Mai–Sept. 9–18 Uhr, Okt.–April tgl. 10–16 Uhr.
Schloss Griebenow, Griebenow, Tel. 038332/80346, www.schloss-griebenow.de, April–Sept. Mo–Fr 12–16, Sa/So 14–17, Okt.–März Mo–Fr 12–16, Sa/So 14–16 Uhr.

🎵

Theater Vorpommern & Stadthalle, Robert-Blum-Straße, Tickets Tel. 5722224, www.theater-vorpommern.de. Musiktheater, Schauspiel, Ballett und Konzerte.
Ostseefestspiele, Sommer, Open-Air-Theateraufführungen in der Klosterruine Eldena Nordischer Klang, erste Mai-Woche, nordische Kultur in ihrer ganzen Vielfalt. Fischerfest Gaffelrigg, 3. Wochenende im Juli, das größte maritime Volksfest zwischen Rügen und Usedom.

⛵

Bodden-Angeln, Bodden-Angeln, Birnenweg 44, Greifswald, Tel. 821634, www.bodden-angeln.de. Angelbegleitung, Bootsvermietung, Beratung, Fischereischeinlehrgänge.

🚤

See- und Tauchsportzentrum, Am Hafen 3, Tel. 841242, www.sssgreif.de. Mitsegeln auf dem Segelschulschiff ›Greif‹, mit Anmeldung.
Segelschule Greifswald, Yachtweg 3, Greifswald/OT Wieck, Tel. 830541, www.segelschule-greifswald.de. Segeln und Surfen auf Ryck und Greifswalder Bodden, Kurse für alle Altersklassen.
Kanuhof Spandowerhagen, Dorfstraße 46, 17440 Spandowerhagen, Telefon 038370/20665, www.kanuhof-spandowerhagen.de. Verleih von Canadiern, Kajaks. Kurse für Anfänger, individuelle Kanutouren, geführte Tages-, Mehrtages- und Wochentouren.

Die Eingangstore Usedoms

Peenestrom, Stettiner Haff und die Swine trennen Deutschlands zweitgrößte Insel Usedom vom Festland. Wer nach Usedom reisen möchte, hat auf dem Landweg zwei Möglichkeiten: von Süden an Anklam vorbei und auf der B110 bei Zecherin über die Peenestrombrücke, von Norden über Wolgast. Ob mit dem eigenen Pkw oder der Bahn – die Insel ist aus dieser Richtung nur über die 1996 fertiggestellte Brücke zu erreichen, die den Peenestrom überspannt. Wegen ihres Farbanstrichs wird sie auch ›Blaues Wunder‹ genannt.

Wolgast

In Wolgast (12 500 Einwohner), dem nördlichen Tor nach Usedom, erinnert noch manches an die große Zeit, als Segelschiffe vom Peenestrom hinaus auf die Weltmeere fuhren, etwa die barocken **Kaufmannshäuser** mit ihren großen Lagerböden und Speichern. Die Zeit nicht überdauert hat das gewaltige Schloss auf der Schlossinsel, die Residenz der Herzöge Pommern-Wolgast. Als die Herzogslinie 1625 erlosch, begann sein Verfall. Einer der schwärzesten Tage in der Stadtgeschichte war der 27. März 1713. Peter der Große ließ das damals schwedische Wolgast im Nordischen Krieg niederbrennen, stehen blieben lediglich die **Stadtkirche St. Petri** und die zwölfeckige **St. Gertrudkapelle** vor der Stadtmauer, ein zwölfeckiger Zentralbau (Anfang 15. Jahrhundert) in dessen Inneren ein wunderschönes Sterngewölbe auf einem runden Mittelpfeiler ruht. Vom kleinen Hafen, in dem das zum Museum gewordene **Eisenbahndampffährschiff Stralsund** (1890) vertäut liegt, führt der Weg über die Burgstraße zum Markt mit dem mittelalterlichen **Alten Rathaus**, dem die Wolgaster 1724–1728 eine Barockfassade vorsetzten. Der **Brun-**

Ehemaliger Speicher am Hafen in Wolgast

nen (1936) auf dem Platz zeigt zentrale Ereignisse der Stadtgeschichte. Er ist für all jene interessant, die keine Zeit haben, das Stadtmuseum in der ›Alten Kaffeemühle‹ zu besuchen. So wird seiner Form wegen das quadratische Fachwerkhaus Rathausplatz 6 genannt, in dem sich das **Heimatmuseum** befindet.

In der spätgotischen dreischiffigen **Pfarrkirche St. Petri** macht das Hochklettern im Turm Sinn, denn aus 56 Meter Höhe geht der Blick über Wolgast hinüber nach Usedom. Links neben dem Eingang in die Backsteinbasilika sollte eines der ältesten erhaltenen Steinbilder Pommerns nicht übersehen werden. Die Erbauer haben im Fundament den Gerowitstein (12. Jahrhundert) eingemauert. Ein herausragendes Kunstwerk in der Kirche bildet die Totentanz-Darstellung des Malers und Reeders Caspar Siegmund Köppe. Er fertigte sie um 1700 in freier Nachahmung der 1538 erschienenen Holzschnittserie ›Bilder des Todes‹ von Hans Holbein d. J. an. Die 25 großformatigen Tafelgemälde befanden sich einst in der Wolgaster Gertrudenkapelle.

In der Gruft unterhalb des Chors stehen sieben Särge, darunter der Prunksarkophag von Herzog Philipp Julius, mit dessen Tod 1625 die Linie Pommern-Wolgast endete.

Für Besucher öffnete sich 1997 wieder das Haus in der Kronwiekstraße 45, in dem 1777 Philipp Otto Runge zur Welt kam, der bedeutende Maler der deutschen Frühromantik. Was weitgehend unbekannt ist: Runge hat das niederdeutsche Märchen ›Von dem Fischer un syner Fru‹ aufgeschrieben, das er den Gebrüdern Grimm für ihre Sammlung der Kinder- und Hausmärchen zur Verfügung stellte.

■ **Freest**

Freest, zehn Kilometer nördlich von Wolgast, mit einem nach der Einheit hübsch gestalteten Fischereihafen, gilt als die Wiege der sogenannten Fischerteppiche. Was heute als Volkskunst mit Souvenircharakter betrieben wird, war in den 1920er Jahren, in den Notzeiten der Weltwirtschaftskrise, Broterwerb. Um die Armut zu mildern, lernten die Fischer das Knüpfen von Teppichen mit Motiven, die aus ihrer Umwelt stammten. In der kleinen **Heimatstube** am nördlichen Ortsausgang sind schöne Stücke zu sehen. Ein Meisterwerk dieser Volkskunst hängt in der gotischen **Backsteinkirche** (15. Jahrhundert) des benachbarten Kröslin (1800 Einwohner). Der Teppich zeigt das Motiv ›Die Kreuzigung Jesu‹ und hat die Abmessungen 4,1 mal 2,8 Meter. Vier Freester Frauen haben das kostbare Stück 1948 in fast 2000 Stunden geknüpft.

■ **Katzow**

Bis zu 13 Meter hoch sind die Kunstwerke im **Skulpturenpark** in Katzow, einem etwa 14 Hektar großen, jederzeit zugänglichen Wiesengelände sieben Kilometer von Wolgast entfernt. Die mehr als sechs Dutzend skurrilen Kunstwerke aus Stahl und Holz bilden für den Betrachter optisch und inhaltlich einen ungewohnten Kontrast zur ruhigen Landschaft. Geschaffen haben die Skulpturen Künstler der Region sowie aus dem In- und Ausland, darunter aus Japan und Taiwan, den USA, Norwegen und Schweden. Die Geburtsstunde des Parks schlug, als Bildhauer Thomas Radeloff 1991 seine ›Drei Figuren‹ auf die Wiese stellte. Ein Jahr später fand der 1. Internationale Bildhauerworkshop statt, dem weitere folgten. In der **Kulturscheune** sind wechselnde Kunstausstellungen zu sehen.

🛈 Wolgast und Umgebung
PLZ: 17438.
Vorwahl: 03836.
Wolgast-Information, Rathausplatz 10, Wolgast, Tel. 251215, www.wolgast.de.
Peenebrücke Wolgast: Öffnungszeiten 5.45, 8.45, 12.45, 16.45, 20.45 Uhr jeweils für maximal 30 Min., Tel. 2324458 oder Tel. 0175/5773610, www.stadt-wolgast.de; Öffnungszeiten der Zecheriner Brücke: → Südliches Achterland (S. 242).

🛏 ✕

Hotel Kirschstein, Schützenstr. 25, Wolgast, Tel. 27220, www.hotel-kirschstein.de, 17 Zi., DZ/F ab 60 €. Familiär geführtes Haus nahe der Altstadt. Im Restaurant (tgl., Hauptgerichte 9–14 €) regionale Küche.
Pension Schilfhaus, Am Fischmarkt 7, Wolgast, Tel. 237100, www.hotel-schilfhaus.de, 12 Zi., 5 Ferienwohnungen, DZ/F ab 60 €. Ruhig an der Peene gelegenes Hotel garni, geräumige freundlich helle Zimmer.

🏛

Rungehaus, Kronwiekstr. 45, Wolgast, Tel. 203041, www.museum.wolgast.de, April–Okt. Di–Fr 11–18, Sa/So 11–16 Uhr, Nov.–März geschl.
Stadtmuseum, Rathausplatz 6, Wolgast, Tel. 203041, www.museum.wolgast.de,

April–Okt. Di–Fr 11–18, Sa/So 11–16 Uhr, Nov.–März geschl.
Eisenbahndampffährschiff, im Hafen, www.museum.wolgast.de, Juni–Aug. Di–Fr 11–18, Sa/So 11–16 Uhr, Sept.–Mai geschl.
Kirche St. Petri, Kirchplatz 7, Tel. 202269, www.kirche-wolgast.de. Mai–Okt. Mo–Sa 10–17, So 12–17 Uhr, Turmbesteigung möglich.
Heimatstube Freest, Dorfstraße 67, Freest, Tel. 038370/20339, Mai–Sept. tgl. 10–16.30, Okt.–April Di–Sa 10–16 Uhr.
Skulpturenpark Katzow, www.skulpturenpark-katzow.eu, jederzeit zugänglich.
Tierpark Wolgast, Am Tierpark 1–2, Tel. 203713, www.tierpark-wolgast.de, tgl. Mai–Sept. 9–18, Okt.–April 10–16 Uhr. 400 Tiere in 52 Arten leben auf rund 52 ha naturnaher Fläche.

Weidehof, Tannenkampweg 52b, Wolgast, Tel. 234020, www.weidehof-wolgast.de. Reitunterricht für Anfänger und Fortgeschrittene, begleitete Ausritte.

Wolgaster Hafentage, 1. Wochenende im Juli, maritime Vorführungen, buntes Volksfest.
Sommermusiken, Juli–Sept., Konzerte in der St. Petrikirche.

Angelfahrten ab Hafen Wolgast, Bootsvermietung Harald Bork, Burgstraße 13, Wolgast, Telefon 234636, www.angeln-usedom.de. Angelfahrten auf Greifswalder Bodden und Peenestrom.

Segelschule Rückenwind, Hafenstraße 6a, Wolgast, Tel. 600013, www.segelschule-rueckenwind.de. Kursangebote für Segler und Motorbootfahrer, Verleih von Segeljollen, Mitsegeln auf Yachten.
Wolgaster Personenschifffahrt, Tel. 2346-36, Bordtelefon 0170/5206380. Schiffsrundfahrten im Hafen, auf dem Achterwasser und entlang der Peene mit dem MS ›Der Stralsunder‹.

Anklam

Das südliche Eingangstor zu Deutschlands zweitgrößter Insel liegt im Peene-Urstromtal. Anklam (12 900 Einwohner) ist eine planmäßig angelegte Stadt, wie das gitterförmige Straßennetz verrät. Von dem Reichtum, zu dem Anklam als Mitglied des Hansebundes gelangte, künden noch die beiden Kirchen St. Marien und St. Nikolai. Im Zweiten Weltkrieg fiel die Stadt zu 70 Prozent in Schutt und Asche. Die **Marienkirche** (14. Jahrhundert) überstand, im Gegensatz zur nahen Nikolaikirche, das Inferno verhältnismäßig gut. Bei einem Luftangriff verlor sie den Spitzhelm (1887) ihres fast 100 Meter hohen Turmes. Nach dem Krieg bekam er 1947 ein schlichtes Satteldach, das noch heute vorhanden ist. Anstelle des ursprünglich geplanten zweiten Turms hatte man im 15. Jahrhundert die Marienkapelle angebaut, weil das vermutlich preiswerter als der Turm war.

Zu den bedeutendsten sakralen Bauwerken der norddeutschen Backsteingotik gehört die gotische **Nikolaikirche** (14. Jahrhundert). Am 29. April 1945 zerstörten sie deutsche Granaten, die auf die bereits von der Sowjetarmee besetzte Stadt geschossen wurden. Stehen blieben von dem Gotteshaus nur der Turmstumpf und die Umfassungsmauern. Kulturhistorisch wertvolle Zunftstühle aus der Hansezeit verbrannten, der dreiflügelige Altar blieb trotz Auslagerung bis heute verschollen. 1994 begannen endlich verstärkte Initiativen, das Bauwerk vor dem völligen Verfall zu retten. Heute nutzt man die Kirche, mit der die Stadt Anklam große Pläne hat, bereits für Ausstellungen und Veranstaltungen. Über 233 Stufen wird die Aussichtsplattform auf den Turm in 50 Meter Höhe erreicht. Die Anklamer haben die Vision eines ›Ikareums‹, mit dem der Flugpionier Otto Lilienthal entsprechend gewürdigt werden soll. Verbunden damit ist der Umzug des Lilienthal-Museums in die Kirche. Das Geburtshaus Lilienthals stand einst vor dem Westportal der Nikolaikirche, in der er 1848 getauft wurde. Gegenwärtig wird der Flugpionier im **Otto-Lilienthal-Museum** in der Nähe des Bahnhofs vorgestellt – einer der 20 von der Bundesregierung in das sogenannte Blaubuch aufgenommenen ›Kulturellen Gedächtnisorte‹. Das Museum bietet eine umfangreiche Sammlung von Exponaten rund um das Fliegen. Flugapparate der vergangenen Jahrhunderte, aber auch Experimentierfelder und Spielecken laden Jung und Alt ein. An Lilienthal erinnern in der Stadt ferner ein **Relief** in der Rathaushalle, eine **Büste** an der Stelle seines nicht mehr vorhandenen Geburtshauses und das **Otto-Lilienthal-Denkmal**, von Walter Preik 1982 geschaffen. Nachdem es mehrfach seinen Standort wechselte, steht es jetzt auf dem Pferdemarkt.

Von der Stadtbefestigung aus dem 14. Jahrhundert blieben der rund 20 Meter hohe **Pulverturm** an der Südseite des Marktes und das spätgotische **Steintor** (Mitte 15. Jahrhundert) erhalten, mit seinem schönen Staffelgiebel und seiner Höhe von 32 Metern gilt das Stadttor als Wahrzeichen der Stadt. Es beherbergt das **Stadtmuseum**. Wer die 111 Stufen nach oben gestiegen ist, hat einen schönen Blick. Im Mittelalter umgab sich Anklam mit der sogenannten Landwehr, einem System von Wällen, Gräben und Türmen in der Stadtflur. Der Reichtum lockte viele an, aber nicht jeder kam mit guten Absichten. Ein solcher **Turm**, der 1412 erstmals erwähnte Hohe Stein an der B 109 in Richtung Pasewalk, hat sich erhalten. Auch er war ständig mit einem Posten besetzt; nahten Feinde, zündete er auf der Turmspitze ein Feuer an und warnte somit die Einwohner.

■ **Peenetal**
Wer auf der Peene entlang paddelt, kommt in eine nahezu unberührte Natur und ist mit Biber, Fischotter und Seeadler allein. Bei Hochwasser oder anhaltendem Ostwind muss man sich auf ein Phänomen einstellen: Die Peene fließt dann ›rückwärts‹. Der Fluss hat ein nur geringes Gefälle und der Wind kann das Wasser mühelos ins Landesinnere drücken. Weder Schleusen noch Weh-

Anklamer Marktplatz mit Rathaus, Brunnen und Nikolaikirche

re behindern die Fahrt auf der Peene. In jüngster Zeit wurde der drittlängste Fluss Mecklenburg-Vorpommerns, vielfach liebevoll auch ›Amazonas des Nordens‹ genannt, der östlich von Anklam in den Peenestrom mündet, touristisch erschlossen. Die Verleihung des renommierten Eden-Award 2010 rückte die weitgehend noch unbekannte Landschaft in den Blickpunkt der Öffentlichkeit.

Anklam und Umgebung

PLZ: 17389.
Vorwahl: 03971.
Anklam-Information, Markt 3, Anklam, Tel. 835154, www.anklam.de.
Öffnungszeiten Zecheriner Brücke, Öffnungszeiten tgl. 5.45 (nicht Okt.–März), 9.40, 11.45, 16.45 (Okt.–März nach Anmeldung), 20.45 (nicht Okt.–März) Uhr, Tel. 038372/708386 oder Tel. 0175/5773609, www.stadt-wolgast.de, Öffnungszeiten Peenebrücke Wolgast: → S. 209.

Hotel Pommernland, Friedländer Str. 20c, Anklam, Tel. 29180, www.hotel-pommernland.de, 29 Zi., DZ/F ab 70 €. Etwas außerhalb der Stadt, faires Preis-Leistungs-Verhältnis, kostenloses W-LAN.
Gutshaus Stolpe, Peenstr. 33, Stolpe bei Anklam, Tel. 039721/5500, www.gutshaus-stolpe.de, 36 Zi., DZ/F ab 118 €, Restaurant nur abends, Juni–Aug. Mo, Sept.–Mai So/Mo geschl., 3-Gang-Menü 67, 4 Gänge 78, 5 Gänge 94 €. Hauptgerichte 25–35 €. Wunderschönes Landhotel in einer Gutsanlage, stilvoll eingerichtete Zimmer im Haupthaus, mediterranes Flair in der Remise. Das Gourmetrestaurant von Sternekoch André Münch verspricht mit seiner französisch angehauchten Küche vollkommenen Genuss.
Romantik Hotel Rittergut Bömitz, Dorfstraße 14, Bömitz, Tel. 039724/22540, www.rittergut-boemitz.de. 20 Zi., DZ/F ab 80 €, Restaurant tgl., Hauptgerichte 12–20 €. Familiengeführtes Hotel in einem ehemaligen Rittergut in landschaftlicher Ruhe. Im angeschlossenen Pferdehof Kutschfahrten, Reitunterricht, Ausritte. Regionale Küche aus frischen Produkten im Restaurant ›Jägerstube‹. Hausgemachte Fruchtaufstriche und Pralinen aus der Manufaktur.

Gaststätte Dabers, Mägdestr. 1, Anklam, Tel. 243173, tgl., Hauptgerichte 9–15 €. Deutsche und bulgarische Spezialitäten im historischen Ambiente am Pferdemarkt.
Stolper Fährkrug, Dorfstr. 25, Stolpe bei Anklam, Tel. 039721/52225, www.gutshaus-stolpe.de, geöffnet April–Okt., Di geschl., Hauptgerichte 14–20 €, kleine Gerichte und Flammkuchen 8–10 €. Traditionsgaststätte direkt an der Peene, bodenständige frische Mecklenburger Küche.

Otto-Lilienthal-Museum, Ellbogenstr. 1, Anklam, Tel. 245500, www.lilienthalmuseum.de, Juni–Sept. tgl. 10–17 Uhr, Mai/Okt. Di–Fr 10–17, Sa/So 13–17, Nov.–April Mi–Fr 11–15.30, So 13–15.30 Uhr.
Museum im Steintor, Schulstr. 1, Anklam, Tel. 245503, www.museum-im-steintor.de, Mai–Sept. Di–Fr 10–17, Sa/So 13–17 Uhr, Okt.–April Mi–Fr 11–15.30, So 13–15.30 Uhr.

Vorpommersche Landesbühne Anklam, Leipziger Allee 34, Anklam, Tickets Tel. 208925, www.theater-anklam.de. Schauspiel, Kinder- und Jugendstücke im Stammhaus der Landesbühne.
Die Peene brennt, Sept., Theaterspektakel am Ufer der Peene.

Kanustation Anklam, Werftstr. 6, Anklam, Tel. 242839, www.kanustation-anklam.de. Kanu- und Kajakverleih, Wasserwandern, auch geführte Touren nach Anmeldung.

Usedom

Usedom verzaubert mit einem feinen weißen Sandstrand, Badeorten, in denen es geruhsam zugeht und anderen mit turbulentem Treiben, Hotels mit verschnörkelten Türmchen und vorgesetzen Loggien, dazu salziger Seeluft und ab und zu dem Duft von Fischräuchereien. Das Hinterland präsentiert sich mit stillen Dörfern und rohrgedeckten Häuschen und vielen kleinen Seen. Die vielfältige Landschaft begeistert die Gäste immer wieder. 434 Quadratkilometer groß ist Usedom, 90,9 Quadratkilometer davon mit der Stadt Swinemünde (polnisch Świnoujście) gehören seit dem Ende des Zweiten Weltkrieges zu Polen. Dennoch ist Usedom Deutschlands zweitgrößte Insel. ›Badewanne Berlins‹ wurde sie einst genannt, denn hierher strömten in den Sommermonaten alle jene, die es sich leisten konnten, der Hektik der Hauptstadt Berlin zu entfliehen.

Der Inselnorden

In Usedoms Norden entstanden beliebte Familienbäder, hier befindet sich aber auch Peenemünde, einer der historisch problematischsten Orte in Deutschland. In Peenemünde ließen die Nationalsozialisten die erste automatisch gesteuerte Flüssigkeitsgroßrakete der Welt entwickeln. Sie war eine der grausamsten Waffen des Zweiten Weltkrieges, die in Westeuropa große Schäden anrichtete. Die Rakete war aber auch die erste, die die Atmosphäre durchstieß und somit das Tor zum Weltraum öffnete. Peenemünde gilt deshalb auch als Geburtsort der Raumfahrt.

■ Peenemünde

Im ›Dritten Reich‹ wurde in dem kleinen Peenemünde (300 Einwohner), heute der mit Abstand international bekannteste Ort Usedoms, mit der ›A 4‹ – von der Nazipropaganda ab Frühjahr 1942 als ›Vergeltungswaffe‹ (V 2) propagiert – die erste automatisch gesteuerte Großrakete der Welt entwickelt. Sie war der Vorläufer der heutigen militärischen und zivilen Raketen. 1936 hatten die Nationalsozialisten begonnen, in dieser abgelegenen Inselecke unter der wissenschaftlichen Leitung von Wernher von Braun das modernste High-Tech-Zentrum Europas aufzubauen. Nach dem Zweiten Weltkrieg haben die Sowjets, wie im Potsdamer Abkommen festgelegt, fast alle Anlagen dem Erdboden gleichgemacht. Auf dem einstigen Raketenforschungsgelände entstand das **Historisch-Technische-Museum**, das zu den meistbesuchten Museen seiner Art in Deutschland gehört. Im erhalten gebliebenen Kraftwerk (1939–1942), dem größten technischen Denkmal Mecklenburg-Vorpommerns, informiert die Ausstellung über die Raketenentwicklung in Peenemünde und die Weiterentwicklung der Raumfahrt

Ein Nachbau der ›A4‹ in Peenemünde

nach dem Zweiten Weltkrieg. In Peenemünde ist ferner das einstmals größte dieselbetriebene **Unterwasserboot** der Welt zu besichtigen, ein riesiger Koloss von fast 100 Metern Länge. Der 1961 vom Stapel gelaufene sowjetische Untersee-Raketen-Kreuzer war mit seinen vier atomaren Raketen bis 1993 in den Weltmeeren unterwegs.

Physik zum Anfassen bietet die **Phänomenta**. In der Ausstellung kann all das ausprobiert werden, was im Physikunterricht nicht verstanden wurde. Im Kosmonautentrainer können sich Neugierige sogar in die Schwerelosigkeit begeben. Kinder zieht es auch in das **Spielzeugmuseum**. Hunderte Teddybären und Puppen, Dampfmaschinen und Autos sind zu sehen. Auch Klassenzimmer und Eisenbahnen. Sie bieten einen Streifzug durch 300 Jahre. Der überwiegende Teil der Exponate stammt aus der Thüringer Spielzeuggegend um Sonneberg und wurde einst oft in Heim- und Kinderarbeit hergestellt. Erwachsene erinnern sich beim Besuch des Museums wieder an die eigene Kindheit, es ist deshalb ein Museum für alle Generationen.

Die **Friedhofskapelle** (1876) wurde 1993 rekonstruiert, sie dient heute als Gedenkstätte für die Opfer von Peenemünde. Der Mündungsbereich des Peenestroms nördlich von Peenemünde steht bereits seit 1920 als **Peenemünder Haken, Struck und Ruden** unter Schutz, es ist das größte und älteste Naturschutzgebiet in Mecklenburg-Vorpommern. Wegen seiner ausgedehnten Flachwassergebiete hat es als Mauser- und Rastplatz auf der Vogelzugstraße Bedeutung.

■ Karlshagen

Trotz seiner naturbelassenen Umgebung und eines herrlichen Sandstrandes konnte sich Karlshagen (3100 Einwohner) lange Zeit nicht zu einem Badeort entwickeln,

Das Kopf-über-Haus in Trassenheide

denn es lag im Schatten von Peenemünde. Die dort tätigen Wissenschaftler und Facharbeiter des Raketenforschungszentrums hatten in Karlshagen ihre Wohnungen, zu DDR-Zeiten war es Wohnort für Angehörige der Volksmarine und der Luftstreitkräfte und weiterhin für normale Besucher gesperrt. In jüngster Zeit sind einige kleine Hotels und viele Ferienwohnungen entstanden.

An der Hauptstraße erinnert eine künstlerisch gestaltete Gedenkstätte (1970) an die Opfer des Haftlagers Peenemünde. Das etwa drei Meter hohe Mosaik von Klaus Rößler stellt das Thema ›Von der Nacht durch Kampf zum Sieg‹ dar. Auf dem neben der **Gedenkstätte** angelegten Friedhof fanden mehr als 2000 Menschen, die bei den Bombenangriffen der Alliierten auf Peenemünde und Karlshagen 1943/44 ums Leben kamen, ihre letzte Ruhestätte. Die Bomben waren für das Raketenforschungszentrum Peenemünde bestimmt, getroffen haben sie jedoch auch die Wohnhäuser der Wissenschaftler und die Baracken der Zwangsarbeiter. Im **Naturschutzzentrum Insel Usedom** am nördlichen Strandende ist eine Ausstellung zum Naturpark Usedom eingerichtet. Der **Hafen** liegt an der dem

Peenestrom zugewandten Ortsseite. Zu DDR-Zeiten hatten hier Dutzende von Fischkuttern ihren Liegeplatz, doch heute fährt kaum noch einer zum Fischen hinaus auf die See. Seit seiner Modernisierung ankern im Hafen Segel- und Motoryachten.

■ **Trassenheide**

Heide, Kiefern, Dünen, Einfamilienhäuser und kleine Hotels prägen das Ortsbild von Trassenheide (1000 Einwohner). Den Ortskern trennt ein etwa 1,5 Kilometer breiter **Misch- und Nadelwaldstreifen** von der Ostsee. Geschichtlich und architektonisch bedeutende Bauwerke hat das junge Trassenheide nicht vorzuweisen, seine Sehenswürdigkeit ist der bis zu 50 Meter breite feine Sandstrand, der flach ins Meer verläuft, ideal also für Familien mit Kleinkindern.

Ende des 17. Jahrhunderts hatten sich einige Familien in dieser Gegend niedergelassen. Da ihre Siedlung einen Namen brauchte, fiel ihnen angesichts ihrer Schafe nichts Besseres als ›Schafstall‹ ein, einige Jahrzehnte später wurde daraus ›Hammelstall‹. Für den angestrebten Fremdenverkehr erwies sich dieser Name als wenig werbewirksam. Deshalb erfolgte 1913 eine erneute Umbenennung, diesmal in Trassenheide in Anlehnung an das nahe Sumpfgebiet Trassenmoor. Das war nach dem Förster Trassen benannt worden, der dort angeblich ertrunken sein soll.

In jüngster Zeit haben sich am Rand von Trassenheide, auf dem Gelände vor dem Bahnhof, einige Attraktionen angesiedelt. Dazu gehört die – laut Eigenwerbung – größte **Schmetterlingsfarm** Europas. In der riesigen Tropenhalle kann die Entwicklung eines Schmetterlings beobachtet werden: Vom Ei zur Raupe, von der Raupe zum Kokon und schließlich zum wunderschönen Insekt. Die tropischen Pflanzen und die rund 2000 freifliegenden exotischen Schmetterlinge versetzen die Besucher in eine andere Welt. Vor dem Gelände werden sie von Armi empfangen, einer etwa eine Tonne schweren und elf Meter langen Riesenameise.

WildLife Usedom präsentiert eine Schau über die Tierwelt aller fünf Kontinente, Tierpräparate und lebende Kleintiere, vor allem Insekten und Schlangen, sind zu sehen. Tierstimmen vom Band vermitteln eine lebensnahe Atmosphäre. Doch zur Attraktion wurde das **Kopf-über-Haus**, ein auf dem Kopf stehendes Einfamilienhaus, bei dem der Eingang im Spitzbodenbereich liegt. Couch, Tisch und Stühle schweben über den Köpfen der Besucher, Waschbecken und Toilette hängen an der Decke. Eine verkehrte Welt! Ein weiteres auf dem Kopf stehendes Haus befindet sich in Putbus auf Rügen.

---

i Usedom – Der Norden

PLZ: 17449.
Vorwahl: 038371.
Tourist-Information Peenemünde, Peeneplatz 6, Tel. 21656, www.peenemuende-info.de.
Tourist-Information Karlshagen, Hauptstr. 4, Ostseebad Karlshagen, Tel. 55490, www.karlshagen.de.
Kurverwaltung Trassenheide, Strandstr. 36, Ostseebad Trassenheide, Tel. 20928, www.trassenheide.de.

Strandhotel, Strandpromenade 1, Karlshagen, Tel. 2690, www.strandhotel-usedom.de, 22 Zi., DZ/F ab 60 € (Nov.–Feb. geschl.), Restaurant tgl., Hauptgerichte 14–20 €. Schicke Maisonetten und Giebelstudios. Abwechslungsreiche Frische-Küche mit einheimischen Produkten.
Peenemünder Eck, Strandstraße 1a, Karlshagen, Tel. 21815, www.peenemuender-eck.de, tgl., Hauptgerichte 10–16 €. Gemütliches Restaurant mit vielseitiger regional typischer Küche.

Hotel & Ferienanlage Waldhof, Forststr. 9, Trassenheide, Tel. 500, www.waldhofhotel.de, 80 Zi., 25 Fewo, DZ/F 66 €, Restaurant tgl., Hauptgerichte 7–13 €. Angenehmes Familienhotel mit 5 Logishäusern mitten im Kiefernwald mit Kinderclub und -betreuung. Im Waldhofrestaurant herzhafte regionale Küche.

Akzent Hotel Kaliebe, Zeltplatzstraße 14, Trassenheide, Tel. 520, www.kaliebe.de, 35 Zi., 6 Blockhäuser, DZ/F ab 65 €, Restaurant tgl., Hauptgerichte 10–15 €. Familiär geführtes Haus auf großem Waldgrundstück mit direktem Strandzugang. Frische pommersche Landküche im Restaurant.

Campingplatz Dünencamp, Zeltplatzstr. 12, Karlshagen, Tel. 20291, ganzjährig geöffnet. 340 Plätze für Zelte und Wohnmobile.

Campingplatz Ostseeblick, Strandstraße, Trassenheide, Tel. 20949. April–Okt. geöffnet. Naturcampingplatz hinter den Dünen im Küstenwald von Trassenheide, ca. 300 Stellplätze.

Historisch-Technisches Informationszentrum Peenemünde, Im Kraftwerk, Peenemünde, Tel. 5050, www.peenemuende.de, April–Sept. tgl. 10–18, Okt. bis 16 Uhr, Nov.–März Di–So 10–16 Uhr.

Maritim Museum Peenemünde/U-Boot, Haupthafen Peenemünde, Tel. 89054, www.u-461.de, tgl. Juli–15. Sept. 9–20 Uhr, Mai/Juni, 16. Sept.–15. Okt. 10–18 Uhr, 16. Okt.–April 10–16 Uhr.

Phänomenta Peenemünde, Museumsstraße 12, Peenemünde, Tel. 26066, www.phaenomenta-peenemuende.de, Mitte März–Okt. tgl. 10–18 Uhr, Weihnachten, Neujahr, Winterferien tgl. 10–16 Uhr.

Spielzeugmuseum, Museumsstr. 14, Peenemünde, Tel. 25656, www.usedomspielzeugmuseum.de, tgl. 10–16 Uhr.

Naturschutzzentrum Insel Usedom, Dünenstraße, Karlshagen, Tel. 21750, www.naturschutzzentrum-karlshagen.de, Di–Sa Mai–Sept. 10–17 Uhr, Okt.–April bis 16 Uhr.

Schmetterlingsfarm Trassenheide, Wiesenweg 5, Trassenheide, Tel. 28218, www.schmetterlingsfarm.de, tgl. 10–18 Uhr, Nov.–Febr. 10–16.30 Uhr bis Einbruch der Dunkelheit.

Wildlife Usedom, Wiesenweg 2, Trassenheide, Tel. 55761, www.wildlife-usedom.de, Mai–Okt. tgl. 9.30–18.30 Uhr.

›Die Welt steht Kopf‹, Wiesenweg 2, Trassenheide, Tel. 26344, www.weltstehtkopf.de, tgl. April–Okt. 10–18 Uhr, Nov.–März 10–16 Uhr.

Hafenfest Karlshagen, Juli, maritimes Treiben im Hafen des Ortes.

Reiterhof Bannemin, Trassenheider Straße 1, Trassenheide, Tel. 038377/41178, www.reiterhof-bannemin.de. Reitunterricht, Strandreiten, Dressurreiten.

Friesenhof Trassenheide, Bahnhofstraße 48, Trassenheide, Tel. 2610, www.friesenhof-trassenheide.de. Reitstunden für Anfänger und Fortgeschrittene in der Reithalle, Ausritte, Strandreiten. Auch Hotel mit Schwimmbad (33 Zi., 17 Ap. 2 Fewo, DZ/F ab 59 €) und Restaurant mit Wintergarten (tgl., Hauptgerichte 12–15 €).

Sportstrand Usedom, Zeltplatzstr. 3, Karlshagen, Tel. 55770, www.sportstrand-usedom.de. Kurse im Windsurfen, Kiten, Funsport, Katamaransegeln, Wasserski- und Wakeboarding, Verleih von Material und Kajaks.

Usedompark Kinderland, Wiesenweg 1, Trassenheide, Tel. 0160/8305408, April–Okt. tgl. 10–19, Juli/Aug. 10–20 Uhr, bei schlechtem Wetter vorher anrufen! Viele Attraktionen für Kinder: vom Karussell über Hüpfburg, Spieleparcours, Kletterleuchtturm, Kindereisenbahn bis zu Gokart.

Schiffsfahrten ab Peenemünde und Karlshagen zum Ruden, zur Greifswalder Oie, Fährbetrieb und Hafenrundfahrten nach Freest und Kröslin mit der Apollo Fahrgastreederei (Mai–Okt.), Telefon 208 29, www.schifffahrt-usedom.de. Nach Sellin, Binz und Sassnitz auf Rügen quer über den Greifswalder Bodden fahren von Peenemünde aus Adler-Schiffe, Tel. 01805/123344, www.adler-schiffe.de.

Die Inselmitte

Zinnowitz gehört zu den bekanntesten deutschen Ostseebädern, doch die anderen in Usedoms Mitte – Zempin, Koserow, Kölpinsee, Ückeritz –, die nicht zu den mondänen Badeorten zählen, gelten vielfach noch als Geheimtipp. Wer hierher fährt, an den schmalsten Teil der Insel, möchte einen naturverbundenen Familienurlaub verbringen. Eines eint alle Ferienorte in der Mitte: Sie haben eine dem Achterwasser zugewandte Rückseite, die meist noch viel von dem einstigen dörflichen Gepräge besitzt.

Die Natur hat Usedom oftmals arg mitgespielt. 1872 und 1874 zum Beispiel, als das Wasser sich in einer einzigen Nacht an der schmalsten Stelle eine Verbindung von der Ostsee ins nur 300 Meter entfernte Achterwasser schuf. Ein **Gedenkstein** kurz vor Koserow erinnert an die großen Naturkatastrophen im 19. Jahrhundert, die Inschrift lautet: »Sturmfluten zerstörten hier am 11. bis 13. November 1872 und am 9. und 10. Februar 1874 das Vorwerk Damerow.« Heute sorgt zwischen Koserow und Zempin ein Deich dafür, dass sich solche Katastrophen wie in den vergangenen Jahrhunderten nicht wiederholen können.

■ Zinnowitz

Vor dem Zweiten Weltkrieg nannte man Zinnowitz (3700 Einwohner) ›Perle der Ostsee‹, es gehörte zum Kreis der bekanntesten und beliebtesten Ostseebäder Deutschlands. 1938 endete der Bäderbetrieb jäh, denn der Ort wurde in den Sperrbezirk um die Heeresversuchsanstalt Peenemünde einbezogen. Zu den historischen Bauwerken des Seebades zählt das backsteinerne ehemalige **Warmbad** an der Ecke Neue See-/Dünenstraße, in dem sich heute die Kurverwaltung befindet. An die DDR-Zeit erinnert das seit der Einheit leer stehende und verfallende **Kulturhaus** mit einem 900 Personen fassenden Kino- und Theatersaal, in stalinistischem Stil 1954–1956 erbaut. Mit ein wenig Wehmut denken die Einheimischen, aber auch viele Urlauber, an die Zeit, als hier die Mailänder Scala, das Indische Nationalballett und weltberühmte Showstars Triumphe feierten. Kunst und Kultur wurde zu DDR-Zeiten hoch subventioniert, und mit Gastspielen renommierter ausländischer Künstler wollte der Staat Weltoffenheit demonstrieren. Ortsbildprägend sind die im Stil der **Bäderarchitektur** erbauten Pensionen und Hotels. Die **Strandpromenade** mit weißem Musikpavillon und Rosenrondell, ei-

Tauchgondel an der Seebrücke

ne der schönsten auf Usedom, lädt zum Schlendern ein, das Leben am Strand lässt sich gut von der 315 Meter langen **Seebrücke** (1993) beobachten. Am Ende der Brücke senkt sich eine **Tauchgondel** in die Tiefe, bis zu 30 Personen erleben unter den Wellen das Meeresleben und faszinierende Naturfilme im 3-D-Unterseekino. Wem das Ostseewasser zu kalt sein sollte – selbst an Hochsommertagen erreicht es kaum 20 Grad –, wärmt sich in der **Bernsteintherme** am nördlichen Ende der Strandpromenade. An heißen Sommertagen spendet der im Zentrum liegende Stadtwald wohltuenden Schatten. Die 1200 Zuschauer fassende Freilichtbühne lädt im Sommer zu den Vineta-Festspielen und anderen Großveranstaltungen ein. Ganzjährig wird Kultur in der **Blechbüchse – das gelbe Theater** geboten, zu dem sich eine Strandkorblagerhalle wandelte. Die neueste Attraktion an der Zinnowitzer Promenade: Die **Promenadenhalle** mit Restaurants, Kino und vielfältigen Beschäftigungsangeboten sowie einem Café in einer sieben Tonnen schweren Panorama-Kuppel, die sich auf einem ausfahrbaren Aussichtsturm, dem Ostsee-Lift, befindet. Aus rund 25 Meter Höhe bietet sich für rund 30 Gäste ein herrlicher Blick auf das Seebad und die Ostsee.

■ Halbinsel Gnitz

Die Halbinsel Gnitz, die das Achterwasser von der Krumminer Wiek trennt, gilt als eine der schönsten Küstenlandschaften. Hier, in dem kleinen Lütow, das erst nach 1945 an das Stromnetz der Insel angeschlossen wurde, versteckt sich unter einer alten Eiche und hinter Büschen das einzige, etwa 4000 Jahre alte **Großsteingrab** Usedoms. 1826 wollte man die riesigen Deckenplatten der historischen Begräbnisstätte heben. Pfarrer Karl Wilhelm Meinhold, der daran teilnahm, schrieb von sechs Steinen, »welche nicht hundert Männer jetzt regten«. Etwa um 1911 erinnerte man sich erneut daran, sprengte die großen Deckplatten und verwendete die Steine für den Neubau des Netzelkower Pfarrhauses. 1936 veranlasste das Landesmuseum in Stettin Grabungen, bei denen man Waffen und Geräte fand, die noch heute in dem Museum zu sehen sind.
In der von Eichen umgebenen Kirche von **Netzelkow** steht in Eingangsnähe der bemalte hölzerne Sarkophag des Barons Carl von Lepel (1668–1747), der an 21 Kriegen teilgenommen haben soll. Den Verstorbenen hat man als geharnischte Figur mit Trophäenbündel liegend auf dem Sarkophag dargestellt.
Die Südspitze der Insel, die Naturfreunde entzückt, steht unter Naturschutz. Von der höchsten Erhebung, dem **Weißen Berg**, bietet sich ein weiter Blick. Überall zeigt sich reizvolle, unverbrauchte Natur, Wassertümpel wechseln mit Magerrasen, Säulenwacholder mit Berberitze und Brombeeren.

■ Zempin

Wer im Urlaub Party bis zum frühen Morgen feiern möchte, sollte sich Zempin, Usedoms kleinstes Seebad (900 Einwohner), nicht als Ferienziel wählen; es zählt zu den ruhigsten Ferienorten an der Ostseeküste. Hier herrscht – zumindest im alten, dem Achterwasser zugewandten Ortsteil – noch Fischeridylle. Charakteristisch sind **rohrgedeckte Häuser**, die man vor allem in der Fischer-, Peene-, Rieck- und Dorfstraße sieht. Wer sich für Natur und Geschichte interessiert und etwas von Land und Leuten erfahren möchte, der wandert auf dem neun Kilometer langen **Orts- und Naturlehrpfad** und schaut sich in ›**Uns olle Schaul**‹ die Ausstellungen zur Fischerei sowie den Kaufmannsladen an.

Vineta – Das Atlantis Pommerns

Die Vineta-Festspiele in Zinnowitz lassen jedes Jahr aufs Neue die sagenhafte Stadt Vineta auftauchen, einst die angeblich reichste Stadt an der Ostseeküste. Adam von Bremen, der im 11. Jahrhundert die früheste ausführliche Geschichte, Geographie und Ethnographie Nordeuropas verfasste, bezeichnete Vineta als eine der größten Städte im damaligen Europa. Der Reichtum ließ die Einwohner übermütig werden, und deshalb habe Gott das Atlantis Pommerns vor rund 1000 Jahren eigenhändig im Meer versenkt. Die Legende behauptet aber auch, der Reichtum habe bei den Menschen zu Hass und Neid geführt, ein Teil der Bürger habe die Schweden zu Hilfe gerufen, der andere die Dänen. Beide seien auch gekommen, hätten die Schätze davon geschleppt und die Stadt zerstört.

Deutsche Wissenschaftler führten in den 1930er Jahren bei Wollin Ausgrabungen durch und behaupteten danach, die bis zu 10 000 Einwohner zählende Stadt sei an dieser Stelle untergegangen. Polnische Wissenschaftler setzten die Grabungen nach dem Zweiten Weltkrieg fort und kamen zum selben Ergebnis. Die Usedomer dagegen schwören, vor dem Streckelsberg bei Koserow, dort wo das Vineta-Riff das Meer aufschäumen lässt, sei das Atlantis Pommerns im Meer versunken. Diese Legende hat der Pfarrer und Dichter Wilhelm Meinhold genährt. 1827 konnte er den preußischen Kronprinzen und späteren König Friedrich Wilhelm IV. für eine Reise nach Usedom gewinnen. Auf dem damals noch aus dem Wasser ragenden Riff ließ er eine Kanzel errichten, von der er die Königliche Hoheit ›über den Trümmern von Vineta‹ willkommen hieß. 1998 kam die These auf, Vineta habe im Barther Bodden gelegen, dort wo einst ein Mündungsarm der Oder in die Ostsee geflossen sei. Daraufhin ließ sich die nordvorpommersche Stadt Barth den Namen Vineta beim Deutschen Patentamt als Markenzeichen schützen.

Doch der Streit, wo sich Vineta befunden hat, ist noch lange nicht beigelegt, die Initiatoren der Vineta-Festspiele können also weiter ihrer Phantasie freien Lauf lassen.

Sagenhafte Erzählungen von einer sagenhaften Stadt: die Vineta-Festspiele

Koserow

Koserow (1700 Einwohner) liegt an der schmalsten Inselstelle. Am westlichen Koserower Strand stehen die **Salzhütten**, von denen die ersten um 1820 errichtet wurden. Die rohrgedeckten Häuschen dienten als Verschlusslager für steuerfreies Salz, mit denen der preußische Staat die Fischerei förderte. Das Salz benötigten die Fischer, um an Ort und Stelle die gesäuberten Fische einzusalzen und haltbar in Fässer zu packen. Aufseher achteten darauf, dass kein steuerfreies Salz für den Eigenbedarf entwendet wurde. Um 1900 gab es 15 solcher Hütten. Eine von ihnen, ›**Fischers Arbeitshütt**‹ genannt, ist heute als **Mini-Museum** eingerichtet, in das man nur von außen hineinschauen kann, weil es so klein ist. Eine andere Hütte nahm ein **Fischrestaurant** auf. In der Nähe führt die **Seebrücke** (1993) 261 Meter aufs Meer hinaus.

Prachtvolle Kastanien umgeben die älteste **Kirche** an Usedoms Ostseeküste. Bereits um 1300 wurde das Koserower Gotteshaus aus Feldsteinen errichtet, das Langschiff und der Turm kamen im 15. Jahrhundert dazu. Im Inneren mit der tonnengewölbten Holzdecke steht

Im Gesteinsgarten von Ückeritz

Das Atelier Otto Niemeyers in Koserow

ein kunstvoller **Schnitzaltar**, der einzige auf Usedom, der aus dem Mittelalter vollständig erhalten blieb. Das **Kruzifix** (15. Jahrhundert), das Fischer aus dem Meer holten, soll angeblich als Fund von der versunkenen sagenhaften Stadt Vineta stammen. Längst weiß man aber, dass der gekreuzigte Jesus in Schweden geschnitzt wurde.

Am Rand Koserows, dort wo sich Ostsee und Achterwasser fast berühren, ließ sich 1933 Otto Niemeyer-Holstein nieder, der Altmeister der norddeutschen Landschaftsmalerei. Mehr als 50 Jahre lebte und malte er auf Usedom. Lüttenort heißt die Stelle, doch eine postalische Bezeichnung für Lüttenort gibt es nicht. Der Künstler erklärte es so: »Lüttenort heißt nicht Lüttenort, weil's ein lütter Ort ist. Lüttenort ist der Ort des Lütten. Und die Lütte war unser kleines Segelboot.« Mit diesem Boot fuhr der Maler um 1950 Feriengäste übers Achterwasser, als ihn seine Kunst noch nicht ernährte. Kurz vor seinem Tod 1984 verfügte Niemeyer-Holstein für seinen Wohnsitz: »Die Türen sollen für Besucher offen sein und jeder soll denken: Gleich wird der Alte mit dem Stock auftauchen – und zum

Eintreten einladen.« Das Haus ist heute **Museum** und lädt jeden ein, so, wie es Niemeyer-Holstein wünschte. Den **Garten** zieren Plastiken von Waldemar Grzimek, Wieland Förster, Fritz Cremer, Wilhelm Lehmbruck und anderen namhaften, mit ihm befreundeten Bildhauern. »Die See ist meine große Geliebte. Aber mein Garten ist ihr Bruder, den ich nicht minder liebe«, schreibt Otto Niemeyer-Holstein in seinen Erinnerungen. »Ich brauchte fünfzig Jahre das Grundstück nicht zu verlassen, um zu malen«, meinte er.

Vom östlichen Koserower Ortsausgang führt ein Wanderweg zum **Streckelsberg**, einem unter Naturschutz stehenden Aussichtspunkt an der Steilküste. Im Frühling, wenn die Leberblümchen einen blauen Teppich unter den Buchenbäumen zaubern, ist die Wanderung besonders reizvoll.

■ Kölpinsee

Der ruhig und hübsch gelegene Badeort mit Buchen- und Nadelwäldern bekam seinen Namen vom malerisch gelegenen Kölpinsee, der einst eine Bucht der Ostsee bildete. Kölpinsee gehört zur Gemeinde **Loddin** (1100 Einwohner), die sich in Richtung Achterwasser erstreckt, der nur wenige Häuser zählende Ortsteil **Stubbenfelde** liegt eine halbe Stunde fußwärts in Richtung Ückeritz. Gegenüber dem Kölpinsee, auf einer kleinen Anhöhe in Strandnähe, entstand der **Kurpark** mit der Konzertmuschel. Wenn dort Musik erklingt, verschmilzt sie oft mit dem Rauschen des nahen Meeres, was eine ganz eigenartige Atmosphäre ergibt. In das modernisierte Bahnhofsgebäude an der B111 zog die **Heimatstube**. Es ist erstaunlich, was die Einwohner so alles an Gegenständen zusammengetragen haben, um über die Geschichte des Badeortes und das frühere Leben zu informieren.

■ Ückeritz

Der Badeort (1000 Einwohner) bietet weder hektische Betriebsamkeit noch extravagantes Leben. Er besteht aus dem historischen Fischerdorf am Achterwasser, das sein dörfliches Gepräge behalten hat, und dem in den 1930er Jahren vorwiegend von Malern errichteten Villenteil um die Waldstraße. Zum **Strand** führt durch schattigen Buchen- und Kiefernwald eine 1,5 Kilometer lange Straße. Das beschaulichste Fleckchen von Ückeritz ist der **Sportboothafen** am Achterwasser. Im **Gesteinsgarten** – südlich des Ortes am Forstamt Neu Pudagla – sind rund 150 Findlinge zu sehen, die die Gletscher der letzten Eiszeit von Skandinavien nach Mecklenburg-Vorpommern getragen haben. Die großen Brocken führen uns rund 13 000 Jahre zurück, die Beschriftungen informieren über Gesteinsart, Herkunfts- und Fundort. Der älteste Findling ist etwa zwei Milliarden Jahre alt, der größte wiegt rund 8,4 Tonnen.

ℹ Usedom – Die Inselmitte

Vorwahl: 038377 (Zinnowitz, Zempin, Lütow), 038375 (Koserow, Loddin, Kölpinsee, Ückeritz).

PLZ: 17454 (Ostseebad Zinnowitz), 17459 (Ostseebad Koserow, Seebad Zempin, Seebad Loddin, Seebad Kölpinsee, Seebad Ückeritz).

Kurverwaltung Ostseebad Zinnowitz, Neue Strandstr. 30, Zinnowitz, Tel. 4920, www.zinnowitz.de.

Fremdenverkehrsamt Zempin, Fischerstr. 1, Zempin, Telefon 42162, www.seebad-zempin.de.

Kurverwaltung Koserow, Hauptstr. 31, Koserow, Tel. 20415, www.seebad-koserow.de.

Kurverwaltung Loddin mit Kölpinsee, Strandstr. 23, Loddin, Tel. 22780, www.seebad-loddin.de, www.seebad-koelpinsee.de.

Kurverwaltung Ückeritz, Bäderstr. 5, 17459 Ückeritz, Tel. 2520, www.ueckeritz.de.

🛏

Strand- und Wellnesshotel Asgard und Meereswarte, Dünenstr. 19–20, Zinnowitz, Tel. 038377/4670, www.hotel asgard.de, 34 Zi., 50 App., DZ/F ab 60 €. Wohnen in restaurierten Jugendstilvillen.
Inselhof Vineta, Am Achterwasser 1, Zempin, Tel. 35200, www.inselhof-vineta.de, 40 Zi., DZ/F ab 50 €. Großzügige Ferienanlage am Achterwasser, die Zimmer und Wohnungen liegen in verschiedenen Häusern. Restaurant mit schöner Seeterrasse.
Best Western Hotel Hanse Kogge, Hauptstr. 58, Koserow, Tel. 2600, www.hotel hansekogge.de, 125 Zi., DZ/F ab 65 €. Barrierefreie Hotelanlage mit fünf Gästehäusern, großzügig geschnittenen Zimmern und Apartments. Bernstein Medical Spa mit großem Solebecken und Saunen.
Hotel Seeschlösschen, Strandstraße 15, Kölpinsee, Tel. 2610, www.hotel-seeschloesschen-usedom.de, 16 Zi., DZ/F ab 110 €. Individuelles Haus, gemütliche Zimmer in frischen Farben mit Balkon.

⛺

Campingplatz Pommernland, Dr.-Wachsmann-Str. 40, Zinnowitz, Tel. 40348, www.camping-pommernland.m-vp.de, ganzjährig geöffnet. Naturcampingplatz am westlichen Ortsrand von Zinnowitz.
Natur Camping Usedom, Zeltplatzstraße 20, Lütow, Tel. 40581, www.natur-camping-usedom.de. Ostern–Okt. geöffnet. 450 Stellplätze auf 18 ha naturbelassenem Gelände im Süden der Halbinsel Gnitz. Vermietet werden auch Blockhütten, Block- und Ferienhäuser.

🍴

Zum Smutje, Vinetastraße 5a, Zinnowitz, Tel. 41548, tgl., Hauptgerichte 9–15 €. Vor allem Fischspezialitäten.
Waterblick, Am Mühlenberg 5, Loddin, Tel. 20294, www.waterblick.de, tgl., Nov.–März Mi geschl., Hauptgerichte 9–18 €. Fisch- und Grillrestaurant, toller Blick auf das Achterwasser und traditionelle pommersche Landküche. Etwas Besonderes ist der kleine Weinberg hinter dem Haus, auf dem der ›Loddiner Abendrot‹ wächst. Regionale Delikatessen zum Mitnehmen.

🏛

Tauchgondel Zinnowitz, an der Seebrücke, Tel. 37861, www.tauchgondel.de, April/Mai, Sept./Okt. tgl. 10–19 Uhr, Juni–Aug. tgl. 10–21 Uhr, Nov.–März Mi–So 10–16 Uhr.
Promenadenhalle, Neue Strandstr. 30a, Zinnowitz, Tel. 37336, www.promenaden halle.de, März–Okt. tgl. 10–18 Uhr, Nov.–Febr. Do–So ab 11 Uhr. Der Ostsee-Lift fährt immer zur vollen Stunde.
Eisen & Glas Art Galerie, Ahlbecker Str. 30, Zinnowitz, Tel. 375086, www.eisenglas.de, tgl. 10–18 Uhr. Museum für historische Bügeleisen und Glaswaren.
Uns olle Schaul, Fischerstr. 11, Zempin, Tel. 36951, www.zempin-usedom-heimat.de, Mai–Sept. Mi, Sa 15–18 Uhr.
Atelier Otto Niemeyer-Holstein, Lüttenort, Koserow, Tel. 20213, www.atelier-otto-niemeyer-holstein.de, Mitte April–Mitte Okt. Neue Galerie und Garten tgl. 10–18 Uhr, Wohnhaus und Atelier nur mit Führung 11, 12, 14, 15 Uhr, Mitte Okt.–Mitte April Neue Galerie und Garten Mi/Do, Sa/So 10–16 Uhr, Wohnhaus und Atelier nur mit Führung 11, 12, 14 Uhr.
Uns Fischers Arbeitshütt, links an der Seebrücke, Koserow, Tel. 20415, Mai–Sept. tgl. 9–18 Uhr.
Gesteinsgarten/Waldkabinett, Forstamt Neu Pudagla, Ückeritz, Tel. 220460, www.neupudagla.wald-mv.de. Gesteinsgarten jederzeit zugänglich, Waldkabinett tgl. 7.30–18 Uhr.
Heimatstube Loddin, Altes Bahnhofsgebäude Kölpinsee, Tel. 22450, Di, Do 15–17 Uhr

🎭

Vineta-Festspiele, Mo, Mi, Do, Sa 19.30 Uhr von Mitte Juni bis Aug. auf der Ostseebühne Zinnowitz, Tickets unter Tel. 40936 oder 03971/208925, www.vineta-festpiele.de. Jedes Jahr gibt es eine neue